디지털 헬스케어는
어떻게 비즈니스가 되는가 2

HOW DIGITAL HEALTHCARE BECOMES BUSINESS

디지털 헬스케어는
어떻게 비즈니스가 되는가 2

김치원 지음

|실전편|

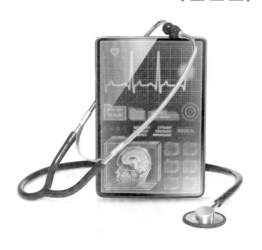

클라우드나인
CLOUD 9

비즈니스로 도약하는 디지털 헬스케어를 위한 책!

황희, 카카오 헬스케어 대표

수년 전 디지털 헬스케어라는 용어가 이제 막 사람들 입에 오르내리릴 때로 기억한다. 지인들이 이 분야의 전문가로 입을 모아 김치원 상무를 언급하는 것을 보며 같은 업종에서 실제 사업을 진행하는 교수이자 의사로서 호기심과 궁금증에 얼굴도 모르는 동문 의사인 저자를 눈여겨보았던 기억이 있다. 디지털 헬스케어 사업을 준비하는 경영자와 투자자 모두에게 교과서와도 같았던 전작에 이어 후속편을 먼저 읽어볼 기회가 생겨 팬심과 더불어 한 명의 디지털 헬스케어 업계의 구성원으로서도 기쁘게 생각한다.

디지털 헬스케어라는 용어가 생기기 이전부터 이 분야에서 일하며 느낀 것은 디지털 기술이 가진 잠재력에 비해서 아직 헬스케어에서의 변화는 생각보다 크지 않다는 점이다. 코로나19를 거치면서 원격진료 건수가 많이 늘어나고 그에 대한 수용성이 높아지는 등의 변화는 생겼지만 신문과 잡지에서 보던 신기한 기술이 의료 현장에서 사용되는 것은 아직 요원하다.

아직도 많은 디지털 헬스케어 기업이 새롭고 복잡한 기술에 초점을 맞추고 있다. 병원에서 쓰던 장비를 단순한 형태로 만들거나 아예 새로운 진단 방법을 만들어내려고 한다. 문제는 적지 않은 회사들이 새로운 기술에만 집중한다는 점이다. 보수적인 의사와 보험이 주도하는 헬스케어에서는 하나하나 근거를 만들어 이들을 설득하는 과정이 필수다. 하나의 신박한 기술에 머물러서는 안 되며 헬스케어 시스템의 한 부분으로 편입될 방법을 탐색하는 것이 중요하다. 이를 위해서는 기술 자체보다는 어떤 용도로 어떤 헬스케어 환경에서 사용될 것인지를 먼저 고민해야 한다. 그렇게 만들어진 제품이 보험 수가를 받기에 적합한지를 미리 점검하는 것 또한 필수이다. 이 고민에 대한 답을 바탕으로 기술을 최적화하고 임상시험 형태를 결정해야 한다.

흔히 사업에서 기술만큼이나 중요한 부분이 업의 본질에 대한 이해라고 한다. 헬스케어의 업이란 공급자와 생산자가 공통의 목표를 가지지만 여전히 관계성에 있어 서로 다른 생각으로 바라보는 경우가 많다. 이러한 부분에서 임상의사이자 병원 경영자이며 전직 컨설턴트와 현재 벤처 투자자인 저자의 한마디 한마디는 무엇과도 비교할 수 없는 기술과 업의 본질의 연결성에 대한 통찰을 제시한다.

이번 책에서는 전작에 이어서 디지털 헬스케어가 주류 의료로 진입하기 위한 과정과 방법에 대해서 다루고 있다. 의료에서 중요하게 생각하는 가치에 대한 탐색에서부터 가치를 인정받기 위한 임상시험, 보험 적용, 의료 현장 적용까지의 과정을 보여준다. 책 말미의 부록에서는 미국 의료 시장의 특성을 상세히 다루어 미국 진출을 준비하는 기업들에 큰 도움이 될 것이다. 디지털 헬스케어 스타트업, 투자자, 대기업 등 이 분야에 관심 있는 모든 이들에게 일독을 권한다.

여전히 문제는 '비즈니스 모델'이다

나의 세 번째 책인 『디지털 헬스케어는 어떻게 비즈니스가 되는가 1』이 나온 지 2년 반이 지났다. 당시엔 디지털 헬스케어에 대한 나의 마지막 책이 될지도 모르겠다고 생각했다. 디지털 헬스케어에 관해 고민해왔고 알고 있는 모든 것을 쏟아 넣었다고 생각했기 때문이다.

오만한 생각이었다. 디지털 헬스케어에 나름의 전문성이 있다고 생각했지만 여전히 배우고 고민할 것은 많았다. 게다가 코로나19 상황 동안 디지털 헬스케어 업계에는 수많은 사건이 벌어졌다. 원격진료 건수가 수직으로 상승하면서 원격진료를 비롯한 여러 업종에 관심이 쏟아졌고 주가도 크게 상승했다. 이를 기회 삼아 회사 간에 다양한 인수합병이 일어났다. 테크 기업들도 헬스케어에 관심을 가지고 관련 회사를 인수하거나 독자적으로 다양한 시도를 했다.

하지만 코로나19 절정기인 2020~2021년에 있었던 여러 사건에도 불구하고 업계 자체가 근본적으로 바뀌었다고 보기는 힘들다. 원격진료 실적과 함께 주가는 빠르게 내려갔고 주가가 높았을 때 단행했던 인수는 뒤늦게 부담으로 작용하고 있다. 이는 헬스케어의 보수성에 기인하는 바가 크다. 근본적으로 헬스케어는 임상시험으로 입증된 증거와 가치가 핵심이다. 이는 코로나19 상황이 벌어진 것만으로 크게 달라지지 않는다.

그래도 조금씩 변화가 생기고 있다. 미국에서는 500여 개 의료 인공지능이 미국식품의약국FDA으로부터 의료기기 허가를 받았으며 그 가운데 10여 개의 제품이 의료보험 적용을 받기 시작했다. 원격 생리학적 모니터링Remote Physiologic Monitoring에 보험 적용이 되면서 관련 기업이 늘어나고 있고 웨어러블 심전도를 만드는 아이리듬 iRhythm 같은 회사는 보험 수가를 바탕으로 빠르게 매출을 늘리고 있다. 디지털 치료기기는 아직 미국에서는 일부 의료보험에서 제한적인 보험 적용을 받고 있지만 독일에서는 선도적인 수가 시스템을 통해서 30개 이상의 제품이 보험 적용을 받고 있다.

우리나라는 어떤가? 코로나19를 계기로 원격진료와 약 배송이 임시 허용되었다. 식약처로부터 의료기기 허가를 받은 인공지능 기반 의료기기가 100개가 넘었고 10여 가지 디지털 치료기기가 확증 임상 허가를 받았다. 아이리듬의 제품과 유사한 웨어러블 심전도에 대한 보험 수가가 적용되면서 다양한 국내 회사들이 서비스를 시작했다. 그리고 보험회사와 제약회사는 물론 여러 대기업이 디지털 헬스케어에 관심을 가지고 자회사를 설립하거나 투자를 이어가고 있다.

하지만 딱 여기까지다. 국내에서 디지털 헬스케어 업계에 쏟아지는 관심에 비해서 아직도 뚜렷한 비즈니스 모델은 나오지 않고 있다. 의료 인공지능과 디지털 치료기기에 대한 보험 적용 지침이 마련되고 있다. 하지만 여러 가지 상황으로 인해 보험 적용이 가능할지, 또 보험 적용이 된다고 해도 국내의 저수가 상황을 생각할 때 의미 있는 매출을 낼 수 있을지에 관한 우려가 여전하다. 업계를 깊숙이 들여다보는 사람들일수록 걱정이 크다.

처음 책을 낸 7년 전과 비교해 디지털 헬스케어에 대한 관심이 커지고 있지만 아직 비즈니스 상황은 녹록지 않다. 국내에서 디지털 헬스케어의 비즈니스 모델이 어떻게 자리잡을 수 있을지 불확실하다. 그럼에도 이 책을 쓰는 것은 앞으로의 가능성을 내다보고 현재에서 최선을 다하는 분들에게 작은 도움이 될 수 있을지 모른다는 기대 때문이다.

나의 예전 책과 마찬가지로 이 책에서는 주로 미국 등 해외 사례를 많이 다룬다. 우리나라에서 비즈니스 모델 가능성이 불확실한 상태에서 현실적으로 세계 최대의 의료 시장인 미국을 비롯한 해외 시장을 목표로 삼아야 하기에 그에 대한 이해가 필수적이라고 생각한다. 특히 이번 책에서는 부록에서 미국 의료 시스템 전반을 다루었다. 생소할 수 있는 미국 시스템을 이해하는 데 도움이 되기를 기대한다.

「1장 진단과 검사의 특징」에서는 의료 인공지능과 진단기기 시장을 이해하는 데 필요한 의료의 특성에 대해서 다루었다. 보험 수가 적용을 목표로 한다면 염두에 두어야 할 의료에서의 가치를 이해하기 위한 생각의 틀에 초점을 맞추었다. 「2장 디지털 치료기기 비즈니스 모델」에서는 미국과 독일을 중심으로 보험 수가 적용 상황과 제약 기업과의 협업에 대해 다루었다. 「3장 B2C 헬스케어 비즈니스 모델」에서는 왜 B2C 헬스케어 비즈니스가 힘든지를 살펴보았다. 헬스케어에 기반이 없으면서 헬스케어 신사업을 희망하는 회사들이 막연하게 B2C 비즈니스 모델에 관심을 가지는 경우가 많다. 이들이 염두에 두어야 할 내용을 다루었다. 「4장 원격진료」에서는 지난 3년 동안 역동적인 변화를 겪었던 원격진료 업계를 다룬다. 「5장 디지털 헬스케어 슈퍼 플랫폼」에서는 디지털 헬스케어의 모든 것을 아우르는 플랫폼을 만들고자 하는 여러 회사의 움직임에 대해서 살펴본다. 「6장 디지털 헬스케어 피벗 스토리」에서는 돈을 벌 수 있는 비즈니스 모델을 찾는 과정에서 사업 구조를 바꾼 회사들을 사례로 다룬다. 「7장 헬스케어 데이터 비즈니스」에서는 많은 기관이 관심을 가지는 헬스케어 데이터 비즈니스가 미국에서 작동하는 방식에 대해서 다룬다. 막연한 기대를 하고 보는 것과는 다른 점이 많다는 점을 강조하고 싶다. 「부록」에서는 이 책의 여기저기에서 다룬 미국 의료 시스템에 관한 내용을 체계적으로 정리했다. 미국의 디지털 헬스케어 시장에 관심이 많다면 부록을 먼저 읽고 본문을 읽는 것도 이해에 도움이 되리라 생각한다.

디지털 헬스케어 업계는 빠르게 변화하고 있다. 이 책에서 다룬 내용도 언제든지 달라질 수 있음을 미리 말해둔다. 미국 사례를 다룬 경우가 많은데 멀리 떨어진 우리나라에서 제한된 정보에 바탕을 두고 글을 쓰는 과정에서 현실과 다른 부분이 있을 수 있다는 점도 염두에 두면 좋겠다. 아직 상장하지 않은 회사가 많은 업계의 특성상 공개되지 않은 자료가 많아서 비공식적으로 듣거나 각종 콘퍼런스에서 구두로 언급된 내용에 대해서 출처를 명기하지 못한 경우가 있다.

지난 책이 나온 이후 2021년부터 카카오벤처스에서 일하면서 스타트업에 투자를 하고 있다. 이 책에서 언급된 회사 가운데 뉴로엑스티, 알피, 프리베노틱스, 루닛, 보살핌, 세나클소프트, 메디르는 카카오벤처스가 투자한 패밀리사임을 밝힌다. 카카오벤처스에서 함께 일하는 멋진 동료들의 지원과 도움에 항상 감사한다. 또한 카카오벤처스

패밀리사 임직원분들을 비롯해 디지털 헬스케어 업계의 일선에 계신 분들의 도움이 없었으면 이 책을 쓸 수 없었을 것이다. 업계를 옆에서 관찰하는 내가 일선에서 치열하게 일하시는 분들의 고민을 능가할 수는 없을 것이다. 바쁘게 일하는 분들에게 들은 이야기를 부족한 내가 대신 정리했다고 하는 것이 맞을 것이다. 의미 있는 디지털 헬스케어 제품을 만들기 위해서 애쓰시는 모든 분의 노력에 경의를 표한다. 끝으로 항상 모범을 보여주셨으며 작년에 소천하신 외할아버지의 영전에 이 책을 바친다.

2023년 2월
김치원

1장

진단과 검사의 특징

1
의료에서 중요한 가치

Business model

디지털 헬스케어와 같은 새로운 기술이 의료계로 진입하는 과정에서 국내 식품의약품안전처(이하 식약처)나 미국식품의약국FDA과 같은 기관으로부터 의료기기로 허가를 받는 것은 시작에 불과하다. 의료기기 허가는 제품의 위험성에 비한 효과성을 평가한 결과라고 할 수 있다. 디지털 헬스케어 제품들은 위험성이 낮기 때문에 효과가 크지 않아도 허가를 어렵지 않게 받는 경향이 있다. 의료기기로 허가를 받는 것보다는 의료보험 수가를 인정받고 의사가 현장에서 사용하는 것이 더 중요하다.

의료보험과 의사는 어떤 관점에서 디지털 헬스케어를 비롯한 새로운 의료 기술을 평가할까? 가장 중요한 기준은 환자의 치료 결과에 미치는 영향이다. 사용했을 때 환자가 얼마나 좋아질 수 있는가 하는 점이다. 기본적으로 의료계에서 보고자 하는 치료 결과는 환자 생존율 향상이다. 새로운 진단과 치료를 도입했을 때 기존보다 환자들이 더 오래 살 수 있는지를 입증해야 한다. 최종적으로 여기에 들어가는 비용까지 감안해서 비용 대비 효과를 따지게 된다. 생존율 향상을 직접적으로 증명할 수도 하지만 생존률과 관련이 높다고 알려진 대리 표지자_{surrogate marker}를 호전시킬 수 있음을 입증함으로써 간접적으로 증명할 수도 있다.

새로운 기술을 평가할 때 치료 결과에 미치는 영향이 중요하다는 점은 실제로 진료 현장에서 사용될 때 구체적으로 어떤 변화를 가져올 수 있느냐는 뜻으로 해석할 수 있다. 따라서 신기술 개발 못지않게 중요한 것은 복잡한 진료 과정 가운데 어느 영역에서 어떤 목적으로 사용될지를 결정하는 것이다.

이런 관점에서 진료 과정을 단계별로 구분해보자.

일반적으로 진료 과정은 진단과 치료로 구분한다. 진단 이전에 스크리닝 단계가 있고 치료 이후에 모니터링 단계가 있다. 스크리닝과 진단은 증상의 유무로 구분할 수 있다. 증상이 없는 상태에서 하는 검사를 스크리닝이라고 하고 증상이 발생하거나 스크리닝 검사상 이상이 발견되어 의사의 진료를 받은 후 하는 검사를 진단이라고 한다.

진단이라고 하면 보통 확진을 생각하는 경우가 많다. 그런데 확진 검사는 위험하고 비싸다. 예를 들어 암에 대한 확진 검사인 조직 검사를 생각해보면 몸을 찔러서 암으로 의심되는 조직을 얻는 과정을 거치게 된다. 따라서 어떤 질병이 의심되는 모든 환자에게 바로 확진 검사를 하지는 않는다. 해당 질병에 걸렸을 가능성이 얼마나 큰지를 알아보기 위한 검사를 하고 그 결과에 따라 확진 검사 실시 여부를 결정한다. 예를 들어 암이 의심될 때는 CT, MRI, PET 같은 검사를 해서 그 결과를 보고 암일 가능성이 큰 환자를 대상으로 확진 검

진료 단계 구분

사를 한다. 이런 검사를 위험도 구분 검사라고 한다.

확진 후 바로 치료에 들어가는 경우도 있지만 적절한 치료 방법을 결정하기 위한 추가 검사가 필요한 경우도 있다. 대표적인 것이 동반 진단이다. 동반 진단은 특정 치료법이 잘 듣는 환자를 선별하기 위한 검사이다. 요새 주목받는 동반 진단은 표적 항암 치료제에 대한 것이다. 표적 항암제는 글자 그대로 특정한 치료 표적을 가진 암 환자에 잘 듣는다. 반대로 해당 표적이 없는 환자에게는 잘 듣지 않는다. 게다가 약값이 비싸다. 따라서 해당 표적을 가진 환자를 선별해서 비싼 약을 쓸 유인이 존재한다. 이와 같은 경우에 동반 진단 검사를 한다.

비싼 신약을 개발한 제약회사는 동반 진단을 어떻게 생각할까? 동반 진단을 하면 대상 환자 수가 적어져서 매출이 줄어들기 때문에 싫어하지 않을까? 미국식품의약국FDA 허가를 받기 위한 임상 시험 과정을 생각해보자. 임상 시험에 참여한 환자 가운데 해당 표적이 없는 환자가 많이 포함되어 있다면 결과가 부정적으로 나올 가능성이 크다. 이렇게 되면 신약 허가 자체를 받지 못할 위험이 커진다. 또 간신히 신약 허가를 받았다고 해도 약의 효과가 크지 않아서 의료보험으로부터 약가를 좋게 인정받기 힘들 것이다. 제약회사 입장에서는 신약의 가치를 잘 입증하는 방법 가운데 하나로 동반 진단을 활용할 가능성이 크다. 이렇게 충분한 가치를 입증하는 경우 판매량은 줄어들지만 판매 가격이 높아지는 효과를 누릴 수 있다.

현재 동반 진단 검사는 암 환자를 대상으로 암 조직에 대한 유전자 검사를 의미하는 경우가 많다. 하지만 거기에 머무를 필요는 없다. 과거 정신분열병이라고 불렸던 조현병에 대한 치료를 생각해보자. 일반적으로 값싼 약을 1차 약으로 쓰고 치료 반응에 따라서 2차, 3차 약으로 바꾸게 된다. 이렇게 약을 쓰는 단계를 구분하는 데 여러 가지 요인이 영향을 미치지만 약값 때문인 경우가 많다. 의료비를 절약하고자 하는 보험 입장에서는 비싼 약을 되도록 소수의 환자에게 쓰는 것이 합당하기 때문이다. 그렇게 되면 적지 않은 환자는 자신에게 맞는 약을 찾을 때까지 많은 시간을 보내게 된다. 만약 환자가 조현병 진단 초기에 유전자 검사나 뇌파 검사를 해서 다른 약에는 반응하지 않고 비싼 약에만 반응한다는 것을 알 수 있으면 어떨까? 충분히 가치가 있을 것이다. 디지털 헬스케어 기술의 발전과 함께 이렇게 동반 진단 검사가 늘어나면 더 많은 환자가 본인에게 딱 맞는 맞춤형 치료를 받을 가능성이 커진다. 다만 현재 의료 시스템의 특징을 생각하면 동반 진단 검사는 주로 비싼 약을 대상으로 이루어질 가능성이 크다. 동반 진단 검사 비용 대비 효과를 고려해야 하기 때문이다.

동반 진단으로 유전자 이외의 바이오마커를 사용하는 사례는 아직 흔치 않은데 국내 의료 인공지능 회사인 루닛의 루닛 스코프가 이에 해당하는 제품으로 주목을 받고 있다. 루닛 스코프는 암 조직 슬라이드에서 면역세포의 개수 및 공간적 분포를 분석하여 면역활성표현형inflamed immune phenotype 여부를 판별한다. 유전자 검사를 비롯한 기존 바이오마커로는 찾아내지 못했지만 면역 항암제에 대한 치료 효과가 높을 것으로 예상되는 환자를 찾아준다.

뉴로엑스티의 기술 설명 자료

뇌 커넥텀을 기반으로 아밀로이드·타우 단백질의 상호작용을 정밀하게 모델링하고,
개인맞춤형 알츠하이머 치료제 결정

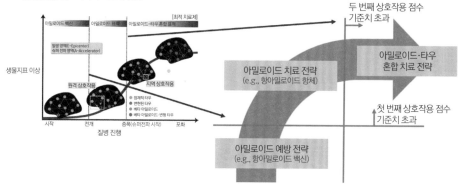

치매 진행 단계에서 '전개'와 '증폭' 단계 사이에 있는 환자들이 아두헬름을 비롯한 아밀로
이드 치료제에 잘 반응할 것으로 예상한다.

유전자 이외의 바이오마커를 동반 진단에 활용하고자 하는 또 다
른 경우로 바이오 신약 회사인 알토 뉴로사이언스Alto Neuroscience[1]
와 뉴모라Neumora[2]가 있다. 이들 회사는 신약을 개발하면서 뇌파,
뇌 영상, 혈액 검사 등의 결과를 활용해서 신약에 잘 반응하는 환자
를 선별하고자 한다. 알토 뉴로사이언스 창업자는 저명한 신경과
의사로 뇌파 검사를 통해 외상 후 스트레스 장애PTSD, Post-Traumatic
Stress Disorder 환자의 치료에 대한 반응 여부를 예측할 수 있음을 보
여주었다. 두 회사 모두 다른 회사로부터 신약 후보 물질 혹은 개발
에 실패한 물질을 도입한 후 여기에 동반 진단 기술을 적용함으로
써 신약 개발의 성공 가능성을 높이고자 한다. 동반 진단 기술을 신
약 개발에 직접 연결함으로써 경제적 가치를 극대화하려는 전략으
로 볼 수 있다.

국내 스타트업인 뉴로엑스티NeuroXT 사례를 보자. 이 회사는 PET

및 MRI 검사 결과를 활용해서 치매 치료제에 잘 반응하는 환자를 동반 진단하는 기술을 개발하고 있다. 2021년 미국의 제약회사인 바이오젠은 치매약 아두헬름Aduhelm에 대해 미국식품의약국FDA 승인을 받았지만 아직 보험 수가를 적용받지 못하고 있다. 치매 환자에게서 인지 기능을 충분히 향상시킬 수 있음을 보여주지 못했기 때문이다. 만약 아두헬름 치료에 잘 반응할 만한 환자를 선별할 수 있다면 어떨까? 그들만을 대상으로 임상 시험을 한다면 효과가 훨씬 좋게 나올 수 있다. 그렇다면 보험 수가를 받는 것도 어렵지 않을 것이다.

이렇게 확진 혹은 동반 진단이 끝나면 치료가 이루어진다. 치료가 끝난 후에는 모니터링을 하기도 한다. 모니터링의 목적은 크게 세 가지로 구분할 수 있다. 첫째, 완치 목적의 치료를 한 경우 재발 여부를 확인하기 위한 모니터링을 하게 된다. 예를 들어 암 수술을 한 경우 정기적으로 CT나 MRI를 찍거나 혈액 검사를 해서 암의 재발 여부를 확인한다. 가장 흔한 부정맥인 심방세동은 전극도자 절제술catheter ablation 치료를 하는 경우가 있다. 수술 후에도 재발할 수 있는데 일상생활 속에서 심전도를 측정함으로써 재발을 조기에 발견할 수 있다.

둘째, 완치가 아니라 관리 목적의 치료를 하는 경우 질병 상태를 확인하기 위한 모니터링을 하게 된다. 주로 만성질환에 해당하는데 당뇨병에서 혈당, 고혈압에서 혈압을 측정하는 것이 대표적인 경우다. 심방세동의 경우 전극도자 절제술과 같은 완치 목적의 치료를 하기도 하지만 증상만 관리하는 경우도 있다. 이때 심방세동이 얼마나 자주, 오랫동안 지속되는지를 측정하는 것이 필요할 수 있는데 이를 심방세동 부담atrial fibrillation burden이라고 한다. 심방세동을 측정할 수 있는 웨어러블 심전도 기기를 모니터링에 사용하는 경우 심방세

한국지질·동맥경화학회, 위험도 및 LDL 콜레스테롤 농도에 따른 치료[3]

위험도	LDL 콜레스테롤 농도(mg/dL)					
	<55	55-69	70-99	100-129	130-159	≥160
관상동맥질환[1)]*	생활습관 교정 및 투약고려	생활습관 교정 및 투약시작	생활습관 교정 및 투약시작	생활습관 교정 및 투약시작	생활습관 교정 및 투약시작	생활습관 교정 및 투약시작
죽상경화성 허혈뇌졸중 및 일과성 뇌허혈발작* 경동맥질환* 말초 동맥질환* 복부대동맥류* 당뇨병(유병기간 10년 이상 또는 주요 심혈관질환 위험인자[†] 또는 표적장기손상을 동반한 경우)[2)]	생활습관 교정	생활습관 교정 및 투약고려	생활습관 교정 및 투약시작	생활습관 교정 및 투약시작	생활습관 교정 및 투약시작	생활습관 교정 및 투약시작
당뇨병(유병기간 10년 미만, 주요 심혈관질환 위험인자*가 없는 경우)	생활습관 교정	생활습관 교정	생활습관 교정 및 투약고려	생활습관 교정 및 투약시작	생활습관 교정 및 투약시작	생활습관 교정 및 투약시작
중증도 위험군[3)] (주요 심혈관질환 위험인자* 2개 이상)	생활습관 교정	생활습관 교정	생활습관 교정	생활습관 교정 및 투약고려	생활습관 교정 및 투약시작	생활습관 교정 및 투약시작
저위험군[3)] (주요 심혈관질환 위험인자* 1개 이하)	생활습관 교정	생활습관 교정	생활습관 교정	생활습관 교정	생활습관 교정 및 투약고려	생활습관 교정 및 투약시작

*LDL 콜레스테롤 기저치 대비 50% 이상 감소시키는 것을 동시에 권고
[†]연령(남자 ≥ 45세, 여자 ≥ 55세), 조기 심혈관 질환 발생 가족력, 고혈압, 흡연, 낮은 HDL 콜레스테롤 수치(< 40mg/dL)
1) 급성심근경색증은 기저치 LDL 콜레스테롤 농도와 상관없이 바로 스타틴을 투약
2) 표적장기손상(알부민뇨, 신병증, 망막병증, 신경병증, 좌심실비대) 또는 3개 이상의 주요 심혈관질환 위험인자*를 동반한 당뇨병의 경우 선택적 고려 가능
3) 중등도 위험군과 저위험군의 경우는 수주 혹은 수개월 동안 생활습관 관리를 시행한 뒤에도 LDL 콜레스테롤 농도가 높을 때 스타틴 투약을 고려

동 치료 후 재발 진단이 목적일 수도 있고 심방세동 부담 측정이 목적일 수도 있다.

셋째, 예후를 예측하기 위한 목적으로 모니터링을 할 수도 있다. 넓은 의미에서 질병 상태 확인에 속한다고 볼 수 있지만 따로 구분할 수 있다. 질병 상태의 확인은 관리가 잘되고 있는지에 초점을 맞추는 반면에 예후 예측은 향후 발생할 건강상의 위험도를 예측하고 그에 따라서 현재 치료를 바꾸는 데 초점을 맞춘다. 환자의 현재 상태에 따라서 심각한 질환이 발생할 위험도가 달라진다. 예후 예측을

통해서 환자의 현재 상태를 확인하고 이를 기준으로 환자에게 어떤 치료를 해야 하는지가 결정된다. 앞 페이지의 표는 동반 질환과 콜레스테롤 수치에 따라서 어떤 콜레스테롤 치료법을 적용해야 하는지를 다룬다. 크게 '생활 습관 교정' '생활 습관 교정 및 투약 고려' '생활 습관 교정 및 투약 시작'의 세 가지로 구분된다.

치료법의 변화 여부를 결정하는 가장 중요한 요인은 환자에게 심근경색이나 뇌졸중과 같은 중요한 질병이 발생할 위험도이다. 중요한 질환이 발생할 위험도에 따라서 치료법이 달라진다. 이런 치료 방침은 현재까지 발표된 연구 결과를 정리한 것이다. 예를 들어 표에 나오는 콜레스테롤 수치를 어디로 할 것인지나 어떤 질환을 위험도 판단에 포함시킬 것인가는 모두 수많은 연구 결과에 바탕을 두고 있다.

진료 단계와 가치 입증 방법

새로운 진단, 치료 방법의 가치를 인정받기 위한 방법

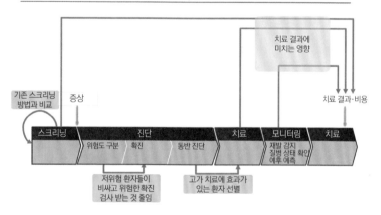

지금까지 살펴본 진료 과정을 정리해서 도식화하면 위의 그림과 같다.

지금까지 살펴본 스크리닝-진단-치료-모니터링에 이르는 과정 가운데 어느 단계에 새로운 기술을 도입했을 때 치료 결과에 미치는 영향을 보여주기 쉬울까? 직관적으로 보면 치료 결과에 가까울수록 그 영향을 보여주기가 쉬울 것이다. 예를 들어 새로운 항암제를 개발한다면 이를 환자에게 적용하고 난 결과가 바로 치료 결과이기 때문에 그 효과가 우수하건 그렇지 않건 바로 알 수 있을 것이다.

이에 비해 치료 결과에서 멀어질수록 그 영향을 보여주기 힘들다. 그 기술을 적용해도 그 뒤의 진료 과정이 달라지지 않으면 효과가 없기 때문이다. 예를 들어 건강검진에서 폐 엑스레이를 찍었는데 결절 nodule(작은 덩어리)이 관찰되었다고 가정해보자. 건강검진을 통해 폐 결절이 발견된 모든 환자가 이를 통해 건강상의 이득을 얻을 수 있을까? 그런 사람도 있겠지만 그렇지 않은 사람이 많을 것이다.

결절이 발견된 환자 중 폐 엑스레이에서 폐암일 가능성이 작아 보이는 사람들은 굳이 추가 검사를 하지 않을 것이다. 폐암일 가능성이 있는 일부는 위험도 구분 검사라고 할 수 있는 CT를 찍을 텐데 그중 상당수는 별것 아니라는 결과가 나올 것이다. CT에서 폐암일 가능성이 커 보이는 환자들을 대상으로 조직 검사를 하면 상당수는 암이 아닌 것으로 판명될 가능성이 크다. 반대 경우를 생각해보면 건강검진으로 찍은 폐 엑스레이에서 이미 많이 진행된 폐암이 발견될 수도 있다. 이런 경우는 위의 과정을 모두 거쳐서 확진되어도 치료에서 큰 도움을 받기 힘들 수도 있다. 폐 엑스레이를 찍지 않아서 폐암을 발견하지 못했다면 무조건 건강에 큰 문제가 생길까? 아닐 수도 있다. 얼마 지나지 않아 증상이 발생해서 폐 엑스레이를 찍었더니 거기에서 이상이 발견될 수도 있기 때문이다.

진료 과정이 여러 단계로 구분되고 의료 자체가 복잡하기 때문에 치료 결과에서 멀어질수록 그 검사가 치료 결과에 긍정적인 영향을 미친다고 보여주기가 힘들다. 특히 치료 결과에서 가장 멀리 위치한 스크리닝의 가치를 입증하기가 어렵다. 위험도 구분 검사 가운데 초기 위험도 구분 검사는 스크리닝과 유사하며 가치 입증이 힘들다.

이렇게 스크리닝 혹은 초기 위험도 구분 검사에 대한 가치 입증이 쉽지 않음에도 불구하고 스크리닝에 해당하는 건강검진이 다양하게 이루어지고 있다. 국내에서 건강보험 가입자를 대상으로 시행되는

국민건강보험 건강검진 항목

구분	주요 내용		대상자	
일반 건강검진	신체계측, 시력, 청력, 고혈압, 빈혈, 당뇨병, 간질환, 신장질환, 폐결핵 및 기타 흉부질환, 구강검진		지역 세대주: 20세 이상 (2년에 1회) 직장 가입자: 2년 1회, 비사무직 근로자 매년	
성·연령별, 목표 질환별 건강검진	목표 질환		대상자	
	B형 감염		만 40세	
	골다공증		만 54세, 66세(여성)	
	우울증		만 20, 30, 40, 50, 60, 70세	
	생활 습관 상담		만 40, 50, 60, 70세	
	노인 신체 기능		만 66, 70, 80세	
	인지 기능 장애		만 66세 이상 2년 1회	
	이상 지질혈증		4년 1회 (남 24세 이상, 여 40세 이상)	
암 검진	6대 암 조기 검진	암종	대상자	주기
		위암	만 40세 이상	2년
		대장암(대변)	만 50세 이상	1년
		간암	만 40세 이상 고위험군	6개월
		유방암	만 40세 이상 여성	2년
		자궁경부암	만 20세 이상 여성	2년
		폐암	만 54~74세 고위험군	2년
영유아 검진	성장, 발달 평가 및 건강 교육		검진 시기별 검진	

국민건강보험 건강검진 항목은 앞 페이지의 표와 같다.

여기에 속하는 건강검진 항목들은 기본적으로 환자의 치료 결과에 미치는 영향을 입증했다고 볼 수 있다. 거꾸로 말하자면 세상에 있는 수많은 검사 가운데 증상이 없는 일반인을 대상으로 실시했을 때 치료 결과에 영향을 미칠 수 있는 검사는 많지 않다.

새로운 검사 방법이 스크리닝으로서 가치가 있는지를 알기 위해서는 무엇을 검토해야 할까? 국민건강보험 건강검진 항목 가운데 폐암 검진을 살펴보자. 현재 국내에서 폐암 검진은 제한적으로 시행하고 있다. 54~74세로 흡연력이 30갑년이 넘는 사람을 대상으로 한다 (갑년이란 흡연량에 대한 지표로서 하루 한 갑씩 1년간 흡연한 것을 1갑년이라고 한다. 30갑년은 하루 한 갑씩 30년 혹은 하루 두 갑씩 15년 흡연한 것을 의미한다). 위암 검진의 경우 40세 이상을 대상으로 2년에 1회 하는 것과 비교하면 매우 제한적이다. 왜 규정을 이렇게 만들었을까?

이 규정은 검진 대상을 폐암이 발생할 가능성이 높은 사람으로 좁히는 데 의미가 있다. 왜 그래야 할까? 여기서 양성 예측도라는 개념이 등장한다.

거리를 지나가는 사람 100만 명을 무작위로 붙잡아서 에이즈AIDS를 일으키는 HIV 검사를 실시한다고 가정해보자. HIV에 대한 선별 검사는 효소면역측정법ELISA, enzyme-linked immunosorbent assay이라는 방법을 사용한다. 이 방법의 특징은 다음과 같다.

- 민감도(HIV 감염자 중 검사에서 양성으로 나온 비율): 99.7%
- 특이도(HIV 비감염자 중 검사에서 음성으로 나온 비율): 98.5%

일반인 100만 명을 대상으로 한 HIV 검사 결과

		검사 결과		계
		양성	음성	
HIV감염 여부	감염	997명	3명	1,000명
	비감염	1만 4,985명	98만 4,015명	99만 9,000명
계		1만 5,982명	98만 4,018명	100만 명

거의 100%에 가까우니 꽤 정확할 것 같다. 여기에 우리나라 15~49세 인구의 HIV 유병률 0.1%를 적용하면 100만 명의 검사 결과는 위 표와 같이 정리할 수 있다.

검사 대상자 100만 명 가운데 HIV 감염자는 0.1%이므로 1,000명이고 비감염자는 99만 9,000명이다. 민감도의 정의가 감염된 사람 중에 양성으로 나올 비율이므로 감염된 1,000명에 99.7%를 곱하면 997명이 된다. 특이도의 정의가 감염되지 않은 사람 중에 음성으로 나올 비율이므로 비감염자 99만 9,000명에 98.5%를 곱하면 98만 4,015명이 된다.

이렇게 검사가 끝나고 나면 의사 입장에서는 무엇이 중요할까? 검사에서 양성으로 나온 사람들을 어떻게 할까 하는 고민이 생길 것이다. 막연히 생각해보면 아까 살펴본 검사 특성(민감도, 특이도)이 100%가 아니었으니 양성으로 나온 사람들 모두가 감염자는 아닐 것으로 보인다. 양성으로 나온 사람 중에 실제로 HIV에 감염된 사람은 얼마나 될까?

여기서 중요한 개념이 양성 예측도이다. 검사에서 양성으로 나온 사람 중 실제로 질병이 있는 사람의 비율이다. 앞의 표에서 HIV 검사 결과 양성으로 나온 사람은 총 1만 5,982명이며 그중 실

유병률의 변화에 따른 양성, 음성 예측도의 변화

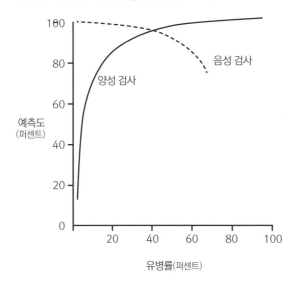

제 HIV에 감염된 사람은 997명이다. HIV 검사의 양성 예측도는 997/15,982=6.2%밖에 되지 않는다. 질병의 종류와 상황에 따라 의미가 다르겠지만 양성 예측도가 낮으면 검사의 가치가 떨어진다. 왜 이런 일이 생겼을까? 검사한 집단에서 유병률이 낮았기 때문이다. 유병률이 높아지면 어떻게 될까?

민감도 95%, 특이도 85%인 검사에서 유병률에 따른 양성 예측도의 변화를 그려보면 위 그림과 같다. 대략 유병률이 20% 정도 되면 양성 예측도가 80%가 된다. 유병률이 5% 정도만 되어도 양성 예측도는 대략 40%가 나온다.

현재 HIV 간이 검사 키트를 편의점에서도 판매하고 있는데 검사 결과 양성으로 나온 사람들 대부분이 HIV에 감염되지 않은 상황은 생기지 않는다. 왜 그럴까? 아무나 HIV 검사를 받지 않기 때문이다.

스스로 의심이 가는 사람들이 편의점에 가서 HIV 간이 검사 키트를 사고 검사를 할 것이다. 자기 돈으로 HIV 간이 검사 키트를 사서 실시해 볼 만한 사람들은 기본적으로 HIV 유병률이 높을 것이라고 볼 수 있다.

우리나라에서 이와 유사한 상황을 겪었다. 우리나라는 코로나바이러스 오미크론 변이가 퍼지기 전까지 코로나 신속 항원 검사를 받아들이지 않았다. 왜 그랬을까? 코로나 유병률이 낮았기 때문에 신속 항원 검사에서 양성이 나올지라도 그 결과를 믿지 못하기 때문이다. 이후 오미크론 변이가 빠르게 퍼지면서 유병률이 높아진 후에 신속 항원 검사를 도입했다. 유병률이 높아졌기 때문에 검사에서 양성이 나왔을 때 그 결과를 받아들일 수 있었던 것이다.

폐암 검진을 소수의 고위험군만을 대상으로 하는 이유가 여기에 있다. 폐암의 위험이 크지 않은 사람까지 포함해서 폐암 검진을 하는 경우 양성이 나와도 의미를 부여하기가 힘들어진다. 이렇게 되면 폐암 검진에 들어가는 비용만 낭비될 것이다.

반대로 대상 집단의 유병률이 높아지는 경우를 생각해보자. 높으면 높을수록 좋을까? 그렇지 않다. 대상 집단의 유병률이 매우 높다면 굳이 검사할 필요가 없을 것이기 때문이다. 예를 들어서 대상 집단의 유병률이 80% 정도 된다면 굳이 추가 검사를 안 하고 대상 집단이 그 질병에 걸린 것으로 간주하고 치료할 수도 있을 것이다. 물론 이는 대상 질병과 치료 방법의 특성에 따라서 차이가 클 것이다. 예를 들어 복잡한 수술을 하거나 약물을 써야 하는 질병(예: 암)이라면 가급적 진단을 확실하게 한 다음에 치료해야 할 것이다.

다양한 진료 환경을 거기에 방문하는 환자들의 유병률을 기준으

목표 집단의 유병률에 따른 시장 규모 개념도

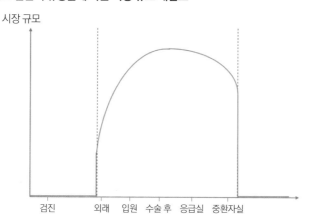

로 생각해보자. 아직 증상이 없는 사람을 대상으로 하는 건강검진 대상자의 유병률이 가장 낮고 외래가 이보다 높을 것이다. 입원 환자, 수술 후 환자, 응급실 환자, 중환자실 환자 순으로 유병률이 올라갈 것이다. 이때 새로운 검사 방법을 개발한다면 유병률이 어느 정도 이상이 되는 집단을 대상으로 해야 양성 예측도가 의미 있는 수준으로 올라가며 그래야 검사의 가치를 인정받기가 수월해진다.

그런데 이렇게 되면 검사 건수가 적어지지 않을까? 맞다. 그런데 유병률이 너무 낮은 집단을 대상으로 하면 애초에 가치 입증이 되지 않아서 보험 적용 등 의료 시스템에 도입되는 것 자체가 요원해진다. 유병률이 높은 소규모 집단을 대상으로 하는 경우 검사 건수는 적어지는 대신 검사의 가치가 높아지면서 보험 수가가 높아질 수 있다. 이는 앞서 살펴본 동반 진단의 필요성과 유사하다. 도식화하면 위의 그래프와 같다. 유병률이 높을 때 다시 가치가 떨어지는 것은 앞서

알피의 심전도 분석 시스템

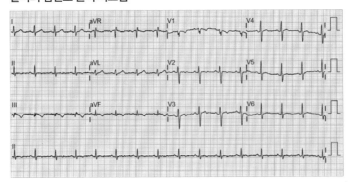

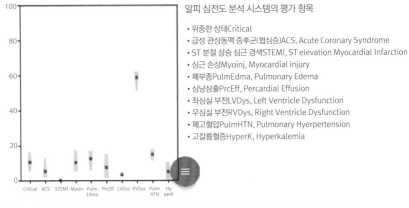

동성 리듬(정상 리듬) – 100.0%

알피 심전도 분석 시스템의 평가 항목

- 위중한 상태Critical
- 급성 관상동맥 증후군(협심증)ACS, Acute Coronary Syndrome
- ST 분절 상승 심근 경색STEMI, ST elevation Myocardial Infarction
- 심근 손상Myoinj, Myocardial injury
- 폐부종PulmEdma, Pulmonary Edema
- 심낭삼출PrcEff, Percardial Effusion
- 좌심실 부전LVDys, Left Ventricle Dysfunction
- 우심실 부전RVDys, Right Ventricle Dysfunction
- 폐고혈압PulmHTN, Pulmonary Hyerpertension
- 고칼륨혈증HyperK, Hyperkalemia

위 심전도에서 우심실 이상 가능성이 크다고 알려준다. 이 경우 폐색전증을 의심할 수 있다.

살펴본 바와 같이 굳이 그 검사를 할 필요가 없기 때문이다.

똑같은 진단 기술이라도 대상 환자에 따라 인정받을 수 있는 가치가 달라지며 이로 인해 시장 규모가 달라진다는 의미이다. 이때 높은 가치를 인정받는 경우 검사 건수 감소에 비해서 높은 보험 수가를 책정받으면서 전체 시장 규모는 오히려 커질 수도 있다.

이를 보여주는 경우가 국내 최초로 비급여 대상으로 인정받은 의

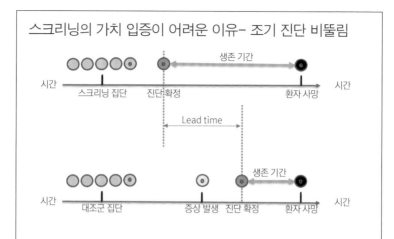

スクリーニングの...

스크리닝의 가치 입증이 어려운 이유- 조기 진단 비뚤림

생존 기간

시간 　스크리닝 집단 　진단확정 　환자 사망 　시간

Lead time

시간 　대조군 집단 　증상 발생 진단 확정 환자 사망 　시간

생존 기간

조기 진단 비뚤림lead time bias이라는 개념이 있다. 위의 그림에서 상단은 스크리닝을 받는 경우를, 하단은 스크리닝을 받지 않는 경우를 보여준다. 이때 스크리닝을 실시했을 때 환자가 더 오래 산 것처럼 보일 수 있지만 실제는 그렇지 않을 수 있다는 내용이다. 왜냐하면 하단과 같이 증상이 나타난 이후 진단한 경우와´ 비교했을 때 실제 환자의 생존 기간이 길어진 것이 아니고 다만 진단 시점을 당긴 것에 불과하기 때문이다. 이때 진단이 당겨짐으로써 더 오래 산 것처럼 보이는 기간을 리드 타임lead time이라고 한다.

료 인공지능이 입원 환자를 대상으로 한다는 점이다. 국내 의료 인공지능 회사인 뷰노가 개발한 딥카스DeepCARS는 입원 환자의 데이터를 분석해서 환자 상태 악화를 예측한다. 만약 집에 있는 일반인을 대상으로 사용한다면 가치 입증이 쉽지 않을 것이다.

국내 스타트업 알피ARPI에서 개발하는 심전도 기반 환자 구분triage 시스템의 경우를 생각해보자. 심전도 데이터와 환자의 최종 진단 데이터를 연결한 인공지능 시스템이다. 응급실에 온 환자가 처음에 찍는 심전도를 분석해서 환자가 어떤 심혈관 질환의 위험이 큰지를 알려준다. 이를 확인한 응급의학과 의사는 다음 단계로 어떤 조치를 해야 할지 판단하는 데 도움을 받을 수 있다.

만약 이를 외래 환자를 대상으로 사용한다면 가치 입증이 쉽지 않을 것이다. 앞서 언급한 바와 같이 외래 환경에서는 이 회사의 인공지능이 찾아낼 수 있는 심각한 심혈관 환자의 비율이 낮을 것이기 때문이다. 응급실 환자는 유병률이 높아서 상황이 다르다. 게다가 응급실 환경에서는 빨리 의사결정을 내려야 하기 때문에 시간 여유가 있는 외래에 비해서 이런 검사가 도움이 될 수 있다.

양성 예측도 관련 이슈를 정리하자면, 새로운 검사의 용도를 설정할 때 검사 대상 집단을 잘 설정해야 한다고 볼 수 있다.

이런 관점에서 생각해보면 의료 인공지능을 통해서 엑스레이나 CT 판독 정확도를 높이는 것의 가치를 입증하기는 쉽지 않다. 엑스레이나 CT는 스크리닝 혹은 초기 위험도 구분 검사이며 여기서 판독 정확도가 3~4% 정도 높아졌다고 해서 최종적으로 환자가 오래 사는 것은 아닐 수 있기 때문이다. 그렇기 때문에 아직 판독 보조용 의료 인공지능이 보험 수가 적용을 받은 사례가 없다시피 하다.

양성 예측도가 전부는 아니다. 다시 폐암 검진 대상자 기준으로 돌아가보자. '54~74세로 흡연력이 30갑년이 넘는 경우'라고 했는데 54세 이상이라는 기준과 흡연력 30갑년이라는 기준은 지금까지 논의한 양성 예측도로 이해할 수 있다. 폐암 고위험군을 대상으로 하겠다는 것이다. 근데 74세까지로 제한한 이유는 무엇일까? 74세가 넘었을 때 폐암 유병률이 낮아질 리는 없을 텐데 말이다. 여기에 두 번째 이슈가 숨어 있다. 건강검진뿐만 아니라 모든 검사가 맞닥뜨리는 궁극의 문제인 '그 결과를 가지고 무엇을 할 것인가?'이다.

74세가 넘어가면 폐암으로 진단을 받아도 치료가 힘든 경우가 늘어날 것이다. 폐암 수술을 하거나 항암 치료를 받을 만큼 체력이 되지 않을 가능성이 클 것이다. 기껏 진단해도 치료할 방법이 없다면 굳이 진단 검사에 돈을 쓸 필요가 없어진다. 개인 입장에서는 '그래도 폐암이라는 것을 알면 차근차근 삶을 정리할 수 있는 가치'가 있을 수 있다. 하지만 의료는 기본적으로 보험에서 돈을 내기 때문에 이런 개인의 마음은 고려 대상이 아니다.

앞서 입원 환자의 상태 악화를 예측하는 인공지능에 대해서 언급했다. 만약 인공지능이 입원 환자의 사망을 매우 정확하게 예측해서 사망이 예측된 환자가 모두 사망한다면 어떨까? 그 제품은 가치가 없을 것이다. 환자의 건강을 향상하기 위해서 해줄 수 있는 것이 없기 때문이다.

지금까지 주로 진단 영역에서 새로운 기술이 가치를 입증받기 위한 요인들에 대해서 살펴보았다. 이 논의를 바탕으로 다음 절에서는 보험 수가를 적용 받은 제품들이 어떤 가치를 입증했는지를 살펴보겠다.

2
디지털 헬스케어 진단기기
보험 수가 적용 사례

Business model

새로운 진단과 검사 기술을 개발할 때 기술 못지않게 대상 집단 및 용도가 중요하다. 디지털 헬스케어 영역의 진단 및 검사기기 가운데 의료보험 수가를 인정받은 사례들이 어떤 대상 집단에 대해서 무슨 가치를 입증했는지를 진료 단계별로 살펴보자.

스크리닝 검사 보험 적용 사례

스크리닝은 가치 입증이 힘들기 때문에 기존에 존재하지 않던 새로운 스크리닝 검사를 만들어내기는 쉽지 않다. 스크리닝과 관련된 디지털 헬스케어 가운데 보험 적용을 받은 사례는 많지 않다. 예외적으로 보험 적용을 받은 사례가 입증되었으나 널리 활용되지 못한 검사를 더 잘 실시할 수 있도록 해주는 경우이다.

여기에 해당하는 것이 IDx-DR이다. IDx-DR은 당뇨병 환자의 망

IDx-DR 검사

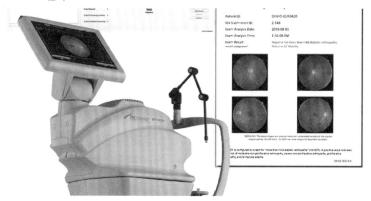

막 촬영 결과를 분석해서 당뇨성 망막 병증 가능성이 큰 환자를 선별하는 검사이다.

당뇨병 환자는 매년 망막을 촬영해 당뇨성 망막 병증 여부를 검사해야 한다. 당뇨병 환자가 받아야 하는 스크리닝 검사로 이상이 발견되는 경우 조기에 치료를 받으면 시력이 나빠지거나 실명하는 것을 예방할 수 있다. 이미 의료계에서 가치가 입증되어 실시되고 있다. 그런데 이 검사를 매년 꼬박꼬박 열심히 받지 않는 환자가 많다. 내과나 가정의학과 외래를 방문해서 약 처방을 잘 받는 환자들도 1년에 한 번 안과를 찾아가서 실시해야 하는 망막 검사는 중요성을 못 느끼고 차일피일 미루기 쉽다.

IDx-DR은 당뇨병 환자의 망막 사진을 분석해서 당뇨성 망막 병증 가능성이 큰 환자를 선별한다. 그런데 거의 모든 의료 인공지능은 의사의 판독을 돕는 판독 보조 용도인 반면에 IDx-DR은 진단 용도로 미국식품의약국FDA 허가를 받았다. 즉 IDx-DR의 분석 결과는 의사의 추가 판독 없이 그대로 믿고 따라도 된다.

IDx-DR은 굳이 안과에 설치할 필요가 없다. 안과에서는 안과 의사가 망막 사진을 판독하면 되기 때문이다. IDx-DR은 내과나 가정의학과에 설치하면 좋을 것이다. 당뇨병 약을 타기 위해서 외래를 방문한 환자가 그 자리에서 1년에 한 번 망막 사진을 찍으면 바로 결과가 나온다. 여기서 당뇨성 망막 병증이 의심된다고 하면 어지간히 간 큰 환자가 아니고서야 빠른 시일 내에 안과 의사의 진료를 받을 가능성이 클 것이다. 이렇게 놓고 보면 IDx-DR의 용도는 이미 입증된 스크리닝 검사 방법(매년 당뇨병 환자의 망막을 검사하는 것)이 더욱 잘 실시되도록 돕는 것이라고 할 수 있다.

여기서 눈여겨볼 점은 IDx-DR은 망막 사진에서 볼 수 있는 모든 것을 판독하는 것이 아니고 오직 당뇨성 망막 병증과 관련된 상황만 분석한다는 점이다. 즉 IDx-DR에서 이상이 없다고 나와도 당뇨성 망막 병증 이외의 망막 질환이 있을 수 있다.

그렇다면 이왕 망막 사진을 찍은 김에 이것저것 다 봐주면 훨씬 좋은 것 아니냐는 생각을 자연스럽게 할 수 있다. 문제는 망막 사진에서 볼 수 있는 다른 질환들은 아직 스크리닝의 가치가 입증되지 않았다는 점이다. 이렇게 되면 이야기가 달라진다. 당뇨성 망막 병증 이외의 망막 질환에 대한 인공지능 판독 시스템을 개발한다면 그것이 치료 결과(이 경우는 실명 혹은 시력 저하)에 긍정적인 영향을 미친다는 것을 처음부터 입증해야 한다. 이렇게 되면 입증 부담이 훨씬 커질 수밖에 없다.

또 한 가지 눈여겨볼 점은 IDx-DR이 좁은 범위의 질환에 대해서 허가를 받았지만 판독 보조 용도가 아니라 진단 용도라는 점이다. 여러 의료 인공지능 회사들이 망막 사진의 판독을 보조하는 의료 인공지능을 개발했다. 이 회사들은 미국식품의약국FDA이나 식약처의 허가 사항이 판독 보조 용도로 되어 있기는 하지만 정확도가 높기 때문에 의사 면허를 가진 사람이라면 결과를 믿고 진료해도 거의 문제가 없을 것이라고 내세운다. 이를 바탕으로 자사의 제품을 내과나 가정의학과에 설치해서 IDx-DR처럼 사용할 수 있다고 생각한다.

그런데 이런 용도의 차이는 망막 사진 판독과 관련한 의사의 심리에 중대한 영향을 미친다. 안과를 전공하지 않은 의사는 망막 사진을 제대로 배운 적이 없기 때문이다. 아무리 판독 보조 용도 인공지능이 정확하다고 해도 이를 믿고 판독지에 사인하기는 부담스럽다. 엑스레이나 CT는 영상의학과 의사가 아니어도 어느 정도 볼 수 있기 때문에 판독 보조용 제품을 사용하는 데 부담이 없다. 하지만 안과는 여러 진료과 가운데에서도 매우 특수한 영역이라서 그러기 쉽지 않다.

예외적인 경우로 일반화하기는 힘들지만 스크리닝과 관련해서 보험 수가를 받은 또 다른 사례로 의료 인공지능의 초기 버전인 유방 촬영 컴퓨터 보조 판독 시스템CAD, computer-assisted detection이 있다. 유방 촬영은 유방암의 스크리닝 검사로 가치가 입증되어 의료 현장에서 널리 사용되고 있었다. 유방 촬영 컴퓨터 보조 판독 시스템은 판독 정확도를 향상시켜준다는 가치를 내세웠다. 이 사례에 의미를 부여하자면 가치가 입증된 검사의 정확도를 향상시켜준다고 볼 수 있다.

물론 앞서 살펴본 바와 같이 스크리닝과 치료 결과 사이에는 복잡한 진료 단계가 자리하고 있기 때문에 스크리닝의 정확도를 향상시켰다고 해서 반드시 환자의 치료 결과에 긍정적인 영향을 미친다고 보기는 힘들다. 유방 촬영 보조 판독 시스템은 1998년에 최초로 미국식품의약국FDA 승인을 받았고 2000년 제정된 법*에서 메디케어를 비롯한 미국 국공립 의료보험 프로그램으로 하여금 디지털 유방 촬영에 대해서 필름 촬영에 비해 더 높은 수가를 지급하고 컴퓨터 보조 판독을 하는 경우 별도의 보상을 하라는 내용이 들어가면서 보험 적용을 받게 되었다. 이렇게 된 배경에는 의료적인 가치보다는 정치적인 계산이 있다는 지적이 있다. 확실한 것은 당시까지 유방 촬영 컴퓨터 보조 판독 시스템은 실제 진료 환경에서 환자 치료 결과를 향상시켜준다고 제시하지 못했다는 점이다.

이후 나온 연구에서 유방 촬영 컴퓨터 보조 판독을 활용했을 때 진단 특이도와 양성 예측도가 감소한다4고 나오는 등 그 가치에 대한 의문이 제기되었다. 2016년 11월 유방 촬영 컴퓨터 보조 판독 수가에 변화가 생긴다. 그동안은 유방 촬영에 더해서 추가로 수가를 인정받아왔다. 그런데 이제 유방 촬영 수가에 묶이게 되어 사실상 컴퓨터 보조 판독에 대한 수가가 없어졌다. 이렇게 수가가 없어지게 된 원인은 두 가지가 꼽힌다. 첫째 성능에 대한 의문이 지속적으로 제기되었다는 것이다. 둘째 이미 충분히 보급되었기 때문에 굳이 보험 수가를 줄 만한 유인을 느끼지 못했을 것이다.

그럼에도 불구하고 입증된 스크리닝 검사의 정확도 향상은 위험도 구분 검사에 속하는 일반적인 의료 영상 판독의 정확도 향상에 비해서 가치 입증이 상대적으로 수월할 수 있다. 왜냐하면 가치가 인정된 스크리닝 검사는 그 가치가 정량적으로 입증되어 있기 때문이다. 따라서 인공지능이 그 정확도를 높여줄 수 있다면 가치를 인정받

을 가능성이 있다. 이에 비해서 위험도 구분 단계에서 실시하는 엑스레이와 CT 같은 일반적인 의료 영상은 환자에게 줄 수 있는 가치가 정량적으로 입증되어 있지 않기 때문에 그 정확도를 높여준다고 해도 가치 입증이 쉽지 않을 수 있다.

이와 관련해서 대장암 스크리닝의 경우를 살펴보자. 미국에서 65세 이상 노인을 위한 국가 의료보험인 메디케어를 관장하는 정부 기관인 CMSCenter for Medicare and Medicaid Services는 대장암 스크리닝용 DNA 혈액 검사의 보험 적용과 관련해서 대장 내시경을 기준으로 민감도 74% 이상, 특이도 90% 이상을 기준으로 내세우고 있다.[5] 기존에 사용되는 스크리닝 검사의 특성을 바탕으로 설정된 기준이다. 이와 같이 확립된 기준이 있고 이와 비교가 가능하다면 상대적인 가치를 입증하는 것으로 충분할 수 있다.

입증된 스크리닝 검사 정확도 향상의 또다른 장점은 건강 검진 상황에서는 개별 검사가 특정 질환만을 대상으로 하는 경우가 많아서 인공지능이 한 가지 질환만을 잘 판독하면 된다는 점이다. 스크리닝이 아닌 일반적인 진료 환경에서 흉부 엑스레이에 대해서 판독 보조용 인공지능을 사용한다고 생각해보자. 인공지능은 의사가 판독하는 것 가운데 일부만 확인할 수 있는 경우가 많다. 그런데 영상 판독 수가는 특정 병변이 아니라 해당 이미지에서 볼 수 있는 것을 모두 판독한다는 전제하에 책정된다. 따라서 일부 질환만 진단할 수 있는 의료 인공지능에 대해서 판독 수가를 부여하기 힘들다. 이에 비해 스크리닝에 사용되는 유방 촬영과 저선량 폐 CT 검사는 각각 유방암 및 폐암과 같이 특정 질환만 판독하면 충분하기 때문에 가치 입증이 수월하다.

스크리닝의 정확도를 향상하는 것과 관련해서 국내 스타트업인

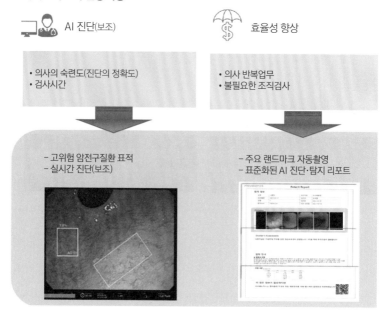

프리베노틱스의 인공지능

프리베노틱스 사례를 보자. 이 회사는 위내시경의 진단 보조 인공지능을 개발하고 있는데 아직 초기로 보험 수가를 논할 단계는 아니다. 이 회사는 다른 위내시경 인공지능 스타트업들이 집중하는 위암 및 위선종 진단에 더해서 그 전단계인 장상피화생Intestinal metaplasia까지 진단을 보조한다. 이는 어떤 의미가 있을까? 지금까지 살펴본 논리로는 새로운 스크리닝을 도입하는 것이기 때문에 가치 입증이 만만치 않을 것이다. 그런데 최근 미국소화기학회 가이드라인에서 위내시경을 할 때 장상피화생을 신경써서 진단해야 한다는 내용이 포함되었다. 이렇게 가이드라인에서 진단의 중요성이 강조되는 경우 상대적으로 가치 입증이 수월할 가능성이 크다. 특히 가이드라인에서는 정확한 진단을 위해서 위의 5군데에서 조직 검사를 해야 한다고 나와 있다. 그런데 암의 전단계인 장상피화생에 대해서 조직 검사를 하는 것은 의사 입장에서 부담스러울 수 있다. 만약 프리베노틱스 인공지능의 정확도가 상당히 높아서 조직 검사의 필요성을 줄여준다면 이는 충분히 가치가 있을 것이다.

새로운 스크리닝 방법으로 보험 수가를 인정받는 것은 쉽지 않다. 지금까지 살펴본 바와 같이 입증된 스크리닝을 더 잘 실시할 수 있도록 돕거나 입증된 검사의 정확도를 향상시켜주는 방식으로 가치를 인정받아 보험 수가를 적용받는 것이 현실적인 전략이다.

새로운 스크리닝 방법으로 보험 수가를 적용받은 디지털 헬스케어 의료기기 사례를 살펴보자. 고령 환자에서 골다공증은 골절로 이어질 수 있다. 골다공증은 이중 에너지 X선 흡수 계측DEXA, Dual Energy X-ray Absorptiometry 방법을 통해 측정한 골밀도 점수를 통해 스크리닝 검사를 실시한다. 그 결과 골다공증이 진단되면 약물 치료를 한다.

메디맵스Medimaps 회사는 이중 에너지 X선 흡수 계측DEXA을 통해서 측정할 수 있는 새로운 골다공증 지표를 만들었다. 해면골 점수TBS, Trabecular Bone Score라는 지표로 이는 뼈의 미세구조를 반영한다. 해면골 점수TBS는 단독으로 사용하지 않고 골밀도 점수에 더해서 사용한다. 2012년에 미국식품의약국FDA으로부터 의료기기로 허가를 받았고 2022년부터 미국 메디케어에서 보험 수가를 적용 받기 시작했다.[6]

앞서 살펴본 IDx-DR이 2018년에 미국식품의약국FDA 허가를 받고 2021년에 메디케어 수가를 받은 것에 비하면 오랜 기간이 소요되었다. 쉽게 생각하면 기존에 실시하던 이중 에너지 X선 흡수 계측DEXA검사 방법을 그대로 사용하며 가치를 입증받은 골밀도 점수에 새로운 가치를 더하기 때문에 보험 적용이 어렵지 않을 것이라고 볼 수 있지만 사실은 그렇지 않았다. 만약 기존의 골밀도 검사를 대체하거나 그 정확도를 높여주는 용도라면 민감도나 특이도와 같은 정량화된 수치를 통해서 기존 검사보다 우월함을 입증할 가능성이 있다. 하지만 해면골 점수와 같이 새로운 가치를 더하는 것은 까다롭다. 그만큼 스크리닝 단계에서 신기술이 가치를 입증받는 것은 쉽지 않다.

위험도 구분 검사 보험 적용 사례

위험도 구분 검사로 보험 수가 적용을 받는 경우는 비싸고 위험한 확진 검사가 필요한 경우와 그렇지 않은 경우를 구분하는 효용을 바탕으로 수가를 받았다.

대표적인 사례가 하트플로HeartFlow의 FFR$_{CT}$이다. 관상동맥 혈관 조영 CT 데이터를 분석해서 FFR이라는 수치를 예측한다. FFR은 심장을 먹여 살리는 혈관인 관상동맥을 지나가는 혈류를 보여주는 지표이다. 협심증 환자를 진단할 때 좁아진 관상동맥을 지나가는 혈류가 얼마나 나빠졌는지가 중요하다. 그 결과를 바탕으로 위험하고 비싼 관상동맥 조영술 및 스텐트 시술의 필요성을 판단하게 된다. 그런데 관상동맥 혈관 조영 CT 결과만으로는 이를 알 수 없다. CT 결과를 FFR$_{CT}$로 분석하여 FFR을 추정할 수 있다. FFR$_{CT}$의 주된 가치는 비교적 저렴한 관상동맥 혈관 조영 CT 및 이에 대한 인공지능 분석을 통해서 비싸고 위험한 검사를 굳이 할 필요가 없는 환자를 골라내는 것이다.

클리얼리Cleerly의 인공지능도 유사한 용도로 보험 적용을 받은 것으로 보인다.[7] 관상동맥 혈관조영 CT를 분석해서 동맥 경화 상태를

오큘로지카의 아이박스

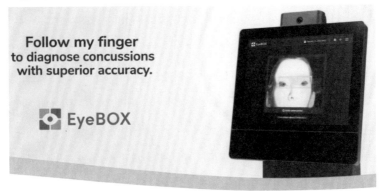

알려준다. 회사 측에서는 이 제품이 다양한 효용을 가질 수 있다고 제시하고 있다. 이번에 보험 적용을 받은 것은 하트플로의 FFR$_{CT}$와 마찬가지로 비싸고 위험한 관상동맥 조영술과 스텐트 시술을 받을 필요가 없는 환자를 선별하는 가치 때문인 것으로 짐작된다.

클리얼리 회사는 이 제품의 효용과 관련해서 장기적으로 동맥 경화 상태를 정확히 파악함으로써 관상동맥 질환 환자를 세분화하고 그에 따라 맞춤형 진료를 할 수 있을 것이라고 언급하고 있다. 이는 앞서 살펴본 모니터링 방법 가운데 환자 위험도 평가에 가까우며 먼 미래의 일이 될 것으로 보인다. 의학적 연구 결과가 아직 충분하지 않기 때문이다. 예를 들어 검사 결과 어떤 특징을 가진 환자가 발견되면 이 사람에게는 어떤 약을 써야 한다는 식으로 검사 결과와 이후의 진료가 연계될 수 있는 근거가 필요하다. 그런데 아직은 그런 근거가 부족해 보인다.

위험도 구분 검사의 다른 사례로 아이박스$_{EyeBOX}$가 있다. 오큘로지카$_{Oculogica}$에서 만든 전용 의료기기를 통해서 환자의 시선을 분석하여 뇌진탕mTBI, mild Traumatic Brain Injury 가능성을 알려준다. 정확하게는 이 검사에서 음성으로 나오면 뇌진탕이 아니라고 할 수 있다.

머리를 부딪쳤을 때 뇌출혈 가능성 등을 확인하기 위해 뇌 CT를 찍는다. 아이박스 검사의 효용은 굳이 뇌 CT를 찍을 필요가 없는 환자를 가려내는 것이라고 볼 수 있다. 미국과 같이 뇌 CT 비용이 비싼 환경에서는 저렴한 비용으로 굳이 비싼 검사를 할 필요가 없는 환자를 찾아낼 유인이 존재할 것이다. 참고로 의료기기 회사로 유명한 애보트Abbott는 뇌진탕에 대한 혈액 검사를 개발해서 미국식품의약국 FDA 승인을 받은 바 있다. 물론 우리나라와 같이 뇌 CT가 저렴한 나라에서는 그 가치가 제한적일 것이다.

보험 수가를 받는 위험도 구분 검사의 또 다른 사례로 옵텔룸Optellum 회사가 만든 폐암 예측 시스템LCP, Lung Cancer Prediction이라는 인공지능이 있다. 폐 CT에서 발견되는 결절을 분석해서 암일 가능성이 높은 경우를 선별해준다. 폐암 확진 조직 검사를 실시할 지 여부를 결정하는 데 도움을 준다. 연구 결과를 보면 의사 판독에 비해서 ROC 곡선 하위 영역AUC, Area Under Curve 기준으로 정확도를 5~6% 높여준다고 한다.

이렇게만 보면 옵텔룸 폐암 예측 시스템LCP은 폐암 스크리닝을 위한 저선량 폐 CT 검사에서 사용해도 될 것처럼 보인다. 하지만 미국식품의약국FDA 허가 문서를 보면 폐암 스크리닝 목적으로는 허가되지 않았다. 옵텔룸 폐암 예측 시스템LCP은 다음과 같은 상황에서 사용될 수 있다.[8]

- 스크리닝 이외의 목적으로 촬영된 폐 CT 대상

- 영상의학과 혹은 호흡기내과 의사가 확인하고자 표시한 결절만 해당
- 35세 이상 환자에서 5~30밀리미터 크기의 결절만 해당
- 결절성 간유리 음영 및 석회화 병변은 해당 안 됨
- 결절이 5개를 넘는 경우 해당 안 됨
- 폐암 진단 후 5년이 경과하지 않은 환자는 해당 안 됨

검사의 가치는 검사 자체의 특성뿐 아니라 그 대상이 되는 집단의 특성에 의해서 결정된다. 옵텔룸 폐암 예측 시스템LCP은 폐 결절 가운데 치료 가능성이 있는 폐암일 가능성이 높은 것을 선별하는 용도로 허가를 받았다고 볼 수 있다. 참고로 옵텔룸 폐암 예측 시스템LCP은 2021년에 미국식품의약국FDA 허가를 받고 2022년부터 미국 메디케어 수가를 적용받고 있는데 좁은 환자군을 대상으로 하기 때문에 비교적 가치 입증이 용이해서 빠르게 수가를 받았다고 볼 수 있다.

확진 관련 검사 보험 적용 사례

확진과 관련된 디지털 헬스케어 가운데 보험 적용을 받은 사례는 크게 네 가지 유형으로 구분할 수 있다.

1. 확진에 걸리는 시간을 단축하는 유형
2. 위험한 확진 검사를 대체하는 유형
3. 확진 의사 결정을 돕는 유형
4. 확진 검사의 효용을 높이는 유형

첫째 유형인 확진에 걸리는 시간을 단축하는 사례로 비즈닷에이아이Viz.ai의 비즈 LVOLarge Vessel Occlusion가 있다. 뇌졸중이 의심되는 환자에 대한 환자 분류triage 및 알림 도구이다. 구체적으로는 병원 시스템에 탑재되어서 뇌졸중이 의심되는 뇌 CT 혈관 조영술 검사를 찾아낸다. 의심되는 검사를 발견하면 영상의학과 의사가 판독하는 검사 대기열의 최상단으로 올린다. 이와 함께 병원 내 뇌졸중 진료와 관련된 모든 의료진에게 비상 알람이 가도록 한다. 즉 비즈 LVO는 다른 의료 인공지능처럼 판독 정확도를 개선하려는 것이 아니고 진단 시간이 중요한 환자가 가급적 빠르게 진단받을 수 있도록 업무 흐름을 개선한다.

이것이 의학적 의미가 있는 이유는 뇌졸중 증상 발생 후 6시간 이내에 항혈전 치료 혹은 기계적 혈전 제거술을 실시하면 환자의 신경학적 부작용이 적어지고 회복이 빨라진다고 입증되어 있기 때문이다. 비즈 LVO의 가치는 뇌졸중 환자의 진단 시간을 단축함으로써 환자의 회복이 좋아지도록 돕는 것이라고 볼 수 있다. 여기서 중요한 것은 뇌졸중에서 증상 발생 후 치료까지 걸리는 시간을 단축하는 것의 가치가 입증되어 있다는 점이다. 즉 비즈닷에이아이의 비즈 LVO는 이미 입증된 것을 진료 환경에서 달성할 수 있도록 돕는 시스템이라고 할 수 있다.

비즈 LVO가 환자를 잘못 찾아내서 생기는 문제는 어떻게 될까? 회사 측은 이렇게 이야기한다.

- 뇌졸중이 있는데 잡아내지 못한 경우(위음성): 비즈 LVO가 없을 때도 진단이 늦어졌을 것이고 비즈 LVO를 사용함으로써 진

단이 더 늦어진 것은 없기 때문에 해당 환자에 미치는 영향은 없다고 볼 수 있음

- 뇌졸중이 없는데 잘못 잡아낸 경우(위양성): 영상의학과 의사가 판독해야 하는 업무량에 비해서 발생하는 위양성 건수가 적기 때문에 다른 환자에게 미치는 영향이 제한적임

말장난같이 들릴 수도 있겠지만 비즈 LVO의 용도는 정확한 진단을 도와주는 것이 아니라 진단에 걸리는 시간을 단축하는 것이다. 그래서 이 주장은 논리적으로 성립한다. 일반적으로 비즈 LVO와 유사한 의료 인공지능을 개발하는 경우 판독 정확도를 높이는 용도로 허가를 받을 가능성이 크다. 이런 경우, 판독 정확도가 얼마나 높아야 환자에 도움이 되는지를 따져야 하는 어려운 싸움을 해야 한다. 이에 비해 비즈 LVO는 사실상 같은 기술을 가지고 진단 시간을 단축하는 용도로 허가를 받음으로써 이를 피해 갔다고 볼 수 있다.

이렇게 비즈닷에이아이가 절묘한 전략을 짰음에도 불구하고 이를 다른 질환에 적용하는 것은 좀 더 시간이 걸릴 것으로 보인다. 왜냐하면 일반적으로 진단 시간을 앞당길 수 있으면 환자에게 도움이 될 가능성이 있지만 학술적으로 입증되지 않은 경우 별도로 가치를 입증해야 하기 때문이다. 예를 들어 비즈닷에이아이는 비즈PE$_{Viz\ PE}$ 제품에 대해 미국식품의약국$_{FDA}$ 승인을 받았다. 이 제품은 폐색전$_{PE,}$ $_{pulmonary\ embolism}$의 확진 시간을 단축하는 용도이다. 하지만 폐색전 진단 시간을 얼마나 앞당기는 것이 환자에게 도움이 되는지는 아직 명확하게 입증되지 않았다. 따라서 이 제품은 뇌졸중 진단 시간을 줄이는 비즈 LVO에 비해 보험 적용이 수월하지 않을 가능성이 크다.

리버멀티스캔의 분석 결과

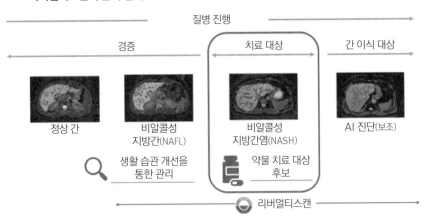

둘째 유형인 위험한 확진 검사를 대체할 수 있는 가치를 통해서
보험 수가 적용을 받은 경우로 퍼스펙툼Perspectum이 만든 리버멀티
스캔Liver MultiScan이 있다. 이 제품의 주 용도는 간 MRI 검사를 분석
해서 비알콜성 지방간염NASH, Non-Alcoholic Steatohepatitis을 진단하는
것이다. 비알콜성 지방간염NASH의 확진 방법은 조직 검사이며 치료
방법은 체중 감량, 생활 습관 변화 정도밖에 없었다. 이렇게 뚜렷한
치료 방법이 없는 상황에서 굳이 조직 검사를 하거나 MRI까지 찍을
필요가 없다.

그런데 비알콜성 지방간염NASH 치료제 시장 전망이 밝을 것으로
추정되면서 우리나라의 제약회사들을 비롯해서 많은 곳이 개발 중
이다. 신약 개발 과정에서 간 조직 검사로 확진된 환자들을 대상으
로 임상 시험을 하고 있기 때문에 새로운 비알콜성 지방간염NASH 치
료제가 나오는 경우 간 조직 검사의 필요성이 커진다. 하지만 간 조
직 검사는 위험하다. 보통 암은 조직 검사로 확진하는데 그중에서도

간암의 경우 조직 검사를 하지 않을 정도이다. 따라서 정확도가 높은 비알콜성 지방간염NASH 진단 검사가 있다면 의미가 있을 것이다. 리버멀티스캔은 이 점을 파고드는 것으로 볼 수 있다.

퍼스벡툼이 만든 또 다른 의료 인공지능인 MRCP+ 역시 보험 수가 적용을 받았다. 이는 확진과 관련된 가치의 세 번째 유형인 확진 의사 결정을 돕는 제품으로 볼 수 있다. MRI에서 담관 및 담도 상태를 정량적으로 분석해준다. 몇 가지 용도가 있는데 원발성 경화성 담관염Primary Sclerosing Cholangitis이라는 질병을 진단할 때 다른 질병을 배제함으로써 질병 확진에 도움을 준다.

MRCP+의 또 다른 용도는 간이식을 받은 환자에서 담도와 담관의 상태 파악을 돕는 것이다. 간이식을 받은 환자는 해부학적인 구조가 달라지기 때문에 구조를 파악하기가 쉽지 않다. 간 이식 이후에 담도와 담관에 협착이 생길 수 있는데 MRCP+는 이때 환자 상태 파악을 도와서 스텐트 삽입 등 치료적 의사결정에 도움을 줄 수 있다. 이 용도는 치료 방법 결정과 연관이 있기는 하지만 환자의 정확한 상태를 파악한다는 측면에서 확진과 닿아 있는 측면이 있다.

넷째 유형인 확진 검사의 효용을 높여주는 경우로 디지털 헬스케어 업계에서 가장 성공한 회사 중 하나라고 할 수 있는 아이리듬iRhythm의 지오패치Zio Patch가 있다. 지오패치는 몸에 부착하는 웨어러블 심전도로 발작성 심방세동을 진단하는 용도이다. 심방세동은 부정맥 가운데 가장 흔하며 뇌졸중을 일으킬 수 있다. 간헐적으로 생겼다 없어지는 과정을 반복하는 경우가 있기 때문에 병원에서 가끔 검사하는 것만으로는 확진하기 어려워서 일상생활 속에서 지속적으

홀터모니터(좌)와 지오패치(우)

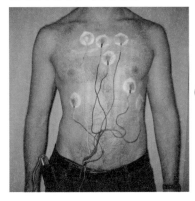 vs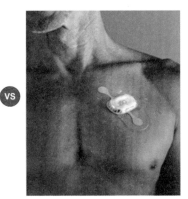

로 측정하는 것이 필요하다.

지오패치가 나오기 전부터 홀터모니터holter monitor 검사 방법이 같은 용도로 가치가 입증되어 보험 적용을 받아서 사용되어왔다. 하지만 홀터모니터는 환자가 사용하기에 번거롭고 24~48시간 정도밖에 사용하지 못한다. 이에 비해 지오패치는 간편하고 14일까지 사용이 가능하다.

지오패치는 기존에 없던 새로운 기술을 들여온 것이 아니라 입증되고 의료계에서 널리 활용되는 홀터모니터 검사의 효용을 향상한 제품이라고 할 수 있다. 이렇게 되면 처음부터 하나하나 입증할 필요 없이 가치가 입증된 기존 기술 대비 얼마나 더 좋아졌는지만 보여주면 되기 때문에 가치를 입증하고 보험 적용을 받는 것이 수월해진다. 만약 홀터모니터가 기존에 사용되고 있지 않았다면 지오패치가 빠르게 시장에서 자리잡지 못했을 것이다.

현재 국내에서도 시어스테크놀로지의 모비케어mobiCARE, 에이티센스의 AT패치AT-Patch, 메쥬의 하이카디HiCardi, 웰리시스의 S-패치

심전도 측정기 얼라이브코어

S-Patch 등이 보험 적용을 받으면서 사용되고 있다. 웨어러블 심전도가 국내에서 디지털 헬스케어 제품으로 가장 빠르게 개발되고 보험 적용을 받고 있다는 점은 기존에 확립된 기술에 기반을 둔 제품을 개발하는 것의 중요성을 잘 보여준다.

지오패치와 유사한 사례로 휴대용 심전도 측정기로 유명한 얼라이브코어AliveCor가 있다. 얼라이브코어는 주머니에 넣고 다닐 수 있는 소형 심전도 측정기로 우수한 휴대성을 자랑한다. 환자가 가지고 다니다가 돌발적으로 가슴이 두근거릴 때 사용해서 심방세동을 진단할 수 있음을 보여주었다.

용도는 홀터모니터나 지오패치와 유사하다. 얼라이브코어는 같은 용도로 보험 적용을 받을 수 있을까? 쉽지만은 않을 것이다. 지오패치는 몸에 부착해서 사용하기 때문에 증상을 느끼지 못한 상태에서 발생하는 심방세동까지 진단할 수 있지만 얼라이브코어는 증상을 느낀 환자가 제품을 꺼내서 측정해야만 진단할 수 있기 때문이다.

이런 상황에서 얼라이브코어는 홀터모니터나 지오패치와의 유사성을 바탕으로 보험 수가를 받기는 힘들다. 이렇게 되면 하나하나 가치를 입증해야 하는 부담이 생긴다. 얼라이브코어 입장에서는 다행히도 의료계에서는 홀터모니터 이외에도 심장 이벤트 모니터cardiac event monitor라는 제품을 사용하고 있다. 심장 이벤트 모니터는 몸에 센서를 부착한다는 점에서 홀터모니터와 유사하지만 증상을 느낀 환자가 버튼을 누를 때만 기록된다는 점이 다르다. 얼라이브코어와 유사하다고 볼 수 있다. 이렇게 유사한 제품이 이미 가치 입증을 받고 사용되기 때문에 얼라이브코어 입장에서는 가치 입증의 부담이 덜하다.

얼라이브코어는 심방세동 진단율을 높일 수 있다는 점을 인정받아서 영국의 병원-보험 운영 기관인 영국 건강보험공단NHS, National Health Services과 연관된 기관으로 약과 의료기기의 보험 적용 적정성을 평가하는 영국 국립보건의료원NICE, National Institute for Health and Care Excellence의 추천을 받았다.[9] 일반적으로 국립보건의료원NICE으로부터 추천을 받는 경우 거의 보험 적용을 받을 수 있기 때문에 머지않아 영국 내에서 보험 적용을 받아서 사용될 것으로 보인다. 다만, 이 과정은 수월하지만은 않았던 것으로 보인다. 왜냐하면 환자가 가지고 다니면서 사용하는 형태로 기존 제품과 사용 방식이 다르기 때문에 이런 형태로도 기대하는 효과를 거둘 수 있을지를 입증해야 했기 때문이다.

참고로 영국 국립보건의료원NICE은 얼라이브코어에 보험 적용을 추천했지만 지오패치에는 하지 않고 있다. 미국 메디케어는 반대로 지오패치에만 보험을 적용하고 있다. 영국 국립보건의료원NICE은 왜 지오패치에 대해서 보험 적용을 추천하지 않을까? 영국 국립보건의료원NICE 지침 문서를 보면[10] 지오패치 검사에서 음성으로 나왔을 때 재검사 실시 여부 및 외래 재방문 여부에 따른 의료비 차이에 따라서 비용효과성이 달라진다는 언급이 나온다. 영국의 진료 환경에서 사용할 때 발생할 수 있는 추가 비용이 비용효과성 계산에 중요하다는 의미이다. 이렇게 진료 환경에 따라서 신기술 제품의 비용 효과성은 큰 차이를 보일 수 있다.

여기서 디지털 헬스케어 회사들이 유념해야 할 것은 얼라이브코어와 같은 제품을 만들 때 단순히 심전도를 정확하게 측정할 수 있다는 것만 입증하는 것으로는 부족하다는 점이다. 이는 기본 중의 기본에 불과하다. 어떤 상황에서 어떤 환자를 대상으로 해서 의미 있는 결과 지표를 내놓을 수 있는지를 구체적으로 보여주는 것이 중요하다. 특히 얼라이브코어와 같은 휴대용 심전도 측정기는 기존에 존재하지 않던 유형의 제품이기 때문에 구체적인 상황마다 어떤 가치를 만들어낼 수 있는지를 입증하는 것이 필수이다.

동반 진단 검사 보험 적용 사례

동반 진단 영역에서는 주로 유전체 검사들이 보험 수가를 받고 있다. 이 가운데에 기술 개발이 치열하게 이루어지고 있는 혈액 기반 액체 생검과 관련해서 살펴보자. 조직 검사는 보통 몸의 장기를 직접 찔러서 암의 조직을 얻고 이에 대해 검사를 함으로써 이루어진다. 조직 검사 자체가 힘든 경우가 있고 얻어낸 조직이 많지 않아서 기본 확진 검사 이외에 유전자 검사를 하기 힘든 경우도 있다. 또 암 치료를 하는 과정에서 새로운 변이가 나타날 수도 있는데 이것을 확인하기 위해서 다시 조직 검사를 하는 것은 부담이 된다. 혈액 기반 액체 생검 검사는 혈액 내에서 떠돌아다니는 순환 종양 DNA_circulating tumor DNA를 찾아냄으로써 몸을 찌르는 조직 검사의 필요성을 줄여준다. 피 한 방울로 암을 진단하는 검사라고 알려져 있다.

암에 대한 스크리닝을 비롯해서 다양한 용도로 혈액 기반 액체 생검을 활용하고자 하는 시도가 있다. 하지만 앞서 다룬 바와 같이 스크리닝의 가치 입증 이슈로 인해서 아직 암 검진 용도로 적용하기는 쉽지 않다.

미국 메디케어는 아직 전국 단위로 액체 생검에 대해서 보험 적용을 하고 있지는 않으며 지역 단위로 선별적으로 적용하고 있다. 액체 생검 가운데 가장 빠르게 보험 적용을 받은 영역이 동반 진단이다. 주로 진행성 암 환자를 중심으로 액체 생검을 통해서 항암제에 잘 반응하는 특정한 유전자 변이가 있는 환자를 찾아낸다. 가던트_Guardant 회사의 가던트360_Guardant360과 인비타_Invita 회사의 인비전퍼스트_InvisionFirst가 보험 수가 적용을 받는 대표적인 액체 생검 진단 기술이다.

모니터링 보험 적용 사례

끝으로 모니터링에 대해서 살펴보자. 앞서 모니터링의 목적을 세 가지로 구분했다. 재발 여부 확인, 환자 위험도 평가, 질병 상태 확인이다.

재발 여부 확인과 관련해서 보험 적용을 받는 대표적인 경우가 바로 앞에서 살펴본 혈액 기반 액체 생검 검사이다. 암 수술 혹은 항암 치료 후에 몸 안에 암이 남아 있는지 여부를 검사한다. 과거에는 CT

키드니인텔엑스 검사 결과 보고서

아래쪽에 결과에 따라 의사가 취해야 할 행동을 보여준다.

나 MRI와 같은 영상을 사용했다. 그런데 어느 정도 이상의 크기가
되기 전에는 영상에 나타나지 않기 때문에 뚜렷한 한계가 있었다. 액
체 생검은 눈에 보이지 않는 크기의 암이 몸 안에 남아 있는지를 검
사한다. 가던트 회사의 가던트 리빌Guardant Reveal과 나테라Natera 회
사의 시그나테라Signatera 검사가 메디케어 보험 수가 적용을 받은 대
표적인 제품이다.

환자 위험도 평가 용도로 보험 적용을 받는 대표적인 사례가 레널
리틱스Renalytix의 키드니인텔엑스KidneyIntelX이다. 신장 기능 검사 결
과를 분석해서 신장이 나빠질 가능성을 알려주는 환자 위험도 평가
검사이다. 의료계에서 신장 기능을 평가할 때 KDIGO라는 만성 신
장병 위험 분류 시스템을 주로 사용한다. 이는 사구체 여과율GFR(콩
팥이 이물질을 걸러내는 능력)과 단백뇨 양을 바탕으로 만성 신장병의
단계를 구분하는 방식이다. 1~5단계로 구분하며 숫자가 높아질수록

신장이 나빠졌다는 의미이다. 5단계는 말기 신부전을 의미하며 투석 혹은 신장 이식을 받아야 하는 상태이다.

KDIGO 분류는 환자 위험도 평가 시스템의 하나이다. 이런 시스템을 사용하는 목적은 세 가지다. 첫째 환자의 현재 상태를 파악한다. 둘째 예후를 예측한다. 셋째 환자 상태에 맞는 치료법을 적용한다. 단순히 현재 상태를 알 수 있는 것만으로는 의미가 없다. '그 결과를 가지고 무엇을 할 것인가?'에 대한 의미가 있어야 환자에게 실질적인 도움을 줄 수 있기 때문이다. 핵심은 상태에 따른 적절한 치료 방법이 있고 이를 적용했을 때 향후 경과가 호전될 수 있어야 한다는 것이다.

키드니인텔엑스는 21세 이상으로 2형 당뇨병이 있으면서 KDIGO 분류상 초기 단계인 1~3단계에 속한 환자를 대상으로 한다. KDIGO 에 비해서 더 정확하게 현재 신장의 상태를 구분한다. 현재 두 종류의 데이터를 사용하는데 세 가지 혈액 검사(TNFR-1, 2 및 KIM-1) 결과와 전자 의무기록 데이터(사용 약물, 검사 결과, 몸무게, 나이, 거주 지역, 외래 방문 패턴, 의사 기록)이다. 이를 종합해서 앞 페이지 그림과 같은 결과를 보여준다. 환자의 신장 악화 예상 점수와 함께 의사가 취해야 할 행동이 나와 있다.

키드니인텔엑스가 보험 적용을 받기 위해서는 기존 KDIGO 방식으로 진료할 때보다 치료 결과가 향상된다는 점을 입증해야 한다. 키드니인텔엑스는 2020년에 미국 메디케어의 검사 수가를 적용받았는데 흥미롭게도 이때까지는 기존 방식보다 예측 정확도가 더 높다는 결과만 발표[11]했을 뿐이다. 이후 2022년 미국당뇨병학회에서 치료 결과를 개선하고 의료비를 줄일 수 있다는 연구 결과를 발표[12]했다.

이렇게 치료 결과에 대한 증명 없이 보험 수가가 적용된 것은 예외적인 상황이다. 이는 미국 정부에서 신장 질환 관리에 특별한 관심이 있기 때문으로 보인다. 미국의 국가 의료보험인 메디케어는 65세 이상 노인과 말기 신장 질환 환자를 대상으로 하기 때문이다. 신장 질환 환자의 증가는 국가 재정에 상당한 부담이 된다. 이런 상황에서 말기 신장 질환의 가장 큰 원인인 당뇨병성 신장병의 악화를 막기 위한 취지에서 메디케어가 선제적으로 보험 적용을 한 것으로 짐작할 수 있다.

메디케어 보험 적용을 받고 있고 환자의 치료 결과를 향상한다는 점을 입증했지만 이것만으로 의료계에서 널리 사용되기는 힘들다. 키드니인텔엑스 혹은 그에 포함된 TNFR-1, 2 및 KIM-1 수치가 진료 표준으로 널리 인정받지 못하고 있기 때문이다. 미국당뇨병학회 가이드라인에는 이에 대한 내용이 전혀 나오지 않는다. 2022년 1월 레널리틱스는 미국당뇨병학회와 파트너십을 맺었다.[13] 이런 노력을 통하여 의료계에서 널리 받아들여질 수 있는 기반을 마련할 수 있을 것이다.

모니터링 대상 가운데 질병 상태를 확인하는 목적에 해당하는 것으로 혈당과 혈압이 있다. 현재는 주로 간헐적인 측정을 통해서 모니터링하고 있다. 혈당은 하루에 수차례, 혈압은 하루에 한두 번 혹은 한 달에 수차례 정도 측정한다.

혈당은 지속적인 모니터링의 필요성이 부각되고 있다. 현재까지는 환자가 집에서 가끔 혈당을 측정하고 병원에서 3개월에 한 번 정도 당화혈색소HbA1c 검사를 하는 식으로 진료가 이루어진다. 연속 혈당 측정기의 도입과 함께 이런 상황이 조금씩 바뀌고 있다. 연속 혈당 측정기는 몸에 부착하며 5분에 한 번씩 혈당을 측정한다. 비싼 장비를 써서 자주 혈당을 측정하는 것이 환자의 건강을 향상시키는 데 도움이 된다는 점을 단계적으로 입증하면서 진료 현장에서 점점 널리 사용되고 있다. 처음에는 혈당 변동이 심한 제1형 당뇨병에서 가치를 입증했고 현재는 잘 조절되지 않는 제2형 당뇨병에서도 가치를 보여주고 있다. 특히 연속 혈당 측정 결과 혈당 수치가 적정 범위 내에 머무는 시간을 의미하는 적정 혈당 유지시간time in range이 중요하다는 연구 결과가 나오면서 점점 주류 의료계에서 위상이 높아지고 있다. 적정 혈당 유지시간은 당뇨병에 대한 새로운 질병 상태 확인 모니터링 방법으로 자리를 잡을 것으로 보인다.

다만, 기억해야 할 것은 연속 혈당 측정기와 같이 기존 의료계에 존재하지 않던 제품이 새롭게 나와서 그 가치를 입증하기까지는 오랜 시간이 걸린다는 점이다. 첫 번째 연속 혈당 측정기가 미국식품의약국FDA으로부터 의료기기 승인을 받은 것이 1999년인데 많은 연구 결과를 통해서 보험 결정을 받기까지 18년이 걸렸다. 다시 말해서 스타트업이 이렇게 완전히 새로운 개념의 기술을 개발해서 상용화하는 것은 매우 어렵다.

아직 자리를 잡지는 못했지만 평소에 지속적으로 측정하는 것의 가치를 입증하기 위해서 노력하고 있는 영역으로 고혈압에서 혈압과 심방세동에서 심방세동 부담이 있다. 혈압 측정과 관련해서 혈당의 적정 혈당 유지 시간Time in range과 비슷한 개념으로 적절 혈압 유지 시간Time in target range이라는 개념이 나오고 있다. 혈압이 정상 범위 내에 머무르는 시간이 얼마나 되는지를 보는 것이다. 다만 아직은 연속 혈압 측정이 일반적으로 이루어지지는 않고 있기 때문에 매달

용도별로 보험 적용을 받은 디지털 헬스케어 제품

	용도	제품
스크리닝	• 입증된 기술이 널리 사용되도록 함 • 입증된 기술의 정확도를 높여줌	• IDx-DR • Mammogram CAD
위험도 구분	• 확진 검사가 필요한 경우 선별	• Heartflow's FFR-CT, Cleerly • EyeBOX • Optellum LCP
확진	• 확진에 걸리는 시간 단축 • 확진 검사 대체 • 확진 의사결정 지원 • 확진 검사 효용 증진	• Viz.ai • Liver Multiscan • MRCP+ • Zio patch
동반 진단	• 특정 치료제 사용 여부 결정	• Guardant360, InvisionFirst
모니터링	• 재발 여부 확인 • 만성 질환 상태 확인 • 예후 예측	• Guardant Reveal, Signatera • CGM • Renalytix's KidneyIntelX

측정한 혈압 수치를 선으로 연결하여 추정한 결과를 바탕으로 연구가 이루어지고 있다. 심방세동 부담은 심방세동이 얼마나 자주 오랫동안 지속되는지를 측정한 결과이다. 이는 아직 확립되지는 못했지만 그 중요성에 관한 연구 결과가 축적되고 있어서 머지않은 미래에 진료 현장에서 사용될 가능성이 크다. 그럴 경우 현재 확진용으로 주로 사용되는 웨어러블 심전도의 새로운 시장이 열릴 수 있다.

지금까지 살펴본 사례들을 정리하면 이미 입증된 기술에 바탕을 두고 여기에 새로운 가치를 더함으로써 보험 적용을 받은 경우가 많다. 헬스케어에서 가장 큰 지불자인 의료보험이 보험 적용 여부를 결정할 때 중요한 기준은 제품이 비용 대비 얼마나 큰 가치를 줄 수 있는가 하는 점이다. 따라서 단순히 어떤 측정 방식을 단순화해서 이를 편하게 실시할 수 있도록 하는 것만으로는 부족하다. 지금까지 살펴본 바와 같이 측정 결과가 충분한 의미가 있어야 하는 것은 물론이

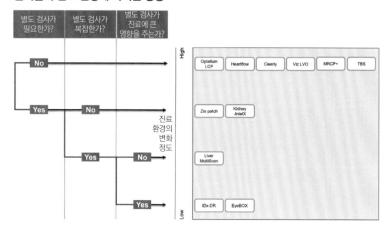

신기술이 진료 현장에 미치는 영향

고 그 결과로 환자에게 어떤 조치를 해서 건강을 향상할 수 있다는 근거가 있어야 한다. 그리고 이는 양성 예측도와 같은 헬스케어의 논리를 통해서 증명돼야 한다.

또 한 가지 염두에 둘 것은 새로운 기술의 도입이 진료 현장에 미치는 영향이다. 보험 적용을 받은 제품 가운데 많은 경우가 새로운 검사를 추가로 하기보다는 기존 진료 환경에서 실시되던 검사에 인공지능 분석을 추가한다는 점을 눈여겨 보아야 한다. 옵텔룸의 LCP, 하트플로의 FFR$_{CT}$, 클리얼리, 비즈 LVO, MRCP+, TBS가 여기에 해당한다. 이 제품들의 경우 의사 입장에서는 업무 변경에 따른 부담이, 보험 입장에서는 새로운 검사를 추가하는 데 따른 비용 부담이 적다는 장점이 있다.

기존 검사 대비 그다지 복잡하지 않은 새로운 검사를 추가하는 경우로 지오 패치와 키드니인텔엑스가 있다. 지오패치의 경우 기존에 시행되던 홀터 모니터와 유사한 형태로 이를 대체하는 관계이고 키드니인텔엑스는 추가로 혈액 검사를 실시하는 정도이므로 진료에서 변화가 크지 않다고 볼 수 있다.

다소 복잡한 검사를 추가하지만 진료 환경에 큰 영향을 주지는 않는 경우로 비알콜성 지방 간염NASH 조직 검사 대체 용도의 리버멀티 스캔이 있다. 이는 간 조직 검사라고 하는 위험성이 큰 검사를 대체하기 위한 목적이 크기 때문에 업무의 변화에 따른 거부감이 상대적으로 적을 것으로 예상된다.

진료 환경에 큰 영향을 줄 수 있는 경우로 당뇨성 망막병증 선별 검사인 IDx-DR과 뇌진탕 선별검사인 아이박스가 있다. IDx-DR을 사용하기 위해서는 망막 카메라가 필요하다. 제품의 용도상 내과, 가정의학과 등 1차 진료 외래에 설치해야 하는데 기존 1차 진료 외래에서는 망막 카메라를 사용한 적이 없다. 따라서 이는 외래 진료 환경에 큰 변화를 가져올 수 있다.

아이박스 역시 기존에 존재하지 않던 형태의 의료 기기를 응급실에 설치해야 하는 부담이 있다. 다만 이 경우 뇌진탕이라는 상태가 응급실에서 빠른 의사결정이 필요하기 때문에 설치로 인한 부담이 IDx-DR에 비해서는 상대적으로 덜 할 수 있다.

많은 사람이 스크리닝에 대한 환상을 가진 경우가 많다. 환자만 대상으로 하면 시장이 너무 작아서 일반인을 대상으로 하여 시장 규모를 키우고자 하는 것이다. 하지만 지금까지 살펴본 바와 같이 기존에 존재하지 않던 스크리닝을 주류 의료계로 편입시키는 것은 매우 힘들다.

국내 대기업에서 자주 하는 이야기가 있다. '우리는 의료를 잘 모르니 의료기기 허가를 받고 보험 적용을 받아야 하는 것보다는 일반인들이 쓸 만한 제품을 만들고자 한다.' 그런데 의료의 관점에서는 이렇게 이야기할 수 있다. '의료에서는 일반인을 대상으로 한 스크리닝 제품의 가치를 입증하는 것이 가장 힘들고 차라리 구체적인 용도를 가진 의료기기의 가치를 입증하기가 쉽다.'

물론 지금까지 한 이야기는 주류 의료계와 보험에서 인정하는 가치를 다룬다는 점을 전제로 한다. 의료로서의 가치와 무관하게 소비자에게 직접 판매할 자신이 있다면 이야기가 달라질 수 있다. 사실 많은 회사가 이를 노린다. 그런데 헬스케어 B2C 비즈니스는 더 어렵다. 이에 대해서는 「3장 B2C 헬스케어 비즈니스 모델」에서 다룰 것이다.

3
또 다른 비즈니스 모델
: 대형 의료기기 회사와의 협업

Business model

지금까지 주로 원격 모니터링과 의료 인공지능 회사들이 주류 의료계에서 가치를 인정받아서 보험 적용을 받는 비즈니스 모델을 다루었다. 하지만 현재까지 미국식품의약국FDA으로부터 의료기기로 허가를 받은 의료 인공지능 500여 개 가운데 미국 메디케어로부터 의료보험 적용을 받은 것은 10여 개에 지나지 않는다. 보험 적용을 받은 경우에도 좁은 적응증을 대상으로 하는 경우가 많기 때문에 잠재적 시장 규모가 기대만큼 크지 않다.

따라서 디지털 헬스케어 회사 입장에서는 보험 이외의 비즈니스 모델을 모색해야 한다. 일부는 개인 고객을 대상으로 한 B2C 비즈니스를 표방하기도 한다. 3장에서 다루겠지만 이는 정통 의료기기 비즈니스보다 더 어렵다. 이런 상황에서 디지털 헬스케어 회사들은 대형 의료기기 회사의 제품과 시너지를 발휘해서 가치를 만들어내고자 노력한다. 여기서는 주요 의료기기 회사들에 인수된 사례들에 대

2019년 이후 주요 의료기기 회사 디지털 헬스케어 영역 인수 및 투자 사례

의료기기 회사	디지털 헬스케어 영역	시기	대상 회사	유형	회사 소개
필립스		2019.1	베이비 스크립트 Babyscript	투자	산모 관리 프로그램
필립스		2019.7	디어헬스DEARhealth	투자	질환 관리(IBD, 통증, 간질환, 만성 신질환 등)
필립스		2019.7	메두모Medumo	인수	의사-환자 커뮤니케이션
필립스		2019.1	알로독터Alodokter	투자	인도네시아. 원격진료, 보험 관리
필립스		2020.2	케어바이브 시스템Carevive Systems	투자	암 환자 관리 및 원격 모니터링
필립스		2020.7	시로Siilo	투자	네덜란드. 의사 간 협업 메신저
필립스		2020.12	바이오텔레미트리 Biotelemetry	인수	원격 심장 모니터링
필립스		2021.1	캡슐 테크롤로지 Capsule Technologies	인수	원내 환자 데이터 수집 플랫폼
레스메드		2019.1	프로펠러 헬스 Propeller health	인수	천식 흡입기 모니터링
레스메드		2022.6	메디폭스 댄 MEDIFOX DAN	인수	독일. 원격 모니터링
레스메드		2022.8	메멘토르mementor	인수	독일. 수면 디지털 치료기기
레스메드		2022.1	엑토센스Ectosense	인수	수면 모니터링
메드트로닉		2019.12	클루Klue	인수	웨어러블을 통한 행동 추적(식사 여부, 속도, 양)
메드트로닉		2020.2	디지털 서저리 Digital Surgery	인수	수술 시뮬레이션
메드트로닉		2020.8	컴페니언 메디컬 Companion Medical	인수	스마트 인슐린 펜
메드트로닉		2020.11	메디크레아Medicrea	인수	프랑스. 척수 수술 계획 및 맞춤형 임플란트 제작
스트라이커		2021.1	오토센서OrthoSensor	인수	관절 센서
스트라이커		2022.1	보세라 커뮤니케이션스 Vocera Communications	인수	원격 모니터링 및 커뮤니케이션
보스턴 사이언티픽		2021.1	프레벤티스Preventice	인수	원격 심장 모니터링
애보트		2020.1	빅풋 바이오메디컬 Bigfoot Biomedical	투자	인슐린 펌프

해서 살펴보고자 한다.

2019년 이후 주요 의료기기 회사들이 디지털 헬스케어 영역에서 인수하거나 투자한 주요 사례는 앞 페이지의 표와 같다.

레스메드ResMed, 메드트로닉Medtronic, 스트라이커Stryker, 보스턴 사이언티픽Boston Scientific, 애보트Abott는 각각 건수가 많지는 않지만 모두 해당 회사의 핵심 사업과 연계 가능성이 큰 회사를 중심으로 인수했다는 점을 알 수 있다. 필립스는 본업과 직접적인 연계 가능성이 다소 불확실해 보이는 회사들(커뮤니케이션 도구, 원격진료, 메신저)도 포함되어 있다는 점이 눈에 띈다. 굳이 의미를 부여하자면 다른 회사들은 의료기기 회사로서의 포지셔닝에 충실한 반면에 필립스는 헬스케어 전반을 노리는 행보를 보인다고 할 수 있다.

좀 더 구체적인 사례들을 살펴보자. 인수합병 사례는 아니지만 앞서 다룬 비즈닷에이아이와 메드트로닉은 총판 계약을 맺었다. 비즈닷에이아이는 치료가 가능한 뇌졸중 환자를 골든타임을 넘기기 전에 진단하는 것을 보조하는 인공지능을 만들었다. 비즈닷에이아이에서 만든 비즈LVO가 널리 퍼지면 시술 가능한 뇌졸중 환자가 늘어날 것이고 그 결과 치료 기기를 만드는 메드트로닉이 수혜를 입을 수 있다. 물론 진단된 뇌졸중 환자들이 반드시 메드트로닉의 기기를 사용해서 시술을 받을 것이라고 말하기는 어렵다. 하지만 메드트로닉이 세계 최대 의료기기 회사이기 때문에 비즈LVO의 보급으로 인한 최대 수혜자가 될 가능성이 크다. 그럼에도 이 정도의 가치만으로 메드트로닉이 인수에 나설 정도의 매력을 느낄지는 의문이다.

이에 비해 메드트로닉이 인수한 디지털 서저리Digital Surgery, 메디크리아Medicrea는 수술 장비에 특화된 시스템을 만들 수 있기 때문에

레즈메드의 2018년 이전 주요 소프트웨어 회사 인수 이력

회사	인수 시기	회사 업종
UMBiAN	2012. 8	CPAP 사용에 대한 원격 모니터링
JAYSEC	2015. 2	환자의 소모품 재주문 및 처방, 의료진 커뮤니케이션 위한 소프트웨어
Care Touch	2015. 7	환자의 소모품 재주문 소프트웨어
Brightree	2016. 2	의료진 지원 소프트웨어
Conduit Technology	2017. 6	문서 작성 및 업무 효율화 소프트웨어
AllCall Connect	2017. 7	환자의 소모품 재주문 서비스
HEALTHCAREFirst	2018. 7	홈헬스, 호스피스용 전자의무기록(EMR)
Apacheta	2018. 12	현장 업무 지원 모바일 소프트웨어

시너지가 크다. 고객을 묶어두는 록인lock-in 효과가 있을 것이다. 하지만 비즈LVO와 같은 진단기기는 치료기기와 직접적으로 연계되지 않아서 기대만큼 시너지가 크지 않을 수 있다.

　수면 무호흡, 만성 폐쇄성 폐질환COPD, chronic obstructive pulmonary disease 의료기기 전문 회사인 레즈메드는 2019년 이전에도 꾸준히 다양한 의료 소프트웨어 회사를 인수했다. 의사가 쓴 양압기 처방전을 처리하는 회사부터 수면 클리닉의 환자 관리를 돕는 회사까지 주력 제품인 양압기 사용과 관련한 소프트웨어 회사들이다. 이를 통해 본업과 시너지를 낼 수 있는 소프트웨어 플랫폼을 구축했다. 2019년 이후에는 원격 모니터링, 수면 디지털 치료기기와 같이 레즈메드의 제품과 직접 연결되는 회사를 인수했다는 점이 눈에 띈다.

　이렇게 적지 않은 디지털 헬스케어 회사들이 다국적 의료기기 회사에 인수되었다. 피인수는 헬스케어 스타트업들의 중요 엑시트 전략 가운데 하나이다. 독자적으로 가치를 인정받고 보험 수가를 받는 것이 힘들기도 하거니와 제품 유통에서 큰 장벽을 느끼기 때문이다.

의료기기는 일반적으로 의사가 환자를 대상으로 사용한다. 그렇기 때문에 의사에게 제품의 필요성을 상세하게 설명하고 잘 쓸 수 있도록 지원하는 활동이 필요하다. 그런데 디지털 헬스케어 스타트업들이 개별적으로 영업망을 구축하고 운영하기가 어렵기 때문에 현실적으로 대형 의료기기 회사들의 도움이 필요하다. 일반 전자 제품의 경우 킥스타터Kickstarter나 인디고고Indiegogo와 같은 크라우드 펀딩 플랫폼에서부터 베스트바이Best Buy 같은 대형 유통 체인에 이르기까지 이를 대행하는 인프라가 잘 갖추어져 있다. 반면 의료기기는 제품 하나하나가 특수하기 때문에 전문적인 영업망 없이는 유통이 힘들다. 따라서 디지털 헬스케어 스타트업들은 초기 아이템 선정 때부터 대형 의료기기 회사들과 협업할 가능성을 염두에 둘 필요가 있다.

2장

디지털 치료기기
비즈니스 모델[1]

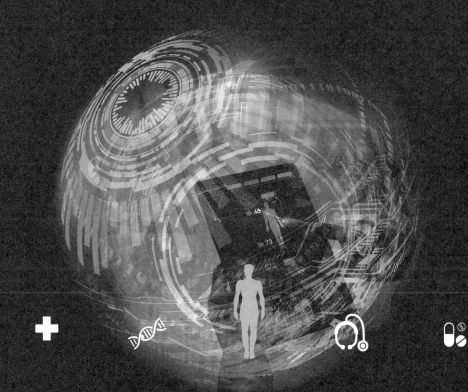

1

제품의 원리와 용도에 대한 고민

Business model

디지털 헬스케어뿐만 아니라 헬스케어 전체를 놓고 볼 때 가장 전향적으로 의료보험 적용을 하는 국가는 미국이다. 헬스케어 시장 규모가 가장 크고 민간 기업 중심으로 시장이 움직이기 때문이다. 디지털 치료기기는 다르다. 현재 가장 널리 보험 적용을 하는 나라는 독일이다. 2019년 11월 '디지털 헬스케어 법Digitale-Versorgung-Gesetz'이 통과되었다. 여기에 디지털 치료기기의 수가화에 대한 내용이 들어가 있고 이후 많은 제품이 보험 적용을 받고 있다.

독일에서의 디지털 치료기기 수가 적용과 관련된 내용을 요약하면, 디지털 치료기기 회사가 독일 식약처BfArM, Bundesinstitut für Arzneimittel und Medizinprodukte에 허가 신청을 하면 3개월 이내에 승인 결정이 나온다. 승인된 앱은 디지털 헬스 앱 목록Digital Health App Directory에 등재된다. 등재된 앱은 바로 1년간 임시로 수가 적용을 받게 된다. 이때 수가는 회사가 요구한 금액이 그대로 받아들여진다. 1

년 동안 환자 관리에 도움이 된다는 사실을 증명한 제품은 정식 수가를 적용받게 되며 가치 입증에 추가 시간이 필요한 경우 임시 수가 적용을 1년 더 연장할 수 있다. 입증하지 못한 제품은 기간 종료 후 수가에서 배제되며 그후에라도 가치를 입증하면 정식 수가를 적용받는다. 이렇게 가치가 입증되기 전에 수가 적용을 하는 것은 보수적인 의료계에서 흔치 않다.

보험 수가 및 비즈니스 모델을 다루기에 앞서서 디지털 치료기기 개발의 주요 이슈를 살펴보도록 하겠다.

표준 진료에 기반을 두었는가의 이슈

디지털 치료기기 개발사가 놓치기 쉬운 내용부터 살펴보자. 아이템을 선정할 때 놓쳐서는 안 되는 것이 개발하고자 하는 제품이 기존에 입증된 의학적 원리에 바탕을 두었는가 하는 점이다.

불면증이나 우울증과 같은 정신과 분야 디지털 치료기기는 일반적으로 인지행동치료CBT, cognitive behavioral therapy에 바탕을 두고 있다. 의사라면 반드시 따라야 하는 진료 지침을 가이드라인guideline이라고 하며 여기에 포함된 내용을 표준 진료standard of care라고 부르는데 인지행동치료는 다양한 정신과 질환 치료의 표준 진료로 인정받고 있다. 예를 들어 2021년 발표된 미국수면학회 가이드라인을 보면 불면 치료에 대한 인지행동치료CBT-I, Cognitive behavioral therapy for insomnia는 의학적 증거가 충분하다고 나온다.[2]

제품의 원리가 표준 진료에 바탕을 둔 경우 주류 의료계에 편입되기 위한 과정에서 많은 것이 수월해진다. 예를 들어 식약처 승인을 받기 위한 임상 시험은 탐색 임상과 확증 임상으로 나뉘는데 표준 진료에 해당하는 경우 탐색 임상 없이 바로 확증 임상 허가를 받아 임상 시험을 진행할 수 있다. 여기서 끝이 아니다. 보험 적용에서부터 의사의 처방까지 이르는 과정에 의료 전문가들의 의견이 중요하다. 표준 진료에 포함되지 않고 증거가 충분히 축적되어 있지 않은 원리에 바탕을 둔 경우 임상 시험 결과가 좋다고 하더라도 받아들이기 어렵다. 단순히 관련된 논문이 몇 편 있는 정도로는 부족하다는 점을 염두에 두어야 한다.

제품 용도의 이슈

아이템 선정 이후에 중요한 고려 사항은 비즈니스 모델이다. 초기 단계부터 누구에게 어떤 가치를 제공하면서 돈을 벌 것인가의 문제를 고민해야 한다. 최종적으로 줄 수 있는 가치가 정해져야 그에 맞춰 제품을 만들고 임상시험을 할 수 있다. 대충 환자에게 나쁘지 않을 것 같은 제품을 만들어서 적당한 대조군과 비교하는 임상 시험을 하고 그 결과로 미국식품의약국FDA과 식약처 승인을 받는 것만으로는 부족하다.

이와 관련해서 놓쳐서는 안 되는 것이 제품의 용도이다. 어떤 진료 상황에서 사용하는 제품을 만들 것인가 하는 문제라고 보면 된다. 쉽게 떠올릴 수 있는 것이 단독 사용 용도와 치료 보조 용도이다. 단독 사용은 다른 치료 없이 디지털 치료기기만 사용하는 것이고 치료 보조는 약물이나 상담 등 다른 치료에 추가로 디지털 치료기기를 사용하는 것이다.

어느 용도를 목표로 하는가에 따라서 임상 시험 설계가 달라진다. 예를 들어 단독 사용 용도라면 기존의 치료와 1 대 1로 비교하고 치료 보조 용도면 기존 치료+디지털 치료기기와 기존 치료를 비교할 수 있다. 이때 기존 치료는 약물 치료인 경우가 많은데 현실적으로 디지털 치료기기가 약물 치료와 1 대 1로 비교해서 효과가 더 좋을 가능성은 크지 않다. 따라서 아직은 치료 보조 용도를 염두에 두는 경우가 많다.

치료 보조 용도는 좋은 가치를 인정받지 못할 가능성이 크다. 보험 적용을 받지 못할 가능성이 있고 적용을 받는다고 해도 기대하는 가격을 인정받기 힘들 수 있다. 보험 입장에서 심하지 않은 불면증이나 우울증은 그다지 비싸지 않은 복제약만으로 어지간히 조절될 수 있다면 굳이 보조 용도로 추가 처방되는 디지털 치료기기에 보험 수가를 적용할 의향이 없을 것이다.

정신과 질환과 같이 환자가 약 먹기를 꺼리는 경우는 상황이 다르다고 주장할 여지가 있다. 이런 상황에서 아무것도 안 하는 것보다는 디지털 치료기기를 쓰는 것이 나을 수 있다는 것이다. 인식이 달라지고 있다고는 하지만 우리나라의 상황을 보면 정신과 약을 먹는다는 것은 다소 부담스러운 것이 사실이다.

영국 건강보험공단NHS 산하 평가 기관인 영국 국립보건의료원 NICE은 빅 헬스Big Health가 만든 불면 디지털 치료기기 슬리피오 Sleepio에 대한 보험 적용을 추천했다.[3] 빅헬스는 원래 슬리피오의 가격을 90~150파운드로 책정했는데 이 가격으로는 비용효과성이 나오지 않자 가격을 45파운드로 내렸다. 회사측 기대에 비해서 크게 가격을 낮춤으로써 간신히 보험 적용을 받은 경우로 그만큼 디지털

흥미로운 디지털 치료기기 임상 시험 및 메타 분석 사례

아직 시장에서 활발하게 사용되는 디지털 치료기기가 많지 않기 때문에 지금까지 시행되는 임상 시험은 대부분 '디지털 치료기기 대 플라시보' 혹은 '기존 치료+디지털 치료기기 대 기존 치료'의 형태로 이루어지는 경우가 많다.

이에 비해 규제가 덜한 만성질환 관리 영역에서는 이미 많은 제품이 시장에 나와 있다. 이들 간에 우위를 가리고자 하는 임상시험이 실시되고 있다.

구분	대상 제품	추가 제품의 특징
1군	세셀리아 헬스Cecelia Health + 원터치 혈당계·앱	사람 코치 기반. 전화 및 문자메시지로 환자 지원
2군	핏빗 웨어러블 + 핏빗 프리미엄 앱 + 원터치 혈당계·앱	웨어러블 하드웨어 및 소프트웨어 기반 환자 지원
3군	눔 체중 감량 프로그램 + 원터치 혈당계·앱	사람 코치 기반. 앱으로 환자 지원
4군	웰닥 다중 질병 관리 프로그램 + 원터치 혈당계	소프트웨어 기반. 앱으로 환자 지원

메이저 의료기기 회사인 존슨앤드존슨에서 분사한 혈당 관리 의료기기 전문 회사인 라이프스캔LifeScan은 원터치 브랜드 혈당계 및 동반 앱을 생산하고 판매한다. 최근 자사 제품을 기본으로 쓰는 가운데 당뇨병 관리에 도움이 될 수 있는 다양한 디지털 헬스케어 제품들을 비교하는 임상 시험을 시작했다.[4] 임상 시험은 위와 같이 4개 군으로 나누어서 진행한다.

비교 대상이 되는 제품들의 특성을 보면 사람 코치 기반(세셀리아 헬스, 눔)과 소프트웨어 기반(핏빗, 웰닥)으로 구분할 수 있다. 또한 당뇨병을 전문적으로 관리하는 서비스(세셀리아 헬스, 웰닥)와 당뇨병 자체를 다루지는 않지만 이와 관련된 서비스(핏빗, 눔)로 구분할 수도 있다.

개별 디지털 치료기기 회사 입장에서는 이렇게 다른 제품과 1 대 1로 비교하는 것은 부담스럽다. 아직 디지털 치료기기 시장이 충분히 성장하지 않았기 때문에 1 대 1 비교를 통해서 얻을 수 있는 것보다 비용이 더 크기 때문이다. 하지만 향후 디지털 치료기기 시장이 성장하는 경우 현재 제약 시장에서 그런 것처럼 서로 다른 제품 간에 직접 비교하는 임상 시험도 늘어나리라고 예상할 수 있다. 라이프스캔은 자사 제품과 함께 사용했을 때 가장 도움이 되는 서비스를 찾아내는 방법의 하나로 이와 같은 임상 시험을 한 것으로 보인다. 디지털 치료기기 시장을 관찰하는 입장에서는 흥미로운 사례이다.

이렇게 하나의 연구 내에서 여러 가지 방법을 직접 비교하는 것은 연구 스폰서 입장에서 부담이 되고 연구비도 많이 든다. 이런 경우 기존 연구 결과를 묶어서 분석하는 메타 분석을 통해서 간접적으로 서로 다른 치료 방법을 비교할 수 있다. 한 메타 분석[5]에서는 불면증을 위한 인지행동치료의 다양한 방법을 비교한 바 있다. 다음과 같이 다양한 형태의 불면증 인지행동치료 및 다른 치료 방법들을 비교했다.

가장 효과가 있었던 것은 오프라인 버전의 개인 인지행동치료였다. 오프라인 버전이 아닌 것 가운데에는 치료사가 동반한 웹 기반 인지행동치료가 가장 효과가 있었으며 개인 치료에 상응하는 수준이었다. 이는 환자와의 상호작용이 중요함을 시사한다. 특히 전화 치료는 효과가 다소 떨어지는 것으로 나왔다. 치료사와 환자가 직접 만나거나 시청각 상호작용이 중요할 수 있음을 보여준다.

메타 분석의 특성상 서로 이질적인 연구 결과들을 취합해서 분석했기 때문에 이 결과만을 가지고 결론을 내리기는 힘들다. 하지만 앞으로 어떤 종류의 제품을 개발해야 할지에 대한 단서를 제공한다.

기본 형태	버전	특징
웹	단순화된 버전	수면 제한, 자극 제한 치료 정도만 포함
	치료사 비동반 버전	
	치료사 동반(실제, 버추얼) 버전	버추얼 버전은 자동화된 맞춤형
전화	–	–
모바일	–	–
오프라인	개인 치료	–
	그룹 치료	–

치료기기에 대한 가치 입증이 쉽지 않다는 점을 보여준다.

치료 보조 용도라 하더라도 실제 사용되는 환경에 따라서 가치 입증이 어렵지 않을 수 있다. 디지털 치료기기 업계의 선두주자인 페어 테라퓨틱스Pear Therapeutics가 개발한 마약 중독 디지털 치료기기인 리셋-오reSET-O에 대해서 살펴보자. 리셋-오는 치료 보조 용도로 임상 시험을 했다. 이때 기존 치료+디지털 치료기기의 실험군과 기존 치료만 하는 대조군을 비교했다. 이런 임상 시험을 할 때 보통 실험군과 대조군의 기존 치료는 동일하게 한다. 그런데 리셋-오는 실험군에서 디지털 치료기기를 사용하는 시간만큼 기존 치료 시간을 줄였다. 즉 실험군과 대조군에 있는 환자들이 치료를 받은 전체 시간은 동일하다.

이렇게 되면 가치 입증이 용이해진다. 리셋-오를 쓰는 만큼 의사의 진료 시간을 줄일 수 있기 때문이다. 보통 의료에서 가장 비싼 자원이 의사의 시간이라고 하는데 디지털 치료기기 가격이 이보다 싸다면 보험은 환영할 것이다. 또 보험 적용을 받지 못한다고 해도 병원 입장에서 의료비 절약 목적으로 사용할 의향이 있을 것이다.

단독 사용 용도와 치료 보조 용도 이외의 디지털 치료기기 용도로 '브릿지bridge' 치료에 관한 이야기가 나오고 있다.[6] 1차 의료기관에서 주치의 진료를 받은 후에 전문의 진료를 받을 때까지 기존 의료 시스템에서는 별다른 조치 없이 막연히 기다리게 하는 경우가 많다. 전문의 진찰 없이 부작용 가능성이 있는 의약품을 쓰는 것이 부담스럽기 때문이다. 브릿지 치료는 이렇게 전문의 진료를 받기까지 대기하는 동안 디지털 치료기기를 사용하는 개념이다. 디지털 치료기기는 부작용이 적기 때문에 사용하는 데 부담이 적다.

우리나라와 같이 전문의를 만나기 쉬운 나라에서는 큰 가치가 없겠지만 다른 나라 의료 시스템과 비교하면 이는 예외적인 상황이다. 미국이나 유럽은 의료 전달 체계가 자리잡아서 우선 주치의를 만나야 하고 주치의의 의뢰를 받고 상당 기간 대기한 후에야 전문의를 만날 수 있다. 이런 상황에서는 브릿지 치료가 의미가 있을 것이다.

디지털 치료기기 회사 입장에서 이런 브릿지 치료 용도와 치료 보조 용도는 일견 비슷해 보일 수 있다. 하지만 의료 시스템 입장에서는 큰 차이가 있다. 브릿지 치료의 비교 대상은 아무것도 하지 않는 것이고 치료 보조 용도는 기존 치료만 받는 것이다. 따라서 가치 입증과 보험 적용 모두 쉬울 가능성이 크다. 물론 브릿지 치료가 의미가 있는 국가에 해당하는 이야기이다.

리셋-오의 임상 시험 설계와 브릿지 치료의 용도를 보면 핵심은 의료에서의 미충족 수요를 어떻게 만족시킬까 하는 것이다. 다만 이는 의료 시스템마다 다르다는 점을 잊어서는 안 된다. 특히 우리나라처럼 의사를 만나기 쉽고 의료비가 싼 나라에서는 보험이 관심을 가질 만한 미충족 수요를 발굴하기는 쉽지 않다.

2
의료보험 적용 현황 (1)
: 미국

Business model

　미국과 독일을 중심으로 디지털 치료기기에 의료보험 적용이 이루어지고 있다. 미국은 메디케어와 같은 메이저 의료보험은 아직 디지털 치료기기에 보험을 적용하고 있지 않으며 주 단위로 일부 보험에서 제한적으로 적용하고 있다.

메디케이드 보험 적용 현황

　페어 테라퓨틱스는 중독 디지털 치료기기인 리셋과 마약 중독 디지털 치료기기인 리셋-오에 대해 매사추세츠, 오클라호마, 미시건 3개 주의 메디케이드Medicaid와 가치 기반 공급 계약value-based agreement을 맺었다. 이외에 약제관리회사PBM, pharmacy benefit manager인 프라임 테라퓨틱스Prime Therapeutics와 계약을 통해서 일부 블루크로스 블루실드BCBS, Blue Cross Blue Shield 보험에 공급한다.

메디케이드는 미국 저소득층을 위한 공공 의료보험이며 주 단위로 운영된다. 페어 테라퓩틱스가 맺은 가치 기반 공급 계약은 제품의 가치에 따라 가격을 책정하는 방식으로 치료 효과와 같은 지표를 사전에 설정하고 달성 여부에 따라서 최종 가격이 결정된다.

오클라호마 주가 신약에 대해서 제약회사와 맺은 가치 기반 공급 계약을 보면 복약 순응도, 비용, 입원율 등의 지표가 포함된다. 페어 테라퓩틱스와의 구체적인 계약 내용은 밝혀져 있지 않지만 처방받은 환자가 디지털 치료기기를 얼마나 열심히 사용하는지를 보여주는 복약 순응도에 대한 의심을 받는 상황에서 위의 세 가지 지표 모두 계약에 포함될 것으로 보인다. 계약한 지표를 달성하지 못한 경우 제조사는 환급금supplemental rebate이라는 형태로 돈을 내놔야 한다.

페어 테라퓩틱스의 리셋 및 리셋-오가 중독 치료 용도라는 점을 고려하면 그 대상 환자의 다수는 메디케이드 보험 가입자일 가능성이 크다. 특히 가치 기반 공급 계약을 시행하고 있어서 재정 부담을 적게 느끼는 주의 메디케이드를 중심으로 추가 계약을 맺게 될 가능성이 클 것이다.

그런데 매사추세츠 주 메디케이드와의 계약이 발표되었을 때 흥미로운 사건이 있었다. 전직 매사추세츠 주 메디케이드 담당자가 리셋 및 리셋-오가 기존에 실시한 임상시험에서 메디케이드 보험 대상 인구를 포함하지 않았다는 취지의 트윗을 올렸다. 곧이어 페어 테라퓩틱스의 담당자가 이를 반박하는 증거를 제시했다.[8]

이것이 중요한 이유는 미국의 보험, 특히 공보험인 노인 대상의 메디케어와 저소득층 대상의 메디케이드는 보험 적용 여부를 결정할 때 대상 인구 집단을 포함한 임상 시험 혹은 실제 임상 자료RWD, real world data가 있는지를 중요하게 보기 때문이다. 미국 시장을 목표로 하는 경우 미국식품의약국FDA으로부터 허가를 받는 것에만 집중하기보다는 보험이 무엇을 원하는지를 염두에 두고 임상 시험 단계에서부터 이에 맞는 전략을 수립할 필요가 있다.

이외에도 페어 테라퓨틱스는 리셋, 리셋-오 및 불면 디지털 치료기기인 솜리스트Somryst에 대해서 미국 보훈부VA, Veterans Affairs와 계약을 맺었다. 또한 독일의 가이아GAIA가 개발하고 스웨덴의 제약회사 오렉소Orexo가 미국 내에서 상업화를 담당하고 있는 처방용 우울증 디지털 치료기기 디프렉시스Deprexis 또한 보훈부와 계약을 맺었다.

민간 보험회사들의 디지털 치료기기 보험 적용 상황

페어 테라퓨틱스는 이외에도 약제관리회사인 프라임 테라퓨틱스와도 계약을 맺었다. 프라임 테라퓨틱스는 미국 비영리 보험회사인 BCBSBlue Cross Blue Shield 중 12개 보험회사에 약제 관리 서비스를 제공하고 있다. 이 계약을 통해서 페어 테라퓨틱스는 이들 12개 보험회사 중 일부에 제품을 제공할 수 있을 것으로 기대하고 있다.

미국 민간 의료보험회사들은 현재 디지털 치료기기의 보험 적용과 관련해서 어떤 입장일까? 최소 4개 민간 보험은 디지털 치료기기의 보험 적용이 시기상조라는 입장으로 보험 적용을 하지 않고 있다. 민간 보험회사 가운데 엘레번스 헬스(앤섬Anthem에서 사명 변경),[9] 애트나Aetna,[10] 프리메라Premera,[11, 12] 유나이티드 헬스케어[13]가 디지털 치료기기 보험 적용 평가 보고서를 발표했다. 앤섬은 9개, 애트나는 13개, 프리메라는 9개, 유나이티드 헬스케어는 4개 제품을 평가 보고서에 포함시켰다.

평가 보고서를 발표한 4개 민간 보험 가운데 유나이티드 헬스케어를 제외한 나머지 3개 보험회사의 평가 대상에 모두 포함된 제품은 6개이다. 블루스타BlueStar Rx(당뇨), 인데버RxEndeavorRx(ADHD), 프리스피라Freespira(공황장애), 할로 심방세동 진단 시스템Halo AF Detection System(심방세동), 나이트웨어NightWare(외상 후 스트레스 장애 환자의 악몽), 리셋-오(마약 중독)가 여기에 속한다. 유나이티드 헬스케어는 인데버Rx, 리셋, 리셋-오, 솜리스트만을 평가했다. 보험 적용을 받지 못하는 이유는 다양한데 좋은 학술지에 실린 논문이 없거나 표준 치료법과의 비교 부재, 실제 임상 자료 부재, 장기간 추적 결과 부재 등이 꼽힌다.

한편 미국의 병원-보험 복합체IDN, integrated delivery network인 하이마크Highmark는 디지털 치료기기의 보험 적용에 대해서 전향적인 태도를 보이고 있다. 회사 방침[14]에 따르면 미국식품의약국FDA 승인을 받은 디지털 치료기기는 보험이 적용될 수 있다(may be considered medically necessary)고 한다. 해당 서류에 언급된 제품은 리셋, 리셋-오, 솜리스트, 인데버Rx, 나이트웨어, 마하나Mahana(과민성 대장 증후군), 이즈VRxEaseVRx(만성 허리 통증), 루미노피아 원Luminopia One(약시), 내추럴 사이클Natural Cycles(피임)이다.

하이마크의 방침은 미국식품의약국FDA 승인을 받으면 보험 적용 대상이 된다고 원칙을 정했다는 점에서 눈에 띈다. 일반적으로 미국식품의약국FDA 승인은 위험성 대비 효과성을 검증하는 것이기 때문에 그 자체가 보험 적용을 의미하지는 않는다. 물론 신약은 일부 예외를 제외하고는 미국식품의약국FDA 승인을 받으면 큰 무리가 없는

익스프레스 스크립츠의 디지털 헬스 처방 목록

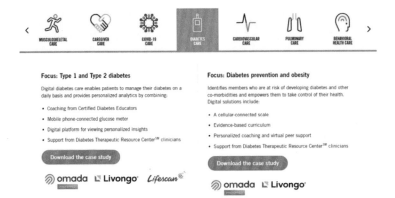

A clinically based platform of digital health solutions

The Digital Health Formulary was built to evolve and expand into new clinical areas as solutions come to market. Its streamlined, rigorous review process enables us to bring you digital innovation faster than ever.

Scroll through to see your plan's digital health options.

MUSCULOSKELETAL CARE · CAREGIVER CARE · COVID-19 CARE · DIABETES CARE · CARDIOVASCULAR CARE · PULMONARY CARE · BEHAVIORAL HEALTH CARE

Focus: Type 1 and Type 2 diabetes

Digital diabetes care enables patients to manage their diabetes on a daily basis and provides personalized analytics by combining:

- Coaching from Certified Diabetes Educators
- Mobile phone-connected glucose meter
- Digital platform for viewing personalized insights
- Support from Diabetes Therapeutic Resource Center[SM] clinicians

Download the case study

omada · Livongo · Lifescan

Focus: Diabetes prevention and obesity

Identifies members who are at risk of developing diabetes and other co-morbidities and empowers them to take control of their health. Digital solutions include:

- A cellular-connected scale
- Evidence-based curriculum
- Personalized coaching and virtual peer support
- Support from Diabetes Therapeutic Resource Center[SM] clinicians

Download the case study

omada · Livongo

경우 대부분 보험 적용을 받는다. 하지만 디지털 헬스케어 제품들은 위험성이 낮다는 이유 때문에 효과성이 떨어져도 승인을 받는 경우가 많아서 보험 적용이 쉽지 않다. 앞서 살펴본 네 군데 민간 의료보험의 결정은 이런 상황을 반영한다. 이런 점에서 하이마크의 결정은 주목할 만하다. 하지만 빠른 시간 내 다른 의료보험에도 적용되기는 힘들 것으로 보인다.

프라임 테라퓨틱스와 같은 약제 관리 회사 가운데 CVS와 익스프레스 스크립츠Express Scripts는 각각 디지털 헬스 제품에 대한 처방 목록을 만들었다. 이들의 디지털 헬스 처방 목록은 의사의 처방이 필요한 처방용 디지털 치료기기는 포함되지 않고 만성질환 관리 프로그램이나 근골격계 질환 관리 프로그램 위주로 구성되어 있다.

요양비로 수가 적용을 받는 경우

디지털 치료기기의 보험 적용과 관련해서 다소 예외적인 사례 한 가지를 살펴보자. 애플에서 만든 나이트웨어이다. 나이트웨어는 외상 후 스트레스 장애 환자가 악몽을 꿀 때 깨워서 스트레스를 줄여주는 제품이다. 애플워치에 탑재된 형태로 사용된다. 군인 가운데 외상 후 스트레스 장애 환자가 많은 만큼 현직 군인을 대상으로 한 의료보험인 트라이케어Tricare 보험 적용을 받고 있다. 이 제품의 보험 적용 내용을 보면 흥미로운 점이 있다.

앞서 다룬 소프트웨어 기반 디지털 치료기기들이 약과 같은 형태로 보험 적용을 받는 반면, 나이트웨어는 환자가 집에서 사용하는 의료 기기인 DMEDurable Medical Equipment로 보험 적용을 받았다. DME는 우리나라 건강보험의 요양비 대상 품목과 비슷한데 인공호흡기, 혈당계와 같이 보험 적용을 받아서 환자가 직접 사서 쓰는 의료기기를 의미한다. 나이트웨어가 DME로 수가를 받을 수 있었던 이유 중 하나는 아이폰과 애플워치라는 하드웨어가 포함되기 때문이다.

나이트웨어를 처방받는 사람에게는 아이폰과 애플워치가 모두 제공된다. 이렇게 되면 처방받은 환자는 보험 적용을 받은 저렴한 가격에 아이폰과 애플워치를 얻을 수 있으니 횡재한 기분일 것이다. 그런데 의료가 그렇게 만만치가 않다. 나이트웨어 처방 시에 제공되는 아이폰과 애플워치는 나이트웨어 작동 및 응급 상황에서 911에 자동으로 전화를 걸어주는 기능만 탑재되고 다른 용도로는 사용할 수 없도록 설정되어 있다. 트라이케어 보험의 DME 규정[15]에 따르면 DME는 특정 치료 목적 용도로만 사용될 수 있어야 하기 때문이다. 메디케어를 비롯한 다른 보험들도 비슷한 규정을 가지고 있다. 앞으로 가

상현실VR 기기와 같이 범용으로 사용할 수 있는 별도 하드웨어가 필요한 디지털 치료기기의 보험 적용 역시 비슷하게 이루어질 가능성이 크다.

우리나라에서 디지털 헬스케어의 보험 적용과 관련해서 요양비 급여를 적용하자는 이야기가 가끔 나오는데 넓은 의미로 보았을 때 미국에서 DME 수가를 적용하는 것과 유사하다고 할 수 있다. 보험 정책 관계자들 의견을 들어보면 요양비 급여는 매우 제한적으로 적용하기 때문에 현실적으로 쉽지 않다고 한다. 병원이 아니라 가정에서 사용하는 제품에 적용되는 수가의 특성상 부정 사용의 가능성이 크기 때문이다. 위의 사례에서 트라이케어로부터 DME로 보험 적용을 받기 위해서 아이폰과 애플워치에 나이트웨어 이외의 기능을 사용할 수 없게 한 것도 이런 맥락으로 이해할 수 있다.

한편 페어 테라퓨틱스는 미국의 메디케어를 운영하는 CMS에 자사의 소프트웨어 디지털 치료기기를 DME로 인정해달라고 요구한 바가 있다. 당시 CMS는 다음과 같이 언급하면서 이 요구를 거절했다.

"DME는 환자가 집에서 사용하기 위해서 임대된 휠체어, 병원 침대, 인공호흡기가 해당된다. 컴퓨터에서 작동하는 소프트웨어는 컴퓨터나 스마트폰과 같은 기기 없이는 작동하지 않는다. 컴퓨터나 스마트폰은 질병이나 상해가 없는 사람들에게도 일반적으로 유용하기 때문에 이들 기기와 기기상에서 작동하는 디지털 치료기기 및 소프트웨어 전체는 DME가 아니다."

CMS 역시 트라이케어와 같은 맥락에서 DME를 정의함을 알 수 있다. 의료와 같은 규제 산업에서는 이렇게 기존 시스템과 신기술 사이에 마찰이 생기는 경우가 많다. 초기 의료 인공지능 및 디지털 치료기기가 미국식품의약국FDA으로부터 의료기기 승인을 받을 때도 이런 일은 있었다. 이후 '의료기기로서의 소프트웨어SaMD, software as a medical device'라는 개념이 생겨나면서 미국식품의약국FDA 승인 절차가 수월해졌다. 결국 현재 보험에서도 비슷한 일이 일어나고 있다고 볼 수 있다. 하지만 돈을 써야 하는 보험은 미국식품의약국FDA과 같은 규제 기관보다 더 보수적이라는 점을 염두에 둘 필요가 있다. CMS의 경우 디지털 치료기기 회사들의 DME 인정 요구에 대해서 새로운 보험 급여 카테고리의 신설을 언급하고 있다. 기존 시스템으로는 수용이 힘들며 차라리 새로운 분류 카테고리가 생겨나는 게 쉬울 수 있다는 지적이다. 이렇게 디지털 치료기기만을 대상으로 한 새로운 품목 카테고리가 생겨나기 위해서는 법이 개정되어야 하기 때문에 오랜 시간이 걸릴 것으로 보인다.

아직 국내에서 식약처로부터 의료기기로 승인된 디지털 치료기기는 없으며 의료보험 적용을 받는 제품 또한 없다. 빠르면 2023년 초에 최초로 승인되는 제품이 나올 것으로 예상된다. 이에 2022년 7월 건강보험심사평가원에서는 디지털 치료기기에 대한 건강보험 적용 방안을 발표한 바 있다.[16]

우리나라에서 건강보험 적용 대상(요양급여 대상)은 의료 행위, 치료재료, 약제의 세 가지로 구분된다. 앞서 살펴본 바와 같이 요양비 적용 대상이 있기는 하지만 이는 보험 적용이 되는 제품을 불가피하게 의료기관 밖에서 사용하는 경우 지급되는 것이고, 아직 디지털 치료기기는 보험 적용이 되지 않기 때문에 애당초 해당되지 않는다. 건강보험심사평가원에서는 세 가지 가운데 치료재료의 형태로 보험 수가를 적용할 계획이다. 치료재료는 병원 내에서 의료인이 사용하는 의료기기를 의미한다. 웨어러블 심전도와 같이 의사의 관리하에 환자가 집에서 사용하는 의료기기도 여기에 포함된다. 디지털 치료기기 또한 의사의 처방을 받아서 환자가 집에서 사용하는 의료기기인만큼 같은 범주로 다루는 것이다. 의사가 처음 처방할 때는 교육, 상담료가 추가된다. 향후 제품의 가치를 입증하는 경우 가치 기반으로 가격을 책정할 수 있지만 그전에는 원가 기반으로 책정할 예정이다.

미국 보험 적용을 위한 선결 조건: 보험 청구 코드

미국에서 보험 수가 및 처방과 관련해서 또 한 가지 염두에 두어야 할 것은 보험 청구용 코드이다. 보험 코드가 있어야 의사가 보험회사에 청구해서 수가를 받을 수 있다.

디지털 치료기기와 관련해서 많이 논의되는 보험 청구 코드는 원격 치료 모니터링RTM, Remote Therapeutic Monitoring이다. 이미 만들어져서 보험 적용을 받고 있는 원격 생리학적 모니터링RPM, Remote Physi-ologic Monitoring은 진단과 모니터링에 대한 코드인데 반해 원격 치료모니터링RTM은 치료 반응을 모니터링하는 것과 관련된다. 그런데 원격 치료 모니터링RTM은 기본적으로 의사가 치료적 개입을 제공하고그에 대한 반응을 모니터링하는 것을 기본으로 한다. 따라서 집에서환자가 스스로 사용하는 것을 전제로 하는 디지털 치료기기의 경우해당하지 않을 수 있다.

디지털 치료기기 회사들은 디지털 치료기기에 특화된 보험 청구코드를 받기 위해서 노력하고 있다. 미국 CMS는 2022년 2월 처방용 디지털 정신 치료prescription digital behavioral therapy에 대한 보험 청구 코드(HCPCS 코드 A9291)를 신설했다. 이외에도 미국의사협회는 디지털 치료기기와 관련 있는 임시 수가 코드를 만들었는데 가상현실VR 치료와 관련된 제품(CPT X050T~X054T), 컴퓨터 기반 근골격계 평가(CPT X055T), 인공지능 기반 발달 평가(CPT X056T~X059T)가 여기에 해당한다.

디지털 치료기기만을 위한 보험 청구 코드가 생긴 것은 고무적인 일이지만 하나의 코드만으로 디지털 치료 전체를 포괄하는 것은 문제의 소지가 있다. 보험 금액은 보험 청구 코드 단위로 책정된다. 그렇기 때문에 같은 보험 청구 코드로 처방되는 디지털 치료기기는 종류와 무관하게 같은 금액을 받게 된다. 뒤에서 다루겠지만 현재 미국에서 출시된 디지털 치료기기의 가격이 400~1,600달러로 다양하기 때문에 비싼 가격을 책정한 회사들은 손해를 볼 수 있다.

디지털 치료기기 회사들은 자사의 제품에 특화된 보험 청구 코드를 받기 위해서 노력하고 있다. 예를 들어 업계 선도 주자인 페어 테라퓨틱스는 미국식품의약국FDA 승인을 받은 자사의 세 가지 제품에 대응하는 보험 청구 코드(HCPCS 코드) 신설을 요청한 바 있다. 그 내용은 다음과 같다.

- 리셋에 대응하는 코드: 외래에서 기존 치료에 추가로 받을 수 있는, 중독 치료에 대한 12주 프로그램의 처방용 디지털 인지행동치료
- 리셋-오에 대응하는 코드: 외래에서 기존 치료에 추가로 받을 수 있는, 마약 중독 치료에 대한 12주 프로그램의 처방용 디지털 인지행동치료

- 솜리스트에 대응하는 코드: 만성 불면에 대한 9주 프로그램의 외래 처방용 디지털 인지행동치료

이 코드들은 아직 신설되지 않았다. 여러 가지 문제가 있지만 코드를 관리하는 입장에서 제품 하나하나에 특화된 보험 수가 코드를 신설하는 것에 대한 부담이 있을 것으로 보인다. 물론 페어 테라퓨틱스와 같은 선도 업체의 입장에서는 자사에 특화된 보험 코드를 신설하여 후발 주자들이 이에 맞춰서 제품을 개발하도록 함으로써 시장을 주도하는 효과를 노리려는 것으로 볼 수 있다.

한편 디지털 치료기기에 국한된 것은 아니지만 보험 코드 신설과 관련해서 또 다른 이슈가 발생하곤 한다. 생리 주기를 기반으로 한 피임 앱으로 미국식품의약국FDA 승인을 받은 내추럴 사이클Natural Cycles 역시 CMS에 보험 코드 신설을 요청한 적이 있다.[17] 이때 CMS는 민간 의료보험 회사들이 내추럴 사이클 제품을 어떻게 보험 처리하고 있는지 자료를 요청한다.

많은 신규 의료기기 회사들이 겪는 문제이다. 회사들이 보험에 수가를 달라고 하면 보험은 '너네 보험 청구 코드가 뭐니?'라고 묻는다. 그래서 보험 청구 코드를 받기 위해서 CMS를 찾아가면 '그래? 지금 민간 보험회사들이 어떤 코드를 가지고 어떻게 보험 처리하는지 자료 좀 가지고 와 봐.'라고 하는 것이다. 전형적인 딜레마 상황이다.

회사들은 이를 어떻게 벗어날 수 있을까? 우선 의료진에게 애매한 범용 코드를 가지고 일단 청구해봐달라고 부탁한다. 예를 들어 앞서 살펴본 엘레번스 헬스 의료보험회사의 가이드라인을 보면 디지털 치료기기의 청구와 관련해서 다음과 같은 코드를 사용할 수 있다고

디지털 치료기기의 보험 청구에 사용할 수 있는 보험 코드

보험 청구 코드	내용
CPT 99199	[모바일 기반의 건강 관리 앱으로 특정되는] 등재되지 않은 특별한 서비스, 시술 혹은 보고
HCPCS E1399	[모바일 기반의 건강 관리 앱으로 특정되는] 기타 DME

되어 있다.

코드 설명을 보면 알 수 있지만 어떤 코드로 청구해야 할지 모를 때 쓸 수 있는 코드라고 할 수 있다. 이런 코드로 청구하면 보험은 병원에 보험 수가를 지급할까? 그럴 수도 있고 아닐 수도 있다. 경우에 따라서는 케이스 바이 케이스로 심사해서 수가를 주는 경우도 있지만 수가를 주지 않는 경우가 일반적이다. 보험 청구를 해서 수가를 못 받으면 병원이 손해를 볼 텐데 청구를 하려고 할까? 그래서 회사들은 병원이 수가를 못 받는 경우 그 금액을 대신 지불하기도 한다. 이렇게 청구 건수가 통계로 잡히면 이를 근거로 보험 청구 코드 신설을 요청하게 된다. 즉 회사들은 보험 청구 코드를 받기 위해서 이런 비용을 기꺼이 지출하는 셈이다.

의사 처방 및 이후의 절차

이렇게 보험 적용을 받고 나면 의사가 처방하고 처방전을 처리하는 과정이 필요하다. 문제는 아직 다수 의사는 디지털 치료기기를 모른다는 점이다. 또 의사가 처방전을 발급했을 때 그 처방전을 어떻게 처리할지 또한 이슈이다.

아직 의사들이 디지털 치료기기에 대해서 잘 모르는 상황이므로

페어 테라퓨틱스 홈페이지의 솜리스트 원격진료 안내 화면

Somryst for Chronic Insomnia

Conduct a telemedicine consultation with a licensed UpScript doctor (for some states, you may not meet face to face). These consultations usually take around 10 minutes. If Somryst is appropriate for you, your prescription will be sent directly to your phone, allowing you to download and access the app. You'll pay $45 for the appointment with the doctor. If they decide Somryst is right for you, the program will cost $899 (prior to entering your discount code).

$45.00 / Doctor Consult

CONSULT WITH A DOCTOR ⟩

본격적으로 처방하는 날이 오기까지는 오랜 시간이 걸릴 것이다. 따라서 일부 디지털 치료기기 회사들은 자사의 제품에 대해서 잘 아는 의사들을 섭외해서 환자에게 처방할 수 있도록 원격진료 플랫폼을 활용한다.

　페어 테라퓨틱스의 불면 디지털 치료기기인 솜리스트는 업스크립트Upscript라는 원격진료 및 처방 전문 회사와 제휴해서 홈페이지를 통해 원격진료 및 처방을 제공하고 있다. 원격진료에 45달러의 비용이 든다.

　의사 처방 후에 환자가 디지털 치료기기 앱을 다운로드하는 과정도 눈여겨볼 만하다. 솜리스트는 처방전이 발급되고 나면 페어 테라퓨틱스의 고객센터라고 할 수 있는 페어커넥트PearConnect 및 온라인 약국이라고 할 수 있는 트루필Truepill이 환자에게 연락을 한다. 환자가 결제하면 문자를 통해서 접근 코드access code가 주어진다. 스

페어 테라퓨틱스 홈페이지 처방 후 처리 안내 화면

웨덴의 오렉소Orexo가 시판한 우울증 디지털 치료기기 디프렉시스 Deprexis와 알코올 중독 디지털 치료기기 볼비다Vorvida도 고고메드 GoGoMeds라는 온라인 약국과 제휴하여 환자에게 배포한다.

자폐 스펙트럼 장애ASD, Autism Spectrum Disorder 진단 보조용 소프트웨어를 만들고 미국식품의약국FDA 승인을 받은 코그노아Cognoa의 경우 올시니 전문 약국Orsini Specialty Pharma이라는 채널을 통해서 처방전을 처리한다. 그런데 처방전 서류를 보면 의사가 처방전을 작성한 다음 팩스로 보내도록 되어 있다. '디지털' 치료기기를 아날로그 방식으로 처리한다는 점이 흥미롭다. 달리 생각해보면 아직 미국의 의료 업무 환경이 그만큼 뒤떨어져 있다는 뜻일 수도 있다. 무조건 최신 방식을 고수하는 게 아니라 상황에 맞는 시스템이 필요할 수도 있음을 시사한다.

미국 내 주요 디지털 치료기기 가격

회사	제품	적응증	처방	가격
페어	리셋-오	마약 중독	○	평균 도매 가격 1,998달러, 도매 취득 가격 1,665달러, 보훈부 1,623.17달러
페어	솜리스트	불면	○	899달러 (100달러 추가 할인 적용 가능)
오렉소	디프렉시스	우울증	○	보훈부 149.75달러
아킬리	인데버Rx	ADHD	○	공식 가격 3개월에 450달러/B2C 실제 가격 100달러/mo 이하
버지니아대학	SHUTi	불면		6개월에 149달러/ 1년에 215달러
빅헬스	슬리피오	불면		영국 45파운드 (미국에서는 ~400달러라는 추정 있음)
리봉고	당뇨 관리	당뇨		68달러/mo
오마다	당뇨 예방 프로그램	전당뇨		130달러/mo (2016년 B2C 가격)

미국 내 디지털 치료기기 가격

현재까지 인터넷에서 검색 가능한 주요 디지털 치료기기의 가격은 위 표와 같다. 이 가격만을 가지고 서로 비교하기는 힘들다. 두 가지 이유가 있다. 우선 해당 제품을 쓸 수 있는 기간이 서로 다르다. 제품이 내세우는 치료 기간이 있는데 그 기간에만 해당되는 것인지 한 번 제품을 사면 기간 제한 없이 쓸 수 있는지가 불확실하다.

또 다른 이유는 위 표에 나오는 가격은 명목상 가격일 가능성이 높고 실제로는 유통 과정에서 할인될 여지가 많다는 점이다. 미국에서는 의료기기 회사와 보험회사 간 계약에 따라 가격이 정해지기 때문에 계약 조건에 따라 가격이 달라진다. 이는 디지털 치료기기만의 문제는 아니며 미국 의료 시스템의 가장 큰 이슈 중 하나인 가격 불투명성 때문이다. 또한 아직 보험 적용이 안 되어 B2C로 판매하는 경우 고객 대상 가격과 보험 적용 가격이 다를 수밖에 없다.

예를 들어 아킬리Akili 회사의 주의력 결핍 과잉행동 증후군ADHD

디지털 치료기기인 인데버Rx_{EndeavorRx}의 경우 공식 가격은 3개월에 450달러로 되어 있는데 B2C에서 월 100달러 이하로 판매한다는 발표가 나오고 있다. 이 경우 일종의 대량 구매라고 할 수 있는 보험 가격은 더 낮은 가격으로 책정될 가능성이 크다. 그렇게 되면 450달러는 그야말로 명목상 가격이 될 것이다.

게다가 B2C에서도 고객 지원 프로그램 등의 명목으로 가격을 할인하는 경우가 있다. 예를 들어 페어 테라퓨틱스의 솜리스트는 홈페이지에서 이메일을 등록하면 100달러 할인 코드를 제공하기도 했다.

유사한 제품 간의 가격 차이는 흥미로운 비교 거리이다. 페어 테라퓨틱스의 솜리스트와 또 다른 불면 디지털 치료기기인 SHUTi를 비교해보자. SHUTi는 버지니아대학교 연구진이 개발했는데 페어 테라퓨틱스가 이를 라이선스 도입해서 개발한 것이 솜리스트이다. 솜리스트에 대한 것이라고 알려진 연구 중 상당수가 사실은 SHUTi에 대한 연구 결과이다. 그럼에도 이 둘의 가격 차이가 상당하다는 점이 눈에 띈다. 또 미국에서 오렉소가 보훈부에 공급하는 우울증 디지털 치료기기 디프렉시스는 150달러 정도 하는데 뒤에서 다룰 독일 수가에서는 동일한 제품이 300유로 정도의 수가를 인정받았다. 유로와 달러의 값어치가 큰 차이가 나지 않는다는 점을 고려하면 현재 수가 기준으로 유럽에서 두 배의 가격을 인정받은 셈이다.

미국의 의료비가 전 세계에서 가장 비싸다는 점을 생각하면 의외라고 할 수 있다. 원인 중 하나는 현재 독일의 디지털 치료기기 수가가 첫해에는 제조사가 요구하는 가격을 그대로 인정하기 때문일 수 있다. 2년 차 재계약을 하면서 210유로로 정해졌는데 여전히 미국보다는 비싼 가격이다. 약물의 경우 가격 책정 시 다른 나라의 가격을 반영하는 외부 참조 가격 제도를 운영하는 경우가 많다. 따라서 향후 디지털 치료기기에 대한 수가 적용이 늘어난다면 유사한 제도가 도입될 가능성도 있어 보인다. 이렇게 되면 여러 나라의 디지털 치료기기 가격이 서로 영향을 주고받게 될 것이다.

3
의료보험 적용 현황 (2)
: 독일 및 기타 국가들

Business model

독일은 독일 식약처가 허가한 디지털 치료기기에 대해 바로 임시 수가를 적용하고 가치를 입증하는 경우 정식 보험 수가를 적용하고 있다. 독일의 현황에 대해서 살펴보겠다.

디지털 헬스 앱의 정의

독일의 디지털 헬스케어 법 규정에서 디지털 헬스 앱은 다음과 같이 정의한다.

- 의료기기 등급 클래스 I 혹은 클래스 IIa에 해당됨(위험이 낮을 것)
- 주요 기능이 디지털 기술에 바탕을 둠
- 단순히 기기를 통해 데이터를 수집하거나 기기를 조작하기 위

한 것은 해당되지 않고 의료적 목적을 달성하는 것만 해당됨

- 질병, 상해, 장애를 발견, 모니터링, 치료하거나 경감하는 용도
- 1차 예방은 해당 안 됨(생활습관 관리 등 웰니스 영역은 해당 안 됨)
- 환자 단독 혹은 환자와 의사가 함께 사용하는 경우만 해당됨. 의사가 단독으로 사용해서 환자를 치료하는 제품은 해당 안 됨

단독 앱 형태도 가능하지만 하드웨어 기기와 함께 사용되는 앱도 가능한 것으로 나와 있다. 이 경우, 주요 기능은 디지털 앱이어야 하며 하드웨어는 앱의 기능을 달성하는 데 필요한 정도에서 그쳐야 한다. 또 의료진의 상담이나 코칭과 같은 서비스가 결합될 수 있으나 서비스 없이도 효과를 낼 수 있다는 증거가 필요하다.

효과성 입증을 위한 연구의 형태

보험 적용을 받기 위해서는 일정 기준을 충족하는 연구 결과가 있어야 한다. 대조군을 사용한 비교 연구를 반드시 실시해야 한다. 대조군으로는 기존 치료군, 치료하지 않는 군, 다른 디지털 헬스 앱 사용군과 비교가 가능하다고 제시한다. 전향적 연구 이외에 후향적 연구도 가능하며 기존 치료 결과historical control와 비교 연구도 가능하다고 언급하고 있다. 이 정도면 매우 너그러운 기준이다.

연구는 독일에서 실시되는 것이 원칙이다. 그 이유는 디지털 헬스 앱이 결국 독일 의료 환경 내에서 독일 의료진과 독일 환자에 의해서 사용될 것이기 때문에 그 환경에서 사용된 결과를 제시해야 한다는 것이다. 단, 다른 국가에서 일부 혹은 전체 연구가 이루어지는 경

우에도 그 연구가 이루어진 환경이 독일과 상응하다고 볼 수 있으면 인정될 수도 있다고 한다. 하지만 "모든 헬스케어는 로컬 비즈니스이다."라는 말이 나올 정도로 국경만 건너도 시스템이 크게 달라지는 경우가 많기 때문에 현실적으로 쉽지 않을 것이다.

참고로 영국 국립보건의료원NICE이 불면 디지털 치료기기 슬리피오에 대해 발표한 검토 보고서를 보면 영국 내에서 다수의 임상 시험이 이루어졌음을 언급하고 있다. 또 디지털 치료기기는 아니지만 웨어러블 심전도 지오패치에 대한 영국 국립보건의료원NICE 보고서를 보면 영국 의료 환경에서의 검증이 부족하다는 언급이 나왔고,[18] 이후 지오패치를 만드는 아이리듬 회사에서 이를 입증하기 위한 임상 시험을 시작했을 정도[19]로 중요한 이슈이다.

보험 수가 등재 과정

독일의 제도에서 보험 수가 등재 과정은 크게 조건부 등재와 정식 등재로 구분된다. 조건부 등재는 데이터 보안과 사용성 등 1차적인 조건을 만족시키는 앱을 대상으로 하며 여기에 효과를 입증하면 정식 등재된다.

정식 등재 과정은 다음과 같은 과정을 거친다. 신청 3개월 이내에 목록 등재 여부가 결정되고 등재 시부터 신청일 기준 12개월까지는 제조사가 제시한 가격으로 보험이 적용된다. 12개월 후부터는 제조 회사와 보험회사 간 협상을 통해서 가격이 정해진다. 의사의 처방을 받거나 처방 없이도 환자가 앱의 적응증에 해당된다고 써 있는 서류를 제출하는 경우 보험 적용을 받아서 사용할 수 있다.

조건부 등재 과정은 정식 등재 과정과 유사하다. 등재 후 12개월 간 임시 수가가 적용되며 그 기간 중에 제조사는 효과성에 대한 데이터를 제출해야 한다. 단, 효과성 입증에 시간이 걸린다고 인정되는 경우 조건부 등재 기간이 신청일 기준 24개월까지 연장된다. 효과성에 대한 데이터 제출 후 3개월 이내에 정식 등재 여부가 결정된다. 효과성 데이터를 기간 중 제출하지 못했거나 제출했지만 정식 등재가 인정되지 않아서 보험 적용이 중단된 이후라도 효과성에 대한 데이터를 제출하면 검토 결과에 따라서 정식 등재될 수 있다.

디지털 헬스 앱 목록에 등재되려면 몇 가지 조건을 만족시켜야 한다. 첫째, 광고가 들어가면 안 된다. 둘째, 24시간 이내 독일어로 응대할 수 있는 커뮤니케이션 지원이 제공되어야 한다. 단, 최소 한 가지 이상의 커뮤니케이션 채널만 독일어로 응대하면 된다고 한다. 즉 이메일 문의에 독일어로 답해준다면 전화 문의는 영어로 답해도 된다고 한다. 셋째, 데이터 처리 장소는 독일 및 기타 유럽연합 국가가 기본으로 해당하고 미국과 일본 등 독일과 상응하는 수준의 데이터 보안 규정을 갖춘 제3국도 괜찮다고 한다. 우리나라와는 논의를 진행 중이라고 되어 있다.

법에서 제시하는 디지털 치료기기의 효과는 구체적으로 무엇을 의미할까? 크게 의료 효용medical benefit과 환자 관련 효용patient-relevant improvement of structure and processes으로 나뉜다. 의료 효용은 의료계에서 자주 사용하는 개념으로 생명 연장, 삶의 질 개선, 건강 상태 개선, 유병 기간 단축이 포함된다. 환자 관련 효용에는 다음과 같은 것들이 포함된다.

- 치료 과정 코디네이션
- 순응도 개선
- 의료 접근성 개선
- 환자 안전
- 건강 정보 이해 능력 개선
- 환자 자주권
- 일상생활에서 질병 관련 어려움에 대한 대처
- 환자 본인 및 보호자가 치료와 관련하여 기울이는 노력이나 스트레스를 줄여주는 것

환자 관련 효용에 속하는 가치들이 일반적으로 보험 적용 대상으로 간주되는 것 이외에 다양하다는 점이 눈에 띈다. 앞서 살펴보았던 용도 가운데 브릿지 치료도 이와 같은 환자 관련 효용의 성격이 있다. 실제로 독일에서 나오는 관련 보고서를 보면 이 점을 강조하고 있다.

지금까지 살펴본 바와 같이 독일의 디지털 치료기기 관련 규정은 매우 전향적이다. 의료보험은 보험 수가를 적용할 때 까다로운 검토 과정을 거치는데 규제 기관으로부터 의료기기로 승인만 받으면 바로 디지털 치료기기 회사가 요구하는 금액을 최소 12개월간 지불한다는 것은 전례가 없는 일이다.

독일 보험 수가 현황

현재까지 수가 적용을 받은 제품은 총 34개이다. 이 중 5개는 정

보험 수가 적용을 받는 독일 디지털 치료기기 목록

(단위: 유로)

제품명	용도	1차 년도 가격	2차 년도 가격	기타
칼메다Kalmeda	이명	203.97	203.97	
펠리브라Velibra	광장 공포증	476.00	230.00	정식 등재
솜니오Somnio	불면	464.00	223.00	정식 등재
비비라Vivira	근골격계 통증	239.96	239.96	
자나디오Zanadio	비만	499.80	499.80	
인비르토Invirto	광장 공포증	428.40	620.00	
엘레비다Elevida	다발성 경화증	743.75	243.00	정식 등재
M센스M-sense	편두통	219.98		등재 취소
셀파피-디프레션 Selfapy-Depression	우울증	540.00	290.94	
리해피Rehappy	뇌졸중 후 관리	449.00		등재 취소
디프레시스Deprexis	우울증	297.50	210.00	정식 등재
미카Mika	자궁경부암	419.00		등재 취소
마인더블Mindable	공황 장애	576.00	576.00	
캔카도CANKADO	유방암	499.80	499.80	
보르비다Vorvida	알코올 중독	476.00	192.01	정식 등재
셀파피Selfapy	공황 장애	540.00	479.52	
셀파피Selfapy	불안 장애	540.00	540.00	
금연 히어로Hero	금연	239.00	329.00	
ESYSTA	당뇨병	249.86		등재 취소
마웬도Mawendo	근골격계	119.00	119.00	
오비바 디렉트Oviva Direct	비만	345.00	426.96	
컴패니언 파텔라 Companion Patella	근골격계	345.10	345.10	
노베고Novego	우울증	249.00	249.00	
헬로베터HelloBetter	스트레스	599.00	235.00	
헬로베터HelloBetter	당뇨 동반된 우울증	599.00		
헬로베터HelloBetter	만성 통증	599.00		
크라누스 에데라 Kranus Edera	발기 부전	552.00	656.88	
카라 케어Cara Care	과민성 대장	718.20		
헬로베터HelloBetter	질 경련	599.00		
네오렉슨neolexon	실어증	487.90		

제품명	용도	1차 년도 가격	2차 년도 가격	기타
마이 틴니투스 My Tinnitus	이명	449.00		
헬로베터HelloBetter	공황 장애	599.00		
비타디오Vitadio	당뇨병	420.00		
옵티뮨Optimune	유방암	952.00		

식 수가를 받았으며 4개는 등재 취소된 상태이다. 디지털 치료기기의 가격 및 현황은 위의 표와 같다.

앞서 언급한 바와 같이 첫해의 가격은 제조사가 마음대로 정한다. 1년이 지나면 보험과 협상을 통해서 가격이 조정된다. 1년 경과 후 가격 조정 현황을 보면 확인이 되는 것은 9개 제품인데 2개를 제외한 제품들은 가격이 낮아졌다.

디지털 치료기기는 의료인 혹은 상담사가 처방하는 경우가 있고 환자가 직접 보험회사에 신청하고 허가를 받아서 사용할 수도 있다. 독일에서 이 제도가 시작된 2020년 9월부터 2021년 9월까지 현황을 다룬 결과 보고서를 보면 13개월 동안 총 5만여 건의 처방이 발급되었고 그 가운데 3만 9,000여 건이 활성화되었다. 이 중 3만 5,000여 건은 처방을 받은 경우이고 나머지는 환자가 직접 신청한 경우이다. 이 기간에 가장 많이 사용된 제품은 이명 치료제인 칼메다Kalmeda, 2위는 허리 통증 치료제인 비비라ViViRA, 3위는 비만 치료제인 자나디오zanadio이다. 4위인 편두통 치료제 엠센스M-sense는 2회 반복 처방률이 가장 높은 것으로 나타났다. 반드시 그런 것은 아니지만 반복 처방률이 높았다는 것은 의료계의 반응이 호의적이었다고 볼 수 있는데 반복 처방률이 높은 엠-센스가 등재 취소된 점은 눈길을 끈다. 의료적인 가치를 충분히 입증하지 못했다고 볼 수 있다. 그럼에도 반복 처방률이 높았다는 것은 학술적인 증거는 부족하지만 환자는 효과를 느꼈거나 효과가 불확실했지만 다른 치료 방법이 마땅치 않았기 때문이라고 추정된다.

흥미로운 점은 독일 정부에서는 처방 및 활성화 비율 데이터만 수집했다는 점이다. 사용자가 얼마나 자주 혹은 얼마나 오랫동안 사용했는지에 대한 데이터는 수집하지 않았다고 한다. 디지털 치료기기의 복약 순응도에 대한 의구심이 제기되고 있고 일반 약과 다르게 디지털 치료기기는 데이터 수집이 쉽다는 점을 고려하면 선뜻 이해가 가지 않는다. 특히 수가 적용을 받기가 수월한 상황에서 사용 데이터를 수집하지 않는다는 것은 확실히 이례적이다.

독일에서 의사의 처방을 받은 이후 환자에게 전달되는 과정을 보면 제품마다 차이를 보인다. 이명 디지털 치료기기인 칼메다는 의사의 처방을 받은 환자가 회사 홈페이지에서 돈을 내고 앱을 구매한 후 영수증을 보험회사에 보내서 환급받는 형식이다. 이외의 회사들은 의사 처방전이 바로 보험회사로 전달되면 해당 제품을 사용할 수 있는 코드를 환자에 보내주는 방식이다. 미국과는 달리 중간에 약국이 끼지 않는다. 디지털 치료기기의 특성을 생각해보면 독일과 같이 굳이 중간에 약국을 낄 필요가 없다는 생각이 든다.

벨기에 및 프랑스의 디지털 치료기기 수가 사례

한편 독일의 인접 국가인 벨기에와 프랑스도 독일과 비슷한 디지털 치료기기 제도화 프로그램을 도입했다. 벨기에는 모바일 헬스케

프랑스에서 수가 적용을 받은 무브케어

어를 진흥하기 위해서 엠헬스벨지움mHealth Belgium[20]이라는 프로그램을 운영하고 있다. 또 모바일 헬스 제품을 평가하기 위해서 평가 입증 피라미드validation pyramid라는 프레임워크를 사용하고 있다. 1단계는 규제 기관으로부터 의료기기 승인을 받은 후 벨기에 정부에 신청한 제품이다. 2단계는 추가로 위험도 및 기본 서비스 적합성에 대한 평가를 받은 제품이다. 그리고 3단계는 2단계에 더해서 사회적, 경제적 가치를 입증한 제품으로 보험 적용을 받을 수 있다.

35개 제품이 등재되어 있는데[21] 2단계가 12개이고 3단계가 1개이다. 3단계를 받은 유일한 제품은 디지털 치료기기 무브업moveUp으로 인공관절 수술 전후 재활치료 용도이다. 벨기에에서 최초로 보험 적용을 받았다는 보도가 나왔는데 일반적인 의미의 보험 적용은 아니다. 이 제품에 대한 임상 시험에 참여하는 환자들에게 적용한 것이다.

프랑스에서는 2020년 7월 무브케어 푸몽Moovcare Poumon이라는 디지털 치료기기가 보험 적용을 받았다.[22] 무브케어 푸몽은 폐암 환자의 추적 관찰 과정에서 병의 재발과 부작용을 모니터링하는 용도라고 되어 있다. 환자가 증상을 기록하는 앱으로 보이는데 보험 적용을 받기에는 부족해 보이지만 분기당 500유로의 가격을 인정받았다. 정식 수가를 인정받은 것은 아닌 것으로 보인다. 3년간 수가 적용 의료기기 목록에 등재된다고 하며 이 기간 내에 포괄적인 실제 임상 자료를 수집해서 가치를 입증해야 등록을 갱신할 수 있다.

독일, 벨기에, 프랑스 사례를 보면 보수적이라고 알려진 유럽 국가들이 선도적으로 디지털 치료기기에 수가를 적용한 것이 눈에 띈다. 특히 이들 나라 모두 '임시 수가 허용 → 데이터 축적 및 효과 증명 → 수가 갱신'으로 이어지는 과정을 거친다는 점이 주목할 만하다.

일본의 디지털 치료기기 수가 사례

끝으로 일본에서는 두 가지 디지털 치료기기에 대해서 보험이 적용되고 있다. 두 가지 모두 큐어앱CureApp 회사가 만들었다. 최초로 보험 적용을 받은 것은 금연 치료 보조 디지털 치료기기이다. 금연 치료 약물을 복용하는 환자가 사용할 수 있는 앱과 일산화탄소 측정 기기로 구성되어 있다. 보험 수가는 앱 사용에 대한 관리 비용(1,400엔)과 앱 및 일산화탄소 측정 기기에 대한 재료비(6,000엔×4회)로 책정되었다.[23] 두 번째로 보험 적용을 받은 것은 고혈압 치료 보조 디지털 치료기기이다. 고혈압 치료를 받는 환자가 사용하는 앱으로 생활 습관 관리를 돕는다. 보험 수가는 앱 사용에 대한 관리 비용(1,400엔)과 앱에 대한 수가(월 60회 이상 혈압을 측정한 경우 월 1회 8,300엔씩 6

개월간)로 책정되었다.[24] 두 가지 제품 모두 치료 재료가 아닌 의료 행위 수가를 적용받았다.

큐어앱 회사는 이들 제품에 대한 다양한 연구 결과를 논문으로 발표했다. 두 가지 제품 모두에 대해 비용효과성을 입증하는 연구 결과를 발표했으며 고혈압 치료 보조 디지털 치료기기와 관련해서는 다기관 무작위 배정 연구 결과를 유럽 심장 저널에 게재하기도 했다.[25]

4
제약회사와의 협력 모델

Business model

아직 많은 국가에서 본격적인 보험 적용이 되지 않는 상황에서 디지털 치료기기 회사들은 제약회사와 다양한 협력을 맺고 있다. 앞서 의료 인공지능 혹은 소프트웨어 회사들이 의료기기 회사와 협력하는 것과 유사한 전략으로 볼 수 있다.

제약회사는 약물과의 시너지를 중요하게 생각한다. 이를 알약 주변around-the-pill 전략이라고 부른다.[26] 약물과 디지털 치료기기의 시너지 효과는 대략 세 가지로 구분할 수 있다.

첫 번째 시너지 효과는 주로 행동 변화를 통해서 약물의 핵심 효과를 강화하는 것이다. 이에 해당하는 사례로 화이자와 디지털 치료기기 회사인 알렉스 테라퓨틱스Alex Therapeutics의 금연 디지털 치료기기 관련 협력[27]이 있다. 화이자는 금연 치료제인 챔픽스Champix를 생산하고 있다. 2020년 기준 매출이 9억 2,000만 달러에 이르는데 2020년에 특허가 만료되었고 이후 복제약이 나오고 있다. 알렉스 테라퓨틱스는 인지행동치료 기반의 금연 디지털 치료기기인 에일라Eila를 개발하고 있다. 약물과 디지털 치료기기를 병합해서 사용함으로써 금연 효과를 강화할 수 있을 것이다.

화이자 입장에서는 챔픽스의 특허가 만료되고 복제약이 시장에 진입하면서 매출이 떨어질 수 있다는 점이 중요하다. 만약 디지털 치료기기가 매출 저하를 방어하는 데 도움이 된다면 충분히 가치가 있을 것이다. 우리나라에서는 챔픽스와 같은 전문 의약품에 대한 광고가 금지되어 있다. 따라서 이런 전략은 불법의 소지가 크다. 하지만 전 세계 최대 시장인 미국에서는 전문 의약품 광고가 허용되어 있기 때문에 문제가 되지 않는다.

두 번째 시너지 효과는 대상 질병 자체 및 치료 약물과 관련된 증상 관리를 돕는 것이다. 이에 해당하는 사례가 일본의 에자이 제약과 프랑스의 디지털 치료기기 회사인 볼룬티스Voluntis 간의 협력이다. 에자이가 집중하고 있는 영역 가운데 하나가 항암제이며 볼룬티스는 항암제 투약 중인 환자의 증상 관리를 돕는 디지털 치료기기를 개발하고 있다. 암 자체가 다양한 증상을 유발하며 항암제 역시 여러 가지 부작용을 일으킬 수 있는데 볼룬티스의 디지털 치료기기는 이런 증상 관리를 돕는다.

카이쿠 헬스Kaiku Health 회사 역시 암 환자 증상 관리를 돕는 디지털 치료기기 개발에 집중하고 있다. 노바티스Novartis가 개발한 표적 항암제 치료를 받는 흑색종 환자를 대상으로 파일럿을 시행했으며 이후 본격적인 파트너십으로 확대하고 있다. 카이쿠 헬스는 로슈Roche와도 암 환자 증상 관리 디지털 치료기기 관련 협력을 하고 있다. 테메디카Temedica 회사는 자가 면역 질환 증상 관리 디지털 치료기기를 개발하고 있는데 로슈와는 다발성 경화증에 대해, BMS와는 건선에 대해서 협력을 하고 있다.

세 번째 시너지 효과는 두 번째와 유사하지만 조금 다른데, 질병 자체로 인한 증상보다는 우울증과 같이 질병에 동반되는 정신과적 질병 관리를 돕는 것이다. 여러 질환에서 우울증이 동반되는 경우가 많다. 그런데 우울증이 생기면 질환 관리에 소홀해질 가능성이 크다. 이렇게 되면 환자가 치료 약물을 잘 사용하지 않게 될 것이다. 이 경우 우울증 관리에 도움을 줌으로써 약물 복약 순응도를 향상시킬 수 있다.

앞서 언급한 알렉스 테라퓨틱스는 제약회사인 바이코어 파마_{Vicore Pharma}와 협력하여 알미_{Almee}라는 디지털 치료기기를 개발하고 있다. 특발성 폐 섬유화증 환자에서 동반된 우울증 개선이 주된 용도이다. 이는 바이코어 파마가 개발하는 특발성 폐 섬유화증 약에 대한 보완재 역할을 할 것이다.

사노피_{Sanofi}는 디지털 치료기기 회사인 해피파이 헬스_{Happify Health}(이후 트윌_{Twill}로 사명 변경)와 지속적으로 협력해오고 있는데 주된 대상은 다발성 경화증 환자의 우울증을 개선하는 제품이다. 짐작할 수 있겠지만 사노피의 신약 파이프라인에는 다발성 경화증 약물이 몇 가지 포함되어 있다.

두 번째와 세 번째 시너지 효과의 핵심은 결국 약물의 복약 순응도를 향상하는 것이다. 이 경우 제약회사 입장에서는 일반 약보다는 값비싼 신약을 대상으로 삼을 가능성이 크다. 두 번째 및 세 번째 시너지에 해당하는 디지털 치료기기가 암 혹은 자가 면역 질환을 대상으로 하는 경우가 많은데 이런 맥락에서 이해할 수 있다.

디지털 치료기기와 제약회사 간의 세 가지 시너지 효과는 제약 업계 내외부 요인에 기인한다. 내부 요인은 모든 회사가 그런 것처럼 이익을 늘리고자 하는 욕구이다. 앞서 살펴본 것처럼 약물의 복약 순응도를 높임으로써 이익을 늘리고자 한다. 디지털 치료기기가 이에 도움이 될 것으로 기대한다.

외부 요인으로는 두 가지를 들 수 있다. 약물에 대한 실제 임상 자료RWD 수집과 가치 기반 계약에 관한 관심의 증대다. 실제 임상 자료는 현실 환경에서 약물이나 의료기기가 사용된 결과 데이터를 의미한다. 원래 제약 업계에서는 신약 출시 후에 시판 후 조사post-market surveillance를 하도록 되어 있다. 특정 조건을 만족시키는 환자를 대상으로 하는 임상 시험 결과와 실제 진료 환경에서 약물을 사용한 결과가 다를 수 있기 때문에 주로 부작용을 중심으로 실제 사용 데이터를 수집한다. 보통 약물을 처방하는 의사들에게 위탁하여 결과를 취합하는 식으로 실시한다. 그런데 환자들이 디지털 치료기기를 함께 사용하게 된다면 이런 데이터를 비교적 수월하게 수집할 수 있을 것이다. 앞서 살펴본 첫 번째와 두 번째 시너지 효과가 이런 실제 임상 자료 수집과 관련되어 있다.

두 번째 외부 요인으로는 가치 기반 계약이 있다. 앞서 페어 테라퓨틱스의 중독 디지털 치료기기가 몇 개 주의 메디케이드와 계약을 맺을 때 가치 기반 계약을 맺었음을 언급한 바 있다. 이런 식의 계약은 디지털 치료기기뿐만 아니라 점점 늘어나고 있는 고가의 약물을 도입할 때 맺어지는 경우가 많다. 보험 입장에서는 약물이 효과가 있다는 제약회사의 보증을 요구하는 셈이다. 따라서 제약회사는 약물과 동반 사용하여 그 효과를 향상시킬 수 있는 도구가 있다면 받아

디지털 헬스케어 회사와 제약회사 간 디지털 치료기기 임상 시험 협력 사례

디지털 치료기기 회사	디지털 치료기기 제품	용도	제약회사	관련 신약·후보 물질	NCT No.
특정 DTx에 대한 특정 제약회사와의 파트너십					
알렉스 테라퓨틱스 Alex therapeutics	알미Almee	IPF에서 불안 장애	바이코어	C21 for IPF	NCT 05330312
메루 헬스 Meru Health	메루 헬스 프로그램 Meru Health Program	암환자에서 불안, 우울 장애	릴리	다수	NCT 05588622
클릭 테라퓨틱스 Click Therapeutics	CT-155	조현병	베링거	Iclerpertin	NCT 05486312
클릭 테라퓨틱스 Click Therapeutics	CT-152	주요 우울 장애	오츠카	brexpiprazole, ulotaront	NCT 04770285
팩 헬스 Pack Health	디지털 코칭	난소, 유방, 폐, 위암에 대한 일차 진료를 종료한 환자의 건강 관리	다이이치 산쿄, GSK		NCT 05349227
팩 헬스 Pack Health	디지털 코칭	Isatuximab으로 치료받는 다발성 골수종 환자의 환자 경험 평가	사노피	Isatuximab	NCT 05053607
팩 헬스 Pack Health	디지털 코칭	CAR-T 치료를 받는 혈액암 환자의 삶의 질 관리	BMS	CAR-T	NCT 05064787
회사 차원에서 다수의 제약회사와 파트너십이 있는 경우					
사이드킥 헬스 Sidekick Health	SK-421	유방암 환자의 부작용, 삶의 질, 신체 활동, 복약순응도 관리	화이자, 바이엘, 릴리		NCT 05459454
사이드킥 헬스 Sidekick Health	SK-241	비알콜성 지방간 환자의 증상 및 생활 습관 관리	화이자, 바이엘, 릴리		NCT 05426382
사이드킥 헬스 Sidekick Health	SK-141	심부전 환자의 원격 증상 모니터링, 생활습관 관리	화이자, 바이엘, 릴리		NCT 05193344

들일 유인이 있다. 또 효과가 있다는 객관적인 증거를 수집할 수 있는 수단에도 관심을 가진다. 디지털 치료기기는 이 두 가지를 한꺼번에 달성할 수 있다.

현재 여러 디지털 치료기기 회사들이 다양한 제약회사와 다수의 임상 시험을 진행하고 있다. 2022년에 진행된 디지털 치료기기 임상 시험 가운데 제약회사와의 시너지가 뚜렷한 경우를 정리하면 위의 표와 같다.

한편 제약회사들은 일반적으로 전사 차원의 전략보다는 특정 약

바이오젠의 디지털 헬스케어 프로젝트

프로젝트 명	내용	현재 단계
분야: 다발성 경화증(MS)		
MR-004	디지털 치료기기: 걷기, 독립적 생활	개발 중
클레오Cleo/애비Aby	환자 생활 지원	출시
MS PATHS	디지털 바이오마커: 진료실에서 MS 관련 지표 수집	출시
CogEval	인지 기능 평가	출시
MS 기능 테스트	디지털 바이오마커: 진료실에서 MS 관련 지표 수집	출시
분야: 알츠하이머, 치매		
아리아ARIA 발견	영상 인공지능: MRI에서 아밀로이드 진단	개발 중
인튜이션Intuition	디지털 바이오마커: 경도 인지 장애 스크리닝	개발 중
분야: 뇌근육계 질환(Neuromuscular disorders)		
Physio.me	디지털 치료기기: 물리 치료	개발 중
캡슐Capsule	디지털 치료기기: VR(척수강내 주사에 대한 불안 경감)	개발 중
분야: 전체 질환		
커넥톰Konectom	디지털 바이오마커: 인지, 움직임, 걷기, 삶의 질 평가	검증 중
뉴로다임Neurodiem	의사 지원 포털: 신경계 질환 관련	출시

물 단위의 필요성에 따라서 단발성으로 디지털 치료기기에 접근하는 경향이 있다. 이에 비해 바이오젠Biogen은 자사의 약물 포트폴리오 전반에 대한 시너지를 염두에 두고 접근하는 것으로 보인다. 회사 측에서 발표한 바에 따르면 주요 영역별로 위의 표와 같은 활동을 하고 있다고 한다.[28] 주사에 대한 불안을 줄이는 가상현실VR에서부터 물리 치료에 이르는 디지털 치료기기는 물론이고 환자의 상태에 대한 디지털 바이오마커까지 다양한 프로젝트를 운영하고 있다.

아직까지 제약회사는 디지털 헬스케어 회사와 협력은 하지만 본격적인 인수에는 나서지 않는 경향이 있다. 앞 장에서 살펴본 것처럼 의료기기 회사들이 여러 회사를 인수한 것과 대조된다. 다소 예외적으로 화이자가 호주의 상장사인 레즈앱ResApp을 인수한 바 있다. 레즈앱은 소리 바이오마커 기반 진단 앱을 만드는 회사이다. 기침 소리를 바탕으로 천식과 폐렴 등을 진단한다.

이 회사는 기침 소리로 코로나를 진단하는 알고리즘에 관한 연구 결과를 발표했는데[29] 민감도(질병이 있는 사람 중에 양성으로 나오는 비율) 92%, 특이도(질병이 없는 사람 중에 음성으로 나오는 비율) 80%를 보고했다. 민감도 92%는 신속 항원 검사보다 정확한 수준으로 큰 관심을 끌었다. 이런 성과를 바탕으로 화이자로부터 인수 제안을 받았다. 이후 추가 연구에서 민감도 84%, 특이도 58%가 나와[30] 앞선 연구 결과를 재현하지 못했다. 이로 인해 계약 조건에 따라 인수 금액이 하향 조정되었다.

화이자의 포트폴리오 가운데 코로나19와 연관된 것은 코로나 백신과 팍스로비드Paxlovid 치료제가 있다. 레즈앱은 팍스로비드와의 시너지를 염두에 두었을 것이다. 레즈앱의 정확도가 신속항원 검사와 유사한 수준이라면 더 많은 환자가 검사를 통해서 코로나 진단을 받고 치료제를 사용하게 될 것이다. 하지만 현실적으로 팍스로비드는 의사의 대면 진료 없이 처방하기는 힘들어 보인다. 어차피 의사를 만날 때 신속 항원 검사를 하면 되기 때문에 굳이 레즈앱을 쓸까 하는 의구심이 드는 것이 사실이다. 원격진료 시스템이 더욱 발전한다면 원격진료를 하는 도중에 환자의 스마트폰을 통해서 즉석에서 기침 소리를 분석하고 그 결과를 바탕으로 의사가 팍스로비드를 처방하는 것이 가능할 것이다. 하지만 코로나19가 소강상태를 맞이하면서 그런 정도의 시너지가 발생하기는 쉽지 않아 보인다.

이렇게 제약회사들은 자사의 이익을 높이고 외부의 요구에 대응하기 위한 수단으로서 디지털 치료기기에 관심을 보이고 있다. 제약회사와의 시너지를 염두에 둔 제품은 보험 적용을 대상으로 한 제품과 비교했을 때 제품의 형태 및 기능, 임상 시험 방법 등이 달라질 수 있기 때문에 초기 개발 전략을 수립할 때부터 전략적 선택을 염두에 둘 필요가 있다. 제약회사 입장에 따라서 상황이 다를 수 있지만 기본적으로 비싼 약과 동반되는 제품에 관심을 가질 가능성이 크다는 점도 기억해두자.

3장

B2C 헬스케어
비즈니스 모델

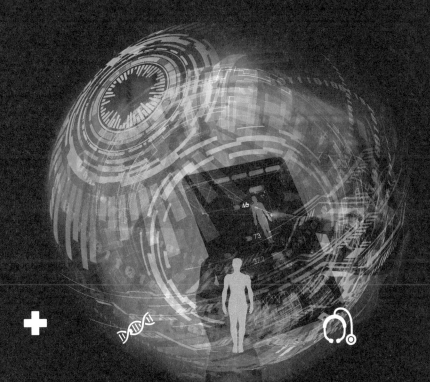

1
왜 B2C 헬스케어 비즈니스는 힘든가

Business model

　전통적으로 헬스케어 비즈니스는 보험 적용을 받고 의사의 처방을 통해 사용되는 B2B 혹은 B2B2C 모델을 중심으로 이루어지고 있다. 그런데 디지털 헬스케어 시대가 오면서 B2C 비즈니스 모델을 내세우는 경우가 늘어나고 있다. 업계에서 흔히 볼 수 있는 경우가 기존에 병원에서 사용하던 복잡한 기기를 단순한 형태로 만들어서 고객이 집에서 사용할 수 있는 B2C 의료 기기를 만드는 것이다. 과연 이들 회사는 기존 헬스케어 시스템의 빈틈을 뚫고 B2C 비즈니스 모델로 성공을 거둘 수 있을까?

　결론부터 말하자면 B2C 비즈니스 모델은 디지털 헬스케어 시대에도 여전히 예외적인 현상이 될 가능성이 크다. 고객이 직접 돈을 내고 쓸 만한 이유가 뚜렷한 일부 예외적인 경우를 제외하고는 B2C 헬스케어는 쉽지 않다. 헬스케어에서 B2C가 힘든 이유를 살펴보자.

B2C 헬스케어가 힘든 이유 (1): 제품의 성격

세상의 모든 제품과 서비스를 분류하는 기준 가운데 하나로 탐색재, 경험재, 신용재라는 개념이 있다. 기준이 되는 것은 경험재인데 사서 써봐야 얼마나 좋고 나에게 잘 맞는지를 판단할 수 있다. 탐색재는 굳이 써보지 않고도 검색하거나 주위에 알 만한 사람에게 물어보는 것만으로도 판단이 가능하다. 이에 비해 신용재는 써봐도 좋은지 판단하기 힘들다.

신용재는 평가하기 힘들기 때문에 이를 제공하는 공급자의 신용이 중요하다. 가장 대표적인 신용재가 의료이다. 면허제도를 통해 믿을 만한 능력을 갖춘 의료인이 의료 서비스를 제공하게 함으로써 환자들이 이를 믿고 받아들일 수 있는 시스템을 구축한다. 어떤 의미에서 의사는 "나는 국가로부터 인정받은 의사이고 환자인 당신은 의료를 잘 이해하기 힘들다. 그러니 내가 말하는 것을 믿고 따르시오."라고 이야기하는 셈이다. 이를 부정적으로 보면서 의사 부권주의medical paternalism라고 부르며 디지털 헬스케어가 바꿀 수 있다고 보는 사람들이 있다. 하지만 이는 절대 쉽지 않다. 의료에 관심이 많은 일부 환자와 보호자를 제외한 다수의 사람은 의료에 깊은 관심을 보이지 않기 때문이다. 신용재라는 특성상 의료는 기본적으로 의사의 진료와 처방을 통해서 이루어진다.

물론 B2C로 팔리는 헬스케어 기기는 있다. 그중 다수는 경험재이다. 마사지 의자를 예로 들어보겠다. 마사지 의자를 사용함으로써 장기적으로 허리 디스크에 도움이 될지는 분명치 않다. 하지만 소비자 입장에서는 20분 동안 내 몸을 주물러주어 기분이 좋아지는 '경험'을 얻는 것만으로 충분하다. 즉 마사지 의자는 경험재이기 때문에

B2C 비즈니스 모델이 성립한다.

 마사지 의자 혹은 가정용 통증 치료기기와 같이 경험재에 속하는 일부를 제외하고 환자가 스스로 구입하는 의료기기는 흔하지 않다. 체온계 정도를 빼고 의사의 권유 없이 스스로 알아서 구입한 의료기기가 얼마나 있는지 생각해보면 명백하다.

 B2C 비즈니스 모델을 지향하는 다수의 디지털 헬스케어 기기들은 병원에서 사용하는 복잡한 의료기기를 고객이 손쉽게 사용할 수 있는 형태이다. 이들은 기본적으로 고객이 그 효용을 평가하기 힘든 신용재이다. 따라서 의사의 처방이 없는 상황에서 고객이 선뜻 돈을 내고 사기는 쉽지 않다. 즉 B2C를 지향하는 디지털 헬스케어 회사들은 신용을 부여할 사람(의사)을 배제한 채 신용재를 판매하려고 하는 셈이기 때문에 매우 어렵다.

B2C 헬스케어가 힘든 이유 (2): 소비자 인식

 B2C 헬스케어가 힘든 두 번째 이유는 고객 인식과 관련이 있다. 고객은 미래의 효용을 평가할 때 현재에서 멀수록 그 가치를 크게 절하하는 경우가 많다. 예를 들어 이자율이 연 5%라고 할 때 1년 뒤에 105만 원을 받는 것과 당장 100만 원을 받는 것은 그 효용이 동일해야 하지만 거의 모든 사람은 당장 100만 원을 받는 것을 선호한다. 심지어 110만 원, 120만 원 정도로 올려도 당장 100만 원을 선호하는 경우를 볼 수 있다. 게다가 이런 가치 절하는 현재에서 조금만 멀어져도 급속하게 진행한다고 한다. 이를 행동경제학에서는 가치 폄하 효과hyperbolic discounting라고 한다.

시간 경과에 따른 효용에 대한 소비자 심리 변화

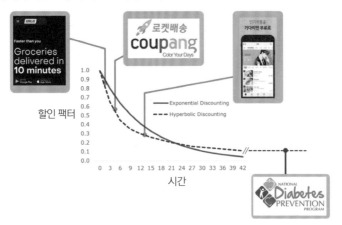

위의 그림을 보자. 고객은 10분 이내에 식료품을 배달한다는 고릴라즈Gorillas라는 회사 서비스에 기꺼이 돈을 쓴다. 당장 편함을 느끼기 때문이다. 한국 소비자들은 경쟁사들이 이틀 뒤에 배송할 때 익일 배송을 약속했던 쿠팡에 열광하고 지갑을 열었다. 또 1주일을 기다리면 무료로 볼 수 있지만 궁금함을 해소하기 위해 지금 기꺼이 네이버 웹툰에 돈을 쓴다.

의료는 어떨까? 의료, 특히 디지털 헬스케어가 해당하는 경우가 많은 웰니스는 지금 어떤 행동을 취해도 그 결과는 오랜 시간이 지나야 나타나는 경우가 많다. 금연이 그렇고 체중 감량이 그렇다. 고객은 최소 수년 후에야 효과를 거둘 수 있는 것에 돈을 쓰지 않을 가능성이 크다. 게다가 헬스케어는 기본적으로 불확실성이 커서 해당 제품을 써도 목표로 하는 결과를 달성하지 못하는 경우도 많기 때문에 이런 지불 의향은 더욱 낮아질 수밖에 없다.

당뇨 예방 프로그램DPP, diabetes prevention program을 생각해보자. 체

중이 늘어나서 대사 증후군이 생기면 당뇨병으로 발전할 위험이 커진다. 이때 체중을 5~10% 정도 감량하면 당뇨병 발생 가능성이 크게 줄어든다. 이렇게 당뇨병 발생 위험을 줄이기 위해 체중을 감량하는 것을 당뇨 예방 프로그램이라고 한다. 온라인 당뇨 예방 프로그램의 선두주자로 미국의 눔Noom과 오마다Omada가 있다. 두 회사 모두 미국 질병 관리 본부로부터 온라인 프로그램 인증을 받았다. 즉 두 회사는 비슷한 서비스를 제공한다고 볼 수 있다.

그런데 두 회사의 비즈니스 모델은 정반대이다. 오마다는 B2B2C로 고용주를 통해서 회사 직원들에게 제공된다. 미국에서 회사는 직원들의 의료보험을 제공하기 때문에 의료비를 절감할 유인이 있다. 회사에 '과체중인 직원들이 나중에 당뇨병으로 진행하면 많은 의료비가 들 것이다. 그러니 지금 당뇨 예방 프로그램을 제공해서 이에 대비하라.'라고 얘기하면서 영업한다.

눔은 B2C로 고객에게 직접 판매한다. B2C가 힘들다는 헬스케어에서 눔은 어떻게 큰 성공을 거둘 수 있었을까? 눔은 B2C 비즈니스 모델을 택하면서부터 당뇨 예방 프로그램이라는 표현을 피하고 있다. 대신 건강한 다이어트라는 점을 내세우고 있다.

눔과 오마다 사례를 보면 당뇨라는 의료적인 표현이 들어가는 것은 B2C로 팔기 힘들다고 볼 수 있다. 다이어트는 다르다. 예전부터 고객은 다이어트 및 미용에 돈을 써왔고 다이어트는 성공하는 경우 비교적 단기간 내에 그 효과를 거둘 수 있기 때문이다.

논리적으로만 따지면 이렇게 생각할 수 있다. 미국처럼 의료비가 비싼 나라에서 의료보험이 없거나 있더라도 보장이 부실한 경우가 많다. 이들이 미래에 당뇨병에 걸리면 엄청난 의료비를 감당하기 힘들 것이다. 따라서 지금 적은 돈을 내고 당뇨 예방 프로그램에 참여하는 것은 말이 되는 것처럼 보인다. 하지만 눔과 오마다의 비즈니스 모델을 보면 그리 쉽지 않아 보인다. 물론 이 사례만으로 다이어트와 같이 예외적인 경우를 제외하고는 B2C 헬스케어가 힘들다고 얘기하는 것은 근거가 부족하다고 생각할 수 있다. 하지만 지난 10년 이상 디지털 헬스케어 업계에서 산전수전 다 겪은 두 회사의 경험에 주의를 기울일 필요가 있어 보인다.

B2C 헬스케어가 힘든 이유 (3) : 고객 비용 부담 구조

B2C 헬스케어가 힘든 세 번째 이유는 고객 비용 부담 구조 때문이다. 헬스케어는 기본적으로 보험이 비용의 상당 부분을 지불하는 제3자 지불 방식이다. 소비자는 의료비의 일부만을 부담한다. 엄밀하게는 소비자가 흔쾌히 지불한다기보다는 본인 부담금을 지불하지 않으면 보험 적용이 안 되기 때문에 어쩔 수 없이 지불한다고 볼 수 있다. 우리나라 의료보험에서 소비자의 평균 부담 비율은 30% 정도이다. 달리 이야기하면 만약 동일한 헬스케어 제품이 보험 적용을 받지 못하는 경우 소비자는 3~4배를 지불해야 한다는 뜻이 된다. 보험 입장에서 보험을 적용한다는 것은 대량 구매를 한다는 뜻이기 때문에 B2C 제품이 보험 적용을 받게 되는 경우 그 가격을 상당히 떨어뜨릴 것이다. 이렇게 되면 B2C 제품에 대한 소비자의 경제적인 부담은 훨씬 커진다.

보험 적용이 되는 것에 비해서 비급여 제품이나 B2C 제품은 환자 부담 비율이 3~4배에 이른다. 그런데 비급여 제품은 의사가 처방하기 때문에 적어도 앞서 살펴본 바와 같은 신용재 이슈는 없다. 그런데 B2C 제품은 부담 액수는 높은 반면 의사가 처방하지 않았기 때문에 소비자가 신용을 부여하기 힘들다.

물론 동일한 제품이 보험, 비급여, B2C 모두에 해당하는 경우는 찾아보기 힘들다. 따라서 위와 같은 비교는 다소 도식적이고 이론적이라고 할 수 있다. 하지만 개별 제품에 따라서 일부 예외가 있을 수 있지만 헬스케어 전반에 적용할 수 있는 개념이라는 점은 여전히 유효하다.

B2C 비즈니스 모델이 성립하는 경우

앞서 언급했던 마사지 의자나 눔과 같이 B2C 모델이 작동하는 경우도 있다. 이들은 헬스케어 전체를 놓고 보면 다소 예외적인 경우로 볼 수 있다. 그렇다면 어떤 경우에 B2C 비즈니스 모델을 성공적으로 도입할 수 있을까?

첫째, 헬스케어를 제품 판매에 도움이 되는 부가 기능으로 내세우는 경우이다. 대표적인 사례가 애플워치이다. 애플워치에는 심전도 측정 기능이 탑재되어 있다. 심전도 기능이 탑재된 애플워치가 엄청나게 많이 판매된다는 사실을 B2C 헬스케어가 힘들다는 주장의 반례로 드는 경우가 있다. 그런데 과연 고객은 심전도가 탑재되어 있어서 애플워치를 사는 것일까, 아니면 애플워치가 사고 싶은데 심전도를 핑계로 이용하는 것일까?

후자가 맞는다고 생각한다. 최근에 읽은 글에 따르면 요즘 젊은이들 사이에서 '애플워치 사고 싶어 병'이 유행이라고 한다. 이 병에 걸린 사람이 애플워치를 사고 싶어서 스스로를 설득하는 논리들이 있는데 그중 하나가 심전도를 통해 건강을 관리할 수 있다는 점이라고 한다.

심전도 기능이 평계에 불과하다고 보는 근거는 애플워치 사용자 가운데 심전도 기능을 꾸준히 사용하는 경우가 흔치 않아 보이기 때문이다. 애플워치 사용자의 다수를 차지하는 일반인이 평소에 수시로 심전도를 측정하는 것은 의학적 가치가 제한적이다. 다수의 사용자는 애플워치를 산 기념으로 두세 번 측정은 하겠지만 그 이상 사용하는 경우는 드물어 보인다.

물론 애플 입장에서는 중요하지 않다. 애플워치를 파는 데 심전도가 도움이 된다면 그것으로 충분하기 때문이다. 하지만 애플워치가 잘 팔린다는 사실이 휴대용 심전도 측정기를 B2C로 잘 팔 수 있다는 근거가 되지 못할 가능성이 크다는 점이 중요하다.

둘째, 민망함을 덜어주는 경우이다. 이에 대해서는 전작에서 다룬 바 있기 때문에 여기서는 자세히 다루지 않는다. 의사를 만나서 처방을 받은 후 약사에게서 약을 구입하면 된다. 그런데 그 과정이 민망하다 보니 이를 피할 수 있는 방법에 고객이 돈을 쓸 의향이 있다는 점이다. 발기 부전, 조루, 탈모, 성병 등을 대상으로 한다.

셋째, 웰니스이다. 웰니스에서 착각하기 쉬운 것이 있다. 뭔가 애매하게 몸에 좋을지도 모르는 것을 내세우면서 웰니스라고 이름 붙이고 고객이 이에 돈을 쓸 의향이 있다고 생각하는 것이다.

하지만 현재 작동하는 웰니스 비즈니스는 구체적인 가치를 제공하는 경우가 많다. 미용의 경우 외모 개선에 도움이 된다는 명확한 가치가 있는데 다이어트, 투명 교정 같은 경우가 해당한다. 피트니스의 경우 다이어트의 한 부분일 수도 있고 살을 빼는 것과는 별개로 몸을 아름답게 만든다고 하는 미용의 한 부분일 수도 있다. 또 일부 사람들은 순수하게 운동 능력을 향상하는 것 자체에서 만족을 느끼기도 한다. 이렇게 구체적인 욕구를 만족시키는 것이 피트니스인 셈이다. 명상의 경우 보는 관점이 다양할 수 있지만 콘텐츠 제공업이라고 볼 수 있다. 즉 마음을 편하게 한다는 등의 특정 목적에 부합하는 콘텐츠를 제공하는 것이 핵심이다. 이렇게 보면 디지털 헬스케어 명상 서비스는 넷플릭스와 경쟁한다고도 할 수 있을 것이다.

웰니스와 관련해서 늘 나오는 이야기 중 하나가 비타민과 같은 영양제이다. 효용이 애매하지만 큰돈을 들여서 사 먹는 비타민을 보면서 디지털 웰니스 서비스도 언젠가 그렇게 될 수 있다고 기대하는 것이다. 하지만 사람들이 비타민을 먹게 된 역사를 살펴보면 애매한 가치에 대해서 돈을 쓴 것이 아니라 부족하면 심각한 병이 생길 수 있기 때문에 이를 예방하기 위해서 먹어야 한다는 생각에서 돈을 쓰기 시작했다는 것을 알 수 있다. 비록 현대인들은 그 역사를 잊어버린 채 막연한 기대를 하면서 비타민을 먹고 있지만 최소한 처음 먹기 시작했을 때는 뚜렷한 가치를 염두에 두었다는 점을 기억할 필요가 있다.

이외에 B2C 비즈니스 모델을 적용할 수 있는 경우는 무엇이 있을까? 아직 큰 규모로 이를 구현한 경우는 잘 보이지 않지만 다음과 같은 경우에 가능성이 있다고 생각한다.

첫째, 환자가 당장 느끼는 불편의 해결에 도움이 되는 경우이다. 통증, 불면, 우울증이 이에 해당할 수 있을 것이다. 둘째, 심각한 질환과 관련된 경우이다. 암의 경우 디지털 헬스케어를 통해서 치료하는 것은 아직 생각하기 힘들지만 암 치료와 관련된 불안감을 덜고 도움을 받을 수 있는 것만으로도 지불 의향이 있을 수 있다. 또 치매의 경우 워낙 공포가 크기 때문에 그 예방에 도움이 되는 서비스라면 기꺼이 지불할 가능성이 있다. 셋째, 자녀와 관련된 디지털 헬스케어 서비스이다. ADHD, 발달 장애 등과 관련된 서비스의 경우 부모가 자녀를 위해서 기꺼이 지갑을 열 가능성이 있다. 다만, 전 세계에서 가장 큰 헬스케어 시장을 가진 미국에서도 이들 영역에서 뚜렷하게 성과를 거둔 B2C 비즈니스가 아직 없다는 점을 염두에 둘 필요가 있다.

정리하자면 B2C 헬스케어 비즈니스는 힘들다. 지금까지 예시를 든 것과 같이 고객이 지갑을 열 만한 뚜렷한 이유가 없다면 B2C 헬스케어 비즈니스는 성립하지 못할 가능성이 크다. 많은 회사가 빠지는 함정 중 하나가 비록 고객이 지금 돈을 쓰고 있지는 않지만 어떤 논리 때문에 앞으로는 돈을 쓸 것이라고 넘겨짚는 것이다. 이보다는 현재 오프라인으로 돈을 쓰고 있는 서비스를 온라인화하는 것이 더 현실적인 접근이라고 할 것이다.

2
디지털 헬스케어에서의
B2C 구독 비즈니스 모델

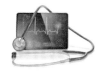

Business model

구독경제 시대라고 한다. 매트리스부터 자동차와 같은 제품은 물론이고 영화나 음악과 같은 서비스에 이르기까지 다양한 형태의 상품이 구독 형태로 제공되고 있다. 디지털 헬스케어에서도 비즈니스 모델의 하나로 구독 모델을 도입하는 경우가 점점 늘어나고 있어 살펴보고자 한다.

여러 기관이 구독경제의 형태를 다양하게 분류하고 있다. 맥킨지의 보고서는 이커머스에서의 구독 모델을 고객 가치에 따라서 제품보충, 큐레이션, 멤버십의 세 가지로 분류한다.[1]

제품 보충은 면도날과 같이 지속적으로 사용하는 제품을 정기적으로 보충해주는 것이다. 큐레이션은 화장품이나 의류와 같이 다양한 제품을 체험하게 해주거나 그중 고객 취향에 잘 맞을 제품을 추천하고 제공하는 것을 의미한다. 멤버십은 회원에게만 제공하는 특별한 가치(가격, 드문 제품 등)를 얻게 하는 것을 말한다.

이 분류는 이커머스에 국한된 것으로 다른 사업 영역에 적용하기에는 잘 맞지 않는 부분이 있다. 일반적으로 많이 사용하는 분류는 제품이나 서비스 제공 형태에 따른 것으로 다음과 같다.[2]

- 무제한 이용형: 넷플릭스와 같은 엔터테인먼트 혹은 MS오피스와 같은 소프트웨어를 무제한 이용할 수 있도록 하는 경우
- 정기 배송형: 생활필수품을 정기적으로 배송하는 경우. 보통 낱개로 사면 비싸거나 무게 또는 부피로 인해 오프라인에서 사기에 불편한 제품을 대상으로 함
- 렌탈형: 구매하기에 부담되는 고가의 물품을 매월 일정한 비용을 내고 쓰면서 관리 서비스를 받는 경우. 빌려 쓰기만 하는 경우도 있고 사실상 할부 구매에 가까운 경우도 있음

이 가운데 렌탈형은 순수 하드웨어에 해당하는 경우가 많아서 디지털 헬스케어에서는 찾아보기 힘들다. 지금까지 살펴본 분류 가운데 B2C 디지털 헬스케어에서 관찰할 수 있는 사례는 세 가지로 정기 배송형, 무제한 이용형, 멤버십이 있다.

정기 배송형

정기 배송형은 제품을 정기적으로 배송하는 모델로 디지털 헬스케어에서 일부 사례가 있다. 대표적인 것이 영양제이다. 영양제에 관심 있는 고객이라면 지속적으로 먹기를 원할 가능성이 크니 달러 셰이브 클럽dollar shave club에서 면도날을 구독하듯이 정기 배송 서비스

에 가입할 가능성이 클 것이다.

일반적으로 구독 서비스는 고객이 잊어버리지 않고 계속 상품을 받아볼 수 있으며 그 과정에서 고객과 긴밀한 관계를 형성할 수 있다는 점을 내세운다. 하지만 면도날과 같은 일반 소비재의 경우 구독을 했을 때 가게에 가지 않고 제때 상품을 받아볼 수 있다는 것 이상의 가치를 주기는 힘들어 보인다.

이에 비해 영양제 구독 서비스는 맞춤형을 내세운다는 점에서 차이가 있다. 이런 점에서 고객 취향에 맞는 여성복을 보내주는 스티치 픽스Stitch Fix와 유사하다. 단, 현재 영양제 구독 서비스들은 가입 당시의 일회성 검사나 설문에 바탕을 두고 맞춤형 영양제를 제공하는 경우가 많다. 고객이 지속적으로 가치를 느끼도록 하기 위해서는 정기적으로 검사를 해서 그때그때 부족한 것을 채워주는 방향으로 가야 할 것이다.

정기 배송형에 속하는 다른 헬스케어 영역 사례로 전동칫솔의 칫솔모 구독이 있다. 겉으로 보기에는 면도기 비즈니스와 비슷해 보인다. 계속 쓰는 기본 제품과 정기적으로 교체해야 하는 제품이 결합된 형태이다. 면도기 비즈니스는 면도기를 값싸게 제공하는 대신 소모품인 면도날에서 돈을 버는 구조이다. 면도기 비즈니스는 사실상 면도날 비즈니스라고 볼 수 있다. 이에 비해 전동칫솔은 칫솔 자체 가격이 비싸다. 즉 전동칫솔 비즈니스는 칫솔과 칫솔모를 모두 팔아야 하는 비즈니스이다. 면도기보다는 프린터 비즈니스와 가깝다고 할 수 있다. 프린터와 마찬가지로 전동칫솔도 오리지널 칫솔모 가격은 비싸고 짝퉁 칫솔모는 싸다는 점에서도 유사하다.

면도기 비즈니스에서는 면도기보다 면도날의 가치가 높은 반면,

전동칫솔 비즈니스에서는 전동칫솔이 칫솔모보다 가치가 높다. 따라서 면도기 비즈니스에서는 면도기 브랜드에 대한 소비자 충성도를 면도날 매출로 전환시킬 수 있는 반면, 전동칫솔 비즈니스에서는 전동칫솔 브랜드에 대한 충성도가 높다고 해도 소비자가 값싼 짝퉁 칫솔모를 사용할 가능성이 있어 매출로 전환하는 과정이 다소 까다로울 수 있다.

하드웨어 무제한 제공형

지금까지 살펴본 것처럼 영양제나 칫솔과 같은 하드웨어 제품은 정기적으로 일정량을 배달하는 정기 배송형으로 제공하는 것이 적합해 보인다. 그런데 하드웨어를 무제한으로 공급하는 모델도 있다. 대표적인 사례가 혈당 측정 스트립이다.

여러 혈당계 회사가 다양한 비즈니스 모델을 가지고 있다. 혈당계는 기본으로 제공하며 혈당 스트립 제공 방식, 앱 코칭과 같은 추가 서비스 제공 여부에 따라서 주로 세 가지로 구분할 수 있다.

1. 일정 기간에 스트립 일정량을 배송하는 정기 배송형 모델
2. 스트립을 무제한 제공하는 모델
3. 1과 2에 앱 코칭을 비롯한 추가 서비스를 더하는 모델

로슈Roche는 예전에 인수한 마이슈가mySugr 앱과 엮어서 구독 모델을 제공하는데 혈당 스트립 무제한 제공에 더해 앱 서비스 및 이를 통한 코칭을 제공한다. 리봉고Livongo의 당뇨 관리 서비스는 B2C가

마이슈가의 구독 모델

무제한 혈당 스트립이 포함되어 있다.

아니고 고용주를 대상으로 한 B2B2C 모델이기는 하지만 마이슈가와 비슷한 측면이 있다. 리봉고는 회사 직원 혹은 보험 가입 고객을 대상으로 간이 태블릿이 내장된 혈당기와 무제한 혈당 스트립 및 코칭 서비스를 제공한다. 가입자 1인당 매달 75달러 정도의 비용을 내는데 매달 공급되는 스트립의 가치만 대략 30달러 정도 된다고 한다.

하드웨어를 무제한 제공하는 것은 회사 입장에서 부담스러울 수 있다. 고객이 체리 피킹cherry picking에 나서서 마구 이용할 여지가 있기 때문이다. 예를 들어 무비패스MoviePass는 무제한 영화 관람 서비스를 제공했는데 결국 사업을 접었다. 설마 하루에 영화를 몇 편이나 보겠나 하는 생각으로 시작했는데 많은 고객이 예상 외로 움직이면서 과다한 비용이 발생했다고 한다.

혈당 스트립은 이런 이슈에서 비교적 자유롭다. 혈당 검사 한 번에 스트립 한 장을 사용하며 온라인으로 연결된 혈당기를 통해서 이를 추적할 수 있기 때문이다. 게다가 혈당을 재는 행위가 그다지 유쾌하지 않기 때문에 혈당을 아주 많이 재는 경우는 흔치 않을 것이다. 당뇨병이 있는 가족 여러 명이 하나의 구독 계좌를 사용할 수도 있는데 코칭 서비스가 결합되면 이를 상당 부분 막을 수 있을 것으로 보인다.

소프트웨어 무제한 제공형

하드웨어가 아닌 앱과 같은 디지털 서비스 관련 B2C 디지털 헬스케어 구독 모델은 거의 무제한 이용형이다. 그중 다수는 디지털 치료기기와 같이 치료와 관련된 것이 많은데 진단 기기 및 서비스에서 구독 서비스를 제공하는 경우가 나오고 있다.

그중 하나가 소비자 대상 유전체 분석 회사인 23앤드미23andMe가 시작한 23앤드미플러스23andMe+이다. 유전체 검사로 어떻게 구독 서비스를 할 수 있을까? 기존의 단발성 유전자 분석 서비스와 비교해서 약물 유전체 보고서, 조상 찾기 관련 추가 기능, 새로운 기능이 생길 때마다 추가 분석의 세 가지 서비스를 더 제시한다.

앞의 두 가지는 사실상 일회성 프리미엄 분석 서비스를 추가로 제공하는 수준에 그치며 마지막은 유전자에서 새로운 정보를 알게 되면 알려준다는 점에서 그나마 구독의 의미를 부여할 수 있다. 예를 들어 2022년에 피부암의 일종인 흑색종melanoma, 불안 장애, 계절성 알레르기에 대한 정보를 추가로 제공했다고 한다.

가격을 보면 혈통 및 건강에 대한 1회성 분석 서비스인 헬스+앤세

카디아케어 구독 서비스 안내 화면

	Basic Free	KardiaCare $9.99/mo or $99/year
⌄ Unlimited EKGs	✓	✓
⌄ EKG storage on your phone	✓	✓
⌄ Weight and blood pressure monitoring	✓	✓
⌄ Advanced Determinations	✗	✓
⌄ Cardiologist EKG Reviews	✗	✓
⌄ Monthly Heart Health Report	✗	✓
⌄ Automatic EKG Sharing	✗	✓
⌄ Medication Tracking	✗	✓
⌄ Cloud Storage and Security	✗	✓
⌄ Device Replacement	✗	✓

스트리Health+Ancestry가 199달러인 반면에 여기에 프리미엄 서비스를 더한 23앤드미플러스가 1년 치 구독료를 포함해서 198달러로 나와서 오히려 싸다. 즉 헬스+앤세스트리 분석을 받아보려는 입장에서는 23앤드미플러스에 일단 구독하고 1년 내 해지하는 것이 이득이라고 할 수 있다. 23앤드미는 자사 구독 서비스의 초기 성과가 양호하다고 발표한 바 있는데 가격 구조를 생각하면 고객이 구독 서비스를 선호하기 때문이라고 보기는 힘들 것이다.

또 다른 진단 관련 구독 서비스로 휴대용 심전도 측정기를 만드는 얼라이브코어 회사가 운영하는 카디아케어KardiaCare가 있다. 2020년 7월경에 시작한 것으로 보인다.

구독 가격은 월간 9.99달러 혹은 연간 99달러이다. 휴대용 심전도 측정기 구매 시 기본으로 제공하는 기능에 더해서 구독자에게 추가로 제공하는 서비스는 다음과 같다.

1. 추가 심전도 분석: 심전도 이상 몇 가지에 대한 추가 분석

2. 순환기 내과 의사의 리뷰 서비스: 90일 단위로 제공

3. 월간 분석 보고서 제공

4. 자동 심전도 공유

5. 복용 약물 기록

6. 클라우드 저장

7. 하드웨어에 대한 파손, 분실 보험

가치는 좀 애매해 보인다. 현실적으로 심방세동이 있거나 의심되는 사람들이 이 제품을 쓸 가능성이 높다. 그들 입장에서 클라우드 저장과 자동 공유 기능 정도가 그나마 쓸 만해 보인다. 추가 심전도 분석에 포함되는 질환 및 상태들 역시 아직은 큰 가치는 없어 보인다.

한때 웨어러블의 대명사였던 핏빗Fitbit 역시 구독 서비스를 운영하고 있다. 핏빗을 사면 무료로 앱을 쓸 수 있는데 유료 구독 서비스인 핏빗 프리미엄Fitbit Premium을 추가로 운영하고 있다. 2019년 12월에 서비스를 출시할 당시 사람 코치의 코칭 서비스를 더한 핏빗 프리미엄+헬스 코칭Fitbit Premium+Health Coaching 프로그램을 함께 내놓았으나 헬스 코칭 서비스는 이후 종료한 것으로 보인다.

핏빗 프리미엄은 앱의 기본 기능에 데이터 분석, 운동, 명상 콘텐츠 분석, 혈당 분석 서비스 등을 추가로 제공한다. 프리미엄 서비스는 월 9.99달러에 연 79.99달러이다. 지금은 없어진 핏빗 프리미엄+헬스 코칭은 월 54.99달러였다. 이 가격을 유사 업종의 다른 회사와 비교해보자.

앱 및 코칭 기반 다이어트 서비스를 제공하는 눔은 구독료가 월간

기준 70달러 혹은 연간 기준 209달러이다. 눔과 핏빗의 코칭 서비스 가격이 비슷하다고 볼 수 있다. 기능상으로도 식단, 운동 습관 등 실천 계획을 짜주고 이를 잘 지킬 수 있도록 도와주는 것이 핵심일 것으로 보여서 둘이 비슷해 보인다.

핏빗 프리미엄+헬스 코칭 프로그램 운영 당시 회사 홈페이지에서는 그 가치를 이렇게 제시한 바 있다. '1 대 1 헬스 코치가 개인별 지원, 액션 플랜, 책임감을 제공하여 더 행복하고 건강한 당신이 될 수 있도록 돕는다.' 핏빗이 내세우는 가치는 애매하게 느껴진다. 이에 비해서 눔의 메시지는 건강한 다이어트에 집중한다. 핏빗 프리미엄+헬스 코칭의 다소 애매한 가치와 눔의 다이어트에 집중한 가치를 비교한다면 고객 지불 의향은 후자가 높을 것 같다.

핏빗의 구독 서비스와 가장 유사한 것은 아마존이 내놓은 웨어러블 할로Halo와 관련 서비스이다. 베타 서비스 이후 현재는 서비스를 제공하지 않는 것으로 보인다. 할로는 '헬스 앤 웰니스 밴드Health & Wellness Band'를 표방한다. 기본이 되는 것은 할로 밴드Halo Band라는 이름의 웨어러블이고 활동량, 수면, 체성분, 목소리 톤을 측정한다. 가격은 구독 서비스 6개월 포함 99달러인데 이후 구독료는 월 3.99달러로 헬스, 웰니스 관련 구독 서비스를 제공했다. 구독 서비스에는 고급 데이터 분석과 함께 외부 파트너 회사들이 제공하는 각종 서비스가 포함된다. 외부 파트너 회사가 핵심일 것으로 보이는데 대표적인 파트너가 체중 감량 서비스 회사인 웨이트 와처스Weight Watchers이다. 이외에 명상 앱으로 유명한 헤드스페이스Headspace가 파트너로 참여했다.

이렇게 23앤드미와 얼라이브코어와 같은 진단 회사부터 웨어러블 회사에 이르기까지 다양한 디지털 헬스케어 회사들이 구독 서비스에 관심을 보이고 있다. 하지만 아직 구독을 유도할 만한 실질적인 효용을 제공하지 못하는 곳이 많아 보인다. 이는 부분적으로 헬스케어에서 B2C가 힘들다는 점과 닿아 있을 것이다. 헬스케어와 관련해서 구독 모델로 성공을 거둔 곳은 눔과 펠로톤Peloton 정도이다. 펠로톤은 스피닝 자전거 및 프로그램을 제공하고 있다. 두 회사는 각각 다이어트와 스피닝이라고 하는, 예전부터 고객이 돈을 내던 서비스를 디지털화된 형태로 제공하기 때문에 가능한 것으로 볼 수 있다.

디지털 치료기기의 무제한 제공형

디지털 치료기기와 같은 순수 소프트웨어 제품은 구독 모델에 적합해 보인다. 하지만 주요 디지털 치료기기 회사들은 처방 및 의료보험 시장을 노리는 경우가 많다. 이 경우 구독보다는 3~4개월 등 일정 기간 사용하는 방식으로 보험 적용이 되는 경우가 많다.

디지털 치료기기 B2C 제품은 구독 모델을 도입하는 경우가 있다. 인지 기능 개선을 내세우는 제품들로 해피뉴런HAPPYneuron의 해피뉴런, 포짓 사이언스Posit Science의 브레인 HQBrain HQ, 더러닝코프The Learning Corp의 콘스턴트 세라피Constant Therapy가 여기에 해당한다.

원격진료 회사들 가운데 B2C 구독 모델을 내세우는 경우도 있다. 일정 금액을 내면 그 기간 동안 무제한 상담을 받을 수 있는 무제한 제공형과 연회비를 내야만 추가 비용이 드는 다른 서비스를 받을 수 있는 자격이 생기는 멤버십형이 있다.

무제한 제공형에 속하는 대표적인 경우가 정신 상담 서비스인 토

크스페이스Talkspace이다. 무제한 비대면 상담 서비스를 기본으로 제공하면서 상품 종류에 따라서 추가 서비스를 제공한다.

1. 무제한 메시징 플러스: 주 5일 문자, 비디오 및 오디오 상담. 260달러/월~1,248달러/6개월
2. 무제한 메시징 프리미엄: 월 1회 30분 대면 상담 추가. 316달러/월~1,512달러/6개월
3. 무제한 메시징 얼티멋: 월 4회 대면 상담 추가. 396달러/월~1,896달러/6개월

정신 상담이 아닌 원격진료 영역에서 순수한 무제한 제공형은 찾아보기 힘드나 약간 변형된 모델은 있다. 98포인트6 98point6가 대표적이다. 이 회사는 우리가 일반적으로 생각하는 화상 통화 원격진료가 아니라 문자 상담을 제공한다. 다만 완전 무제한은 아니고 가입비에 더해서 진료 건당 소액의 진료비를 받는 구조이다. 첫 3개월은 가입비 30달러에 진료 건당 1달러를, 이후에는 연간 가입비 120달러에 진료 건당 1달러를 낸다. 진료 건당 1달러는 상징적인 액수로 고객의 도덕적 해이를 막기 위한 최소한의 장치로 보인다.

멤버십형

1차 진료를 혁신하겠다는 모토를 내세운 원메디컬One Medical은 멤버십 모델을 가지고 있다. 오프라인 클리닉을 운영하면서 동시에 원격진료와 문자 상담 서비스를 제공한다. 연 가입비가 199달러이고

진료비는 별도로 내야 한다. 일부 사람들은 진료비에 더해서 199달러의 연간 추가 비용을 굳이 낼 필요가 있는가 하는 의문을 제기하기도 한다.

원메디컬은 기본적으로 테크 기업들이 위치한 샌프란시스코와 돈 많은 회사 인근에 회사 직원들을 위한 외주 사내 의원 같은 개념으로 개설한 곳이다. 고급스럽게 꾸며 놓고 이것저것 좋은 서비스를 제공하면서 가입비를 더 받아서 추가 수익을 올리는 모델로 볼 수 있다. 회사들은 직원 복지 차원에서 이런 서비스에 가입할 의향이 있겠지만 일반 개인 입장에서는 가입 의향이 크지 않을 것으로 보인다. 이후 원메디컬은 민간 위탁 공공 의료보험 프로그램으로 미국에서 빠르게 성장하는 메디케어 어드밴티지 시장으로 진출하는 등 초기와는 다른 모습을 보이고 있다. 그만큼 일반적인 의료의 형태로 멤버십과 같은 서비스를 제공하기는 쉽지 않다고 할 수 있다. 그 후 2022년 아마존이 원메디컬을 인수했다.

4장

원격진료

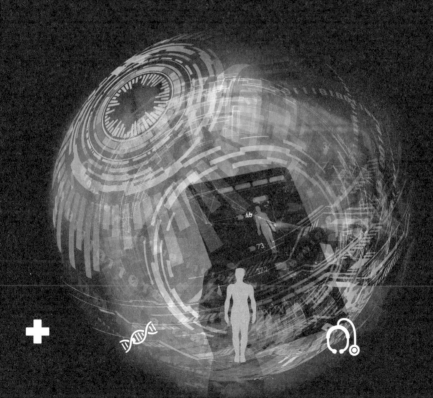

1
미국 원격진료 회사 현황

Business model

　코로나19 시국과 함께 원격진료는 큰 변화를 겪었다. 코로나바이러스가 확산되면서 원격진료 건수가 많이 늘어났다. 미국의 한 병원은 코로나19 이전 전체 진료 건수의 0.1% 정도에 불과하던 원격진료가 최대 58%까지 늘어났다고 한다. 하지만 코로나바이러스 감염 상황이 진정되고 일상생활로 복귀가 시작되면서 원격진료 건수는 감소했다. 실적 악화와 전반적인 주식 시장의 조정으로 인해 원격진료 회사들의 주가도 크게 빠졌다.

　하지만 디지털 헬스케어 업계에서 원격진료는 꾸준한 관심을 끌고 있다. 그 이유는 두 가지이다. 첫째, 아직 미국을 제외한 국가에서 디지털 헬스케어에 대한 비즈니스 모델이 잘 만들어지지 않고 있지만 원격진료는 법적으로 허용만 된다면 비즈니스 모델에 대한 걱정이 없기 때문이다. 의료 인공지능이나 디지털 치료기기는 기존 의료 시스템 입장에서 생소한 제품이기 때문에 어떻게 가치를 입증해서 보험 수가를 적용받을지가 잘 확립되지 않고 있다. 이에 비해 어떤 의료 시스템에서도 의사의 진료 행위가 돈을 받지 못하는 경우는 없다. 원격진료는 진료를 온라인으로 옮긴 형태이기 때문에 적어도 지불 여부에 대한 시비는 발생하지 않는다.

둘째, 다른 디지털 헬스케어 서비스로 이어지는 출발점이 될 수 있기 때문이다. 모든 의료 행위는 의사가 환자를 만나서 진료를 하면서 시작된다. 진료 및 이에 따른 처방의 결과로 약 배송, 원격 모니터링, 디지털 치료기기의 사용과 같은 과정이 뒤따르게 된다. 이런 식으로 디지털 헬스케어의 모든 서비스가 이루어지는 플랫폼을 디지털 헬스케어 슈퍼 플랫폼이라고 할 때 원격진료는 이 가운데 가장 앞단에 있는 의사-환자 간 상호작용을 가져감으로써 슈퍼 플랫폼이 되기에 쉬운 위치에 있다. 원격진료 자체만 놓고 보면 전문가인 의사가 핵심적인 역할을 하기 때문에 우버나 음식 배송과 같은 비전문가 플랫폼보다 플랫폼이 수익을 내기가 쉽지 않다. 하지만 이렇게 원격진료 뒤에 따라오는 큰 그림을 염두에 둔다면 높은 가치를 인정받을 여지가 있다.

5장에서 다룰 슈퍼 플랫폼에 대한 논의에 앞서서 이번 장에서는 미국의 주요 원격진료 회사인 텔라닥Teladoc과 암웰AmWell을 중심으로 미국 원격진료의 현황을 살펴보고자 한다.

원격진료 회사들의 사업 구조는 크게 두 가지로 구분할 수 있다. 원격진료라고 하면 떠올리는 것이 의사와 환자를 연결하는 진료 중개 모델이다. 배달의민족이나 카카오택시와 같이 서비스 제공자와 고객을 연결하는 플랫폼이다. 이와는 달리 의료기관이 원격진료를 할 수 있도록 인프라를 제공하는 모델도 있다. 텔라닥은 진료 중개

암웰의 원격진료 카트

모델로 시작해서 여러 번의 인수합병을 거쳐서 지금은 인프라까지 제공하며 원격진료의 다양한 모델을 선보이고 있다. 암웰은 인프라 제공 모델로 시작했고 텔라닥과 마찬가지로 지금은 두 가지 모델을 전부 제공하고 있다.

미국 원격진료 모델 (1): 인프라 모델

우선 인프라 모델에 대해서 살펴보자. 암웰은 원격진료라고 하면 떠올릴 줌Zoom과 같은 소프트웨어 도구는 물론 화상 카메라가 탑재된 이동형 원격진료 장비 등 주로 병원에서 쓸 수 있는 다양한 원격진료 장비를 제공한다. 병원과 보험회사가 주요 고객이다.

왜 병원은 원격진료 회사가 제공하는 인프라를 사용할까? 동네 의원을 중심으로 적지 않은 의료기관들은 여전히 핸드폰 화상 통화와 같은 기본적인 도구를 사용하는 경우가 많다고 한다. 원격진료 회사의 전문적인 솔루션은 업무에 도움이 되는 다양한 기능을 제공한다. 암웰의 경우 에픽Epic, 서너Cerner 등 미국 내 주요 전자의무기록과 통합이 가능하다는 점을 내세운다. 텔라닥의 인프라 모델은 다음과 같은 기능을 내세우고 있다.

1. 쉽게 사용할 수 있는 모바일 앱과 자체 전자의무기록
2. 독자적으로 보유한 원격진료 가이드라인
3. 환자 대기 관리
4. 원격처방
5. 증상, 진단, 청구 자동 완성

병원의 경우 원격진료 회사의 전문적인 인프라를 빌려서 원격진료를 제공한다는 것은 이해하기 어렵지 않다. 보험회사는 어떨까? 보험회사는 계약 관계에 있는 의료진으로 하여금 원격진료 회사의 인프라를 사용해서 보험 가입자에게 원격진료를 제공하도록 한다. 원격진료 회사들은 대형 의료보험회사와 긴밀한 관계를 맺고 있는데 텔라닥은 애트나Aetna가, 암웰은 엘레번스 헬스Elevance Health(앤섬에서 사명 변경)가 주요 파트너이다. 엘레번스 헬스는 암웰의 투자자이기도 하다.

텔라닥은 애트나를 인수한 CVS와도 긴밀하게 협력하고 있다. 대형 약국 체인인 CVS는 약국 내에 미닛클리닉MinuteClinic이라는 1차 진료 클리닉을 운영한다. 전문 간호사NP, nurse practitioner들이 감기, 예방접종 등 간단한 진료를 제공하는 1차 진료 기관이다. CVS는 텔라닥과의 계약을 통해 자사 앱에서 개인에게 원격진료 서비스를 제공함으로써 오프라인 진료 시설인 미닛클리닉을 보완하는 효과를

노린다. 현재는 텔라닥의 의료진이 진료를 제공하고 있는데 향후 미닛클리닉의 전문 간호사들이 진료를 제공할 계획이 있다고 한다.

암웰과 엘레번스 헬스의 파트너십은 역사가 길다. 2013년부터 암웰은 엘레번스 헬스의 보험 가입자들에게 라이브헬스 온라인LiveHealth Online이라는 서비스를 제공하기 시작했다. 처음에는 감기, 알레르기 등 간단한 질환 진료로 시작해서 2016년에는 심리 상담과 통합 직원 지원 서비스EAP, employee assistance program, 2018년에는 정신 상담 서비스, 2019년부터는 체중 감량, 혈압 관리, 금연 프로그램을 제공하고 있다.

미국 원격진료 모델 (2): 진료 중개 모델

진료 중개 모델은 원격진료 서비스를 제공하고자 하는 의사와 환자를 연결한다. 비즈니스 모델은 B2C로 개인 환자를 대상으로 할 수도 있지만 보통은 기업과 계약을 맺고 회사 직원들에게 진료 서비스를 제공하는 경우가 많고 보험사와 계약하고 보험 가입자에게 제공하기도 한다.

기업이 원격진료 서비스를 사용하는 가장 큰 이유는 생산성 향상이다. 의료 접근성이 좋지 않은 미국에서 외래 진료를 보려면 미리 예약을 하고 휴가를 써야 하는 경우가 많다. 그런데 원격진료를 사용할 수 있다면 굳이 휴가를 내지 않고 잠깐 짬을 내 원격진료를 받고 처방전 혹은 약물을 배송받을 수 있다.

생산성 향상에 더해서 의료비 절감 효과도 기대한다. 미국은 회사가 직원들의 의료보험을 가입하는 시스템이기 때문에 의료비 절감

방안에 관심이 많다. 외래 진료 대기 기간이 긴 상황에서 당장 의사의 진료를 받기 위해서는 응급 치료 클리닉urgent care clinic에 가야 하는데 가격이 비싸다. 원격진료는 빠르고 저렴한 가격으로 진료를 제공한다는 점을 장점으로 내세운다. 물론 원격진료가 응급 치료 클리닉 방문에 대한 저렴한 대체재가 되는지, 아니면 감기에 걸렸을 때 굳이 외래 진료를 보지 않고도 나았을 환자들이 쉽게 원격진료롤 받음으로써 진료비가 발생하도록 하는지에 따라서 비용 절감 효과는 달라질 것이다.

진료 중개 모델은 다양한 과금 모델을 가지고 있는데 텔라닥을 기준으로 하면 다음과 같다.

- 월 구독료+진료비 추가 부담 방식
- 진료 무제한 방식
- 건당 진료비 방식

월 구독료+진료비 추가 부담 방식은 원격진료를 이용할 수 있는 고객사 직원 1인당 월 구독료를 내고 실제 진료를 받을 때마다 추가로 진료비를 지급한다. 월 구독료는 회사에서 부담하며 진료비는 회사가 부담하는 경우도 있고 직원이 부담하기도 한다. 월 구독료는 전 직원을 대상으로 하는 경우도 있고 직원 가운데 일부만을 대상으로 하기도 한다. 전자를 PEPMPer Employee Per Month, 후자를 PMPMPer Member Per Month이라고 부른다. 2015년 상장 후 지금까지 텔라닥 매출의 상당 부분은 구독료에서 나오는데 매출의 80~84%를 차지한다.

텔라닥이 구독료 모델을 택하는 이유는 다음과 같다. 앞서 언급한 바와 같이 미국에서 원격진료는 대면진료에 대한 값싼 대체재라고 할 수 있다. 회사 직원들이 원격진료 서비스를 더 많이 이용해야 고용주나 보험회사의 의료비를 절감할 수 있다고 본다. 텔라닥은 가입자들이 원격진료를 더 많이 사용하도록 각종 마케팅 캠페인을 하는 데 돈이 들어가기 때문에 구독료를 받아야 한다고 주장한다. 텔라닥에 따르면 구독료가 없어 저렴한 다른 회사에 혹해서 옮겼다가 정작 원격진료를 이용하는 건수가 많지 않아서 다시 돌아오는 고객사가 상당수 있다고 한다. 다만, 이는 코로나19 이전의 상황으로 코로나 이후 원격진료에 대한 인식이 높아진 상황에서도 이렇게 주장할 수 있을지는 지켜볼 일이다. 텔라닥은 상장 당시부터 진료비보다 구독료 비중이 훨씬 높은 구조를 유지하기 힘들다고 보았고 장기적으로 구독료:진료비 비율을 60:40 정도로 맞추어 갈 예정이라고 언급한 바 있다.

그럼에도 불구하고 텔라닥의 월 구독료 비중은 80%에 이른다. 인수합병 때문이다. 텔라닥은 원격진료 회사인 헬시스트유HealthiestYou, 2차 소견 서비스인 베스트 닥터스Best Doctors 등 여러 회사를 인수했다. 이 회사들 상당수가 순수 구독료 모델로 구독료만 내면 진료를 무제한으로 받을 수 있었다. 텔라닥에서는 이를 '진료비 포함visit-included 모델' 혹은 '부페식all you can eat 모델'이라고 부른다. 이런 계약에서는 당연히 구독료 액수가 높을 수밖에 없을 것이다. 여기에 해당하는 고객은 주로 중소기업 고객 및 해외 고객이 많다고 한다.

고객사들이 진료 무제한 방식을 택하는 이유는 지출액에 대한 예측이 쉽기 때문이다. 정해진 액수만 내고 추가 지출이 없다는 점이 장점이다. 이 모델에서 회사 직원들이 원격진료를 잘 활용하지 않으면 고객사 입장에서 손해일 것이다. 고객사들이 이런 모델을 받아들이는 것은 텔라닥이 직원들로 하여금 원격진료를 열심히 쓰도록 유도할 것이라는 믿음이 있기 때문이다.

월 구독료 없이 건당 진료비만 내는 모델도 있다. 텔라닥이 보험사인 애트나와 과거 맺었던 계약은 구조가 흥미롭다. 이 계약은 의료비로 인한 위험 부담을 보험사가 부담하는 완전 의료보험 고객을 대상으로 한다. 원격진료로 인한 의료비 절감액의 일부를 텔라닥에 지불하는 방식인 '절감액 공유shared saving' 모델로 계약을 맺었다고 한다. 진료비에 의료비 절감으로 인한 추가 지급금을 더한 금액이 진료 건당 150달러에 이른다는 언급이 나온다. 당시 텔라닥의 또 다른 보험 고객사인 당시 연방 공무원 의료보험의 경우 진료 건당 45달러를 냈다고 한다. 애트나는 왜 이런 식의 계약을 맺었을까?

우선 미국 민간 의료보험 구조를 이해할 필요가 있다. 미국 민간 회사들이 가입하는 의료보험은 크게 자가 의료보험self-insured과 완전 의료보험fully-insured으로 나뉜다. 자가 의료보험은 회사가 보험에 따른 위험 부담을 지는 것이고 완전 의료보험은 보험사가 위험 부담을 진다. 자가 의료보험은 고용주가 원하는 대로 설계할 수 있는 여지가 크고 완전 의료 보험은 보험사가 만든 기성 의료보험 상품에 가입하는 것이라고 이해할 수 있다. 디지털 헬스케어와 같이 보험사가 그 효용에 대한 확신이 없는 것에 대해서는 일반적으로 자가 의료보험 가입자를 대상으로 하다가 차츰 완전 의료보험으로 확대하는 경향이 있다. 어차피 의료비를 고객사가 부담하는 상황에서 직원들을 위한 혜택의 일종으로 디지털 헬스케어를 제공하는 개념이다.

미국에서 원격진료를 빠르게 받아들인 곳은 자가 의료보험 방식 회사들이다. 왜냐하면 원격진료가 의료비를 절감할 수 있을지에 대한 결정적인 데이터가 나오지 않고 있지만 회사의 경우 앞서 살펴본 것처럼 직원의 결근을 줄이는 등 생산성을 높이는 효과만으로도 가치가 있기 때문이다. 애트나 보험이 완전 의료보험 고객의 원격진료에 대해서 '절감액 공유' 모델을 도입한 것은 의료비가 얼마나 나올지 모르는 상황에 대비한 것으로 이해할 수 있다. 단, 데이터가 쌓여서 원격진료의 의료비 절감에 대한 근거가 마련되면 굳이 이렇게 많은 진료비를 낼 필요가 없을 것이다.

텔라닥은 진료 중개 모델로 시작해서 인프라 제공 모델을 비롯한 원격진료의 다양한 영역으로 진출했다. 암웰은 인프라 제공 모델로 시작해서 진료 중개 모델로 확장했다. 특히 암웰은 일반적인 진료보다는 심야 시간대 등 고객사인 병원이 자체 의료진만으로 해결하기 힘든 시간에 원격진료를 지원하는 형식의 진료 중개 모델에 강점이 있다.

한편 텔라닥을 비롯한 원격진료 회사들은 전통적으로 단발성 진료episodic care 영역에서 원격진료를 제공했다. 감기나 알레르기같이 단발성으로 의사의 진료를 받고 약을 처방받아 복용하면 더 이상 진료를 받을 필요가 없는 영역이다. 의사-환자 간의 관계가 크게 의미가 없어서 원격진료와 같은 새로운 서비스가 진입하기 쉽다. 특히 텔라닥은 상장 당시부터 진료는 의사와 환자 간의 장기적인 관계하에서 이루어져야 한다고 언급하면서 자사가 제공하는 단발성 진료에 대해서 특정 의사를 고를 수 없도록 했다. 이후로 이 정책을 꾸준히 유지했다.

이런 텔라닥의 정책은 진료라는 일종의 고급 서비스를 팔아야 하는 원격진료 플랫폼 입장에서 의사들이 너무 큰 주도권을 갖게 되는 것을 막기 위한 전략적 선택일 수 있다. 의사가 같은 환자를 반복적으로 진료해 관계를 구축한 다음에 수수료를 적게 받는 다른 플랫폼으로 데리고 갈 가능성을 고려해야 하기 때문이다. 어떤 의미에서 이는 주도권을 뺏기지 않고 의사를 대체 가능한 범용 상품으로 만들려는 의도가 있다고 볼 여지가 있다.

2
원격진료 회사의 수익성 향상 전략

Business model

원격진료 회사는 고급 지식 노동자인 의사를 통해서 진료를 제공해야 한다는 점이 수익에서 부담으로 작용한다. 게다가 앞으로도 상당 기간 전체 진료에서 원격진료가 차지하는 비중이 크지 않을 것이기 때문에 원격진료 회사들이 의사들에게 영향력을 행사해서 지급하는 액수를 줄이거나 수수료를 많이 받기는 쉽지 않을 것이다.

과거부터 텔라닥을 비롯한 원격진료 회사의 수익성에 대해서 의문이 제기되는 것은 이 점에서 기인한다. 단순히 화상 통화 진료를 중계하는 것으로 얼마나 수익을 낼 수 있을 것인가 하는 의문이다. 옛날에 나온 한 보고서는 텔라닥의 많은 진료가 콜센터를 통해서 이루어지는 점을 놓고 '좀 우아한 콜센터 업에 지나지 않는다.'라고 평가하기도 했다. 반대로 생각해보자면 텔라닥이 기술을 크게 접목하지 않고도 지금의 선도 주자 위치까지 왔기 때문에 앞으로 기술을 본격적으로 적용하면 수익성이 더 높아질 여지가 있다.

텔라닥뿐만 아니라 비슷한 입장에 있는 원격진료 회사들은 자연스럽게 생산성 향상 방법에 관심을 가지게 된다. 다음과 같은 방법들이 있을 수 있다.

- 진료 시간을 단축하는 방법: 예) 사전 증상 체크
- 진료 시간 중 의사의 생산성을 향상하는 방법: 예) 인공지능을 통한 의사 지원
- 의사가 편한 시간에 진료하도록 하는 방법: 예) 비동기적 진료

의사가 편한 시간에 진료하도록 하는 방법은 미국에서 많은 의사가 원격진료를 하는 이유 중 하나가 된다. 근무 시간 이외의 시간에 화상 진료를 통해서 추가 수익을 올릴 수 있기 때문에 대면진료 대비 진료비가 낮아도 진료에 응한다고 볼 수 있다. 한발 더 나아가서 실시간으로 대응할 필요 없이 비동기적으로 진료할 수 있다면 더 많은 의사가 진료에 응할 수 있을 것이다. 메시지나 이메일을 통한 비동기적 진료가 여기에 해당한다.

원격진료 회사인 98포인트6_{98point6}는 진료 전 사전 증상 체크 기능과 비동기적 진료를 활용한다. 우선 환자를 바로 의사와 연결하지 않고 챗봇을 통해서 증상 정보를 수집한다. 이를 통해서 의사가 환자 파악에 걸리는 시간을 줄인다. 그 후 앱 내 메신저를 통해서 문자, 사진, 영상을 교환하면서 진료한다. 메신저로 진료하는 경우 진료 시간 생산성을 높일 수 있을 것이다. 문장 자동 완성 기능을 사용하거나 의사가 환자에게 물어볼 만한 것을 미리 제시하고 그중에 선택할 수 있도록 하는 등의 방법도 가능하다.

바빌론 헬스의 인공지능 데모 동영상[1]

바빌론 헬스의 인공지능 시스템이 실시간으로 의사의 진찰을 돕는다.

중국의 원격진료 회사인 핑안 굿 닥터Ping An Good Doctors는 상당수의 의사를 직원으로 고용하고 있는데 그 목적 중 하나가 의사의 진료 과정을 인공지능화하기 위해서라고 밝히고 있다.[2] 기술의 발전과 함께 실시간 화상 통화 진료도 기술을 통해서 의사의 생산성을 높일 여지가 있을 것이다. 영국의 대표적인 원격진료 회사인 바빌론 헬스 Babylon Health는 데모 동영상에서 의사가 화상 통화를 통해서 원격진료를 하는 도중에 인공지능이 실시간으로 의사-환자 간 대화 내용을 분석하여 다음번에 의사가 질문하면 좋은 것을 제시하는 모습을 보여주었다. 아직 실현되지는 않았지만 핑안 굿 닥터와 같은 회사가 중국에서 대량으로 확보한 데이터를 바탕으로 충분히 구현할 수 있을 것으로 보인다.

암웰의 경우 상장을 앞두고 구글로부터 1억 달러의 투자를 받은 바 있다. 암웰과 구글은 어떤 시너지를 발휘할 수 있을까? 일차적으로는 암웰의 데이터 일부를 구글 클라우드로 옮긴다고 한다. 여기에 구글 클라우드가 제공하는 자연어 처리 및 번역과 같은 인공지능, 데이터 보안 및 호환성, 지스위트G Suite와 같은 협력 도구를 통합하여 제공할 수 있다는 이야기도 나온다. 구글은 이를 통해서 장기적으로 원격진료 시에 환자가 선호하는 언어로 말하면 인공지능이 실시간 자막으로 대화 내용을 의료진에게 번역해주는 것과 같이 이런 협력이 가져올 미래 원격진료의 모습을 그리고 있는 것으로 보인다.[3]

텔라닥, 암웰을 필두로 한 미국의 원격진료 회사들은 서로 다른 비즈니스 모델을 바탕으로 다양한 과금 모델을 적용하면서 성장하고 있다. 특히 코로나19 상황을 거치면서 의사와 환자 모두 원격진료에 대한 수용성이 높아지는 등 주변 상황이 호의적으로 바뀌었다. 하지만 위드 코로나 시대가 되면서 원격진료 건수가 빠르게 감소했고 수익성이 낮을 수밖에 없는 구조적 한계까지 더해지면서 쉽지 않은 상황에 부닥쳤다. 이런 상황에서 원격진료 회사들은 다양한 전략적 이니셔티브를 내세워 제2의 도약을 모색하고 있다. 이들의 전략을 한마디로 정리하자면 디지털 헬스케어 슈퍼 플랫폼으로 성장하는 것이다. 이에 대해서는 5장에서 살펴보겠다.

3
한국 원격진료 현황

Business model

코로나19 이전에도 국내에서 원격진료에 대한 논의가 있었지만 개념적인 수준을 벗어나지 못했다. 그런데 코로나19와 함께 원격진료 및 약 배송이 임시로 허용되었다. 코로나바이러스, 특히 그중에서도 오미크론 변종이 빠르게 번지면서 원격진료 건수가 크게 늘었고 30여 개 회사가 서비스를 제공했다. 코로나가 안정기에 접어들면서 원격진료 건수는 크게 줄었고 우후죽순 늘어났던 원격진료 회사 가운데 일부는 사업을 접었다.

국내 원격진료 상황은 어떻게 볼 수 있을까? 오미크론과 함께 늘어났던 원격진료 건수를 수요와 공급의 측면에서 생각해보자. 수요 측면을 놓고 보면 많은 수의 오미크론 감염자들이 자가 격리를 하는 상황에서 원격진료 및 약 배송 이외에는 약을 전달받을 방법이 없었다. 게다가 오미크론 당시 본인 부담금이 없었기 때문에 많은 자가 격리자들이 원격진료 서비스를 활용했다. 공급 측면, 즉 원격진료 서비스를 제공하는 의사의 입장을 생각해보면 오미크론 당시 코로나 확진자에 대한 원격진료 가산 수가가 생기면서 수익성이 좋아졌다. 이런 상황에서 기존에 원격진료에 관심이 없었던 많은 의사가 원격진료에 뛰어들었다.

오미크론 이후 상황을 보면 수요와 공급 모두 큰 변화를 겪었다. 일단 코로나 환자 수가 크게 줄어들었고, 코로나 확진자도 병원에서 신속 항원 검사 후 진단이 나오면 그 자리에서 바로 약을 처방받는 경우가 늘어나면서 원격진료를 받을 만한 환자가 크게 줄었다. 이렇게 환자 수가 줄어들고 코로나 원격진료에 대한 가산 수가가 없어지면서 원격진료를 하는 의사 수도 적어졌다.

섣불리 결론을 내릴 수 없지만 향후 우리나라에서 단기간에 원격진료가 많이 늘어나기는 힘들어 보인다. 이는 원격진료 회사들에 큰 부담으로 작용한다. 과거 쿠팡이 그랬던 것처럼 원격진료 매출이 빠르게 늘어난다면 회사가 이익을 내지 못해도 양호한 현금 흐름을 바탕으로 성장을 도모할 여지가 있다. 원격진료 건수가 정체되고 같은 시기에 투자 시장이 경색되면서 추가 투자 유치가 힘들어진 상태에서는 불가능하다.

코로나19나 감기와 같은 질환에 대한 단발성 진료를 중개했던 원격진료 회사들은 이런 상황을 타개하기 위해 다양한 방안을 모색하고 있다. 대표적인 것이 만성질환 관리 서비스이다. 2023년부터 만성질환 관리 서비스가 본격적으로 시행될 예정인데 원격진료 플랫폼을 여기에 활용하려는 것이다. 만성질환 관리 서비스에 보험 수가가 부여되는 만큼 이를 노리는 것으로 볼 수 있다. 일부 회사는 미국의 원격진료 회사들처럼 회사 직원들에게 의료 서비스를 제공하기 위해서 노력하기도 한다. 회사에서 일정한 금액을 부담하는 방식이다. 우리나라는 미국에 비해 회사가 직원들의 의료비 관리와 관련해서 적극적이지 않은 경향이 있다. 코로나19를 계기로 변화가 생길지 지켜볼 일이다.

또 다른 모델은 탈모, 발기 부전, 여드름, 비만 등 피부 미용 영역의 진료에 집중하는 것이다. 미국의 힘스 앤드 헐스Hims & Hers와 로/라Ro/La와 유사한 서비스이다. 이 서비스들은 비즈니스 모델과 관련한 이슈 때문에 국내에서 논란이 되고 있다.

미국의 유사 회사들은 원격진료에서부터 약 배송까지를 사실상 통제하는 시스템이다. 이때 중요한 비즈니스 모델이 특정 복제약만을 사용하여 약값을 낮추거나 제약회사로부터 리베이트를 받는 것이다. 이는 미국에서는 합법이다.

하지만 우리나라에서 이런 모델은 불법의 소지가 크다. 이 방식이 문제가 되는 것은 의사가 특정 회사의 약을 처방하도록 원격진료 회사가 진료에 개입하기 때문이다. 여기에 더해 특정 제약회사의 약 매출을 높이기 위해서 약국을 사실상 통제하는 경우도 있어 보인다. 소위 배달 전문 약국이 여기에 해당한다. 원격진료 회사는 이런 통제력을 바탕으로 특정 제약회사와 계약을 맺고 리베이트를 받는 것이다.

흥미로운 것은 우리나라에서 제약 리베이트는 금지되어 있는데 의사, 약사, 의료기관, 약국에만 해당한다는 점이다. 원격진료 회사와 같은 기업은 여기에 해당하지 않는다고 한다. 향후 사건이 발생해서 법원의 판결을 받고 난 후에야 명확해지겠지만 법조문만 놓고 보면 원격진료 회사는 제약 리베이트 쌍벌제* 대상이 아니라는 해석이 있

---

* 약품 구입 및 처방과 관련해서 리베이트를 주는 곳과 받는 곳 모두가 처벌을 받는 제도

다. 리베이트가 불법이 아니라면 무엇이 문제일까? 리베이트 자체보다는 리베이트를 받기 위해서 사기업이 의료 행위에 영향력을 행사한다는 점이 문제이다.

원격진료와 관련된 집단에는 어떤 변화가 있을까? 의사들은 흥미로운 상황에 부닥쳤다. 과거 원격진료를 반대하는 주된 명분 중 하나는 대면진료와 비교해 제한적인 정보에 바탕을 두기 때문에 위험하다는 것이었다. 그런데 적지 않은 의사들이 원격진료에 참여하게 되었다. 이렇게 된 이상 앞으로 의사들이 반대할 명분이 약해졌다고 볼 수 있다. 물론 정부가 코로나 확진자 진료에 대해서 수가를 높인 것이 위험에 대한 보상이기 때문에 원격진료를 한 것이며 수가를 원래대로 떨어뜨렸을 때는 위험에 대한 보상이 없기 때문에 할 수 없다는 반박이 가능하긴 하다. 그러나 과거보다 설득력이 떨어지는 것이 사실이다. 정부에서 이 점을 염두에 두고 한 것은 아니겠지만 코로나 바이러스 확진자에 대한 원격진료 수가를 높인 것은 원격진료 제도화를 원하는 사람들 입장에서 신의 한수가 되었다고 볼 수 있다.

의사의 입장과 관련해서 가장 중요한 것은 원격진료가 기존 의료 질서에 미칠 영향이다. 현재까지 나온 원격진료 법안들은 주로 동네의원에서 대면으로 한 번 이상 진료한 환자에 대한 재진을 주 대상으로 하도록 하고 있다. 이렇게 되면 의사들, 특히 의사 협회를 구성하는 개원의들 입장에서 기존 상황에 큰 변화는 생기지 않을 가능성이 크다. 따라서 협상 과정을 거치기는 하겠지만 의사들은 비교적 전향적으로 원격진료를 받아들일 여지가 있다고 생각한다.

문제는 약사이다. 약 배송을 허용하면서 기존 약국 업계의 질서를 건드리지 않을 방법이 없어 보이기 때문이다. 한 번 이상 방문한 혹은 집 근처 약국에서만 약 배송을 받으라고 하는 것은 아무리 봐도 이상하다. 약 배송을 허용한다는 것은 필연적으로 약 배송 전문 대형 약국의 탄생을 가져올 수밖에 없다. 동네 약국에 큰 타격이 될 것이기 때문에 약사들이 받아들이기 힘들 것이다. 다수의 개원 약사들 입장에서 이는 생존의 문제로 큰 반발이 생길 수밖에 없다. 결국 타다 사태에 버금가는 상황이 벌어지게 될 것으로 생각한다.

게다가 원격진료와 약 배송은 묶어서 생각하는 경향이 있는데 실제로는 해당하는 법이 다르다. 원격진료는 의료법, 약 배송은 약사법을 개정해야 하기 때문에 별도의 법안이 나와야 한다. 이런 상황을 종합해보면 우리나라에서 원격의료는 원격 '진찰'만 합법화되고 약 배송은 허용되지 않는 형태로 제도화될 가능성이 크다.

동네 약국의 기존 질서를 유지하면서 약 배송을 할 수 있는 유일한 방법은 지역 기반 원격진료라고 생각한다. 환자가 가까운 곳에 있는 의원에서 원격진료를 받고 그 근처에 있어서 평소에 처방전을 처리하던 약국에서 약 배송을 받도록 하는 것이다. 이는 동네 의원 및 약국의 기존 질서를 유지하면서 원격진료와 약 배송을 도입할 수 있는 유일한 방법으로 보인다. 이 경우 필요할 때 얼마든지 의원과 약국에 오프라인으로 방문할 수 있다는 점에서 원격진료와 약 배송으로 인한 부작용을 최소화할 수 있을 것으로 보인다. 국내 스타트업인 메디르에서 운영하는 메듭 원격진료 서비스가 이렇게 지역 기반 원격진료 서비스를 선도하고 있다.

원격 약 배송이 빠진 원격진료가 제도화되는 경우 그 매력은 떨어질 수밖에 없다. 이렇게 되면 처방 없이 진찰만으로도 의미가 있는 경우에 원격진료가 가치를 발휘할 수 있을 것이다. 세 가지 경우를

지역 기반 원격진료 서비스를 제공하는 메듭

지역 기반 서비스

우리동네 병원에서
진료 받으세요

메듭은 나와 가까운 병원과 약국을
연결하는 지역 기반 정책을 갖고 있습니다.
지역 기반 서비스로 고객의 약국 재고
문제 해결과 함께 병원 대기 시간과
약 배달 시간까지 줄여 드립니다.

생각해 볼 수 있다. 첫째, 병원에 갈지 말지 결정이 필요한 경우다.
소아가 밤에 열이 나는 경우가 해당된다. 우리나라는 의료 접근성이
좋기 때문에 열이 났을 때 응급실로 가면 되지만 꼭 가야 할지 판단
이 서지 않을 때 도움을 주는 경우이다. 많은 부모가 사용하는 열나
요 같은 서비스가 여기에 해당한다. 둘째, 거동이 불가한 환자에 대
한 진찰이다. 이 경우 진찰 후 보호자가 처방전을 가지고 약국에서
약을 탄다. 셋째, 만성질환에 대한 원격 모니터링과 관리이다. 만성
질환 관리 사업과 원격 모니터링 사업이 진행될 예정이기 때문에 그
와 맞물려 진행될 수 있다.

코로나 팬데믹이 가라앉으면서 원격진료에 관한 관심이 점점 줄
어들고 있다. 코로나 초기에 민주당 소속 국회의원들이 원격진료 법
안을 내놓았는데 법안이 통과되기 전에 민주당이 야당이 되면서 원

격진료 추진의 동력이 떨어지고 있다는 이야기도 들린다. 과연 우리나라에서 어떤 식으로 원격진료가 이루어질지 지켜볼 일이다.

5장

디지털 헬스케어 슈퍼 플랫폼

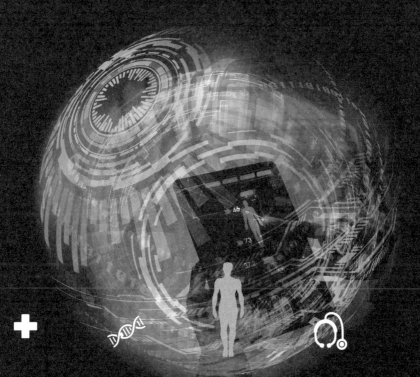

1
디지털 헬스케어 슈퍼 플랫폼 개요

Business model

코로나19로 거의 모든 업계에서 비대면 사업이 크게 성장했다. 디지털 헬스케어 역시 마찬가지로 기존의 오프라인 헬스케어 시스템에 대한 비대면 보완재 혹은 대체재로 자리매김하고 있다.

그 과정에서 디지털 헬스케어 회사의 가치가 크게 오르면서 인수합병이 활발하게 일어나고 있다. 텔라닥, 암웰과 같이 정통 헬스케어 영역에 집중하는 회사들은 물론 틈새 의료 공급자라고 할 만한 회사들도 마찬가지이다. 전통적인 의미에서 의료 공급자라고 부르기 힘든 유형의 헬스케어 회사들도 디지털 헬스케어에서 영향력을 발휘하기 위해 노력하고 있다. 아마존과 같은 비헬스케어 대기업이 적극적으로 뛰어들기도 했다.

'디지털 헬스케어 슈퍼 플랫폼'은 카카오톡 혹은 카카오 모빌리티와 같이 디지털 헬스케어 영역의 모든 것이 이루어지는 플랫폼을 의미한다. 다음 그림과 같이 원격진료에서부터 만성질환 관리, 디지털

디지털 헬스케어 슈퍼 플랫폼의 모습[1]

치료기기 혹은 원격 모니터링 기기 처방, 사용 데이터 추적, 의약품 배송에 이르기까지 모든 것이 이루어지는 플랫폼이다.

군이 '슈퍼'라는 용어를 쓴 것은 플랫폼이라는 용어가 여러 가지 의미로 사용되기 때문이다. 예를 들어 텔라닥과 암웰은 의사와 환자를 연결하는 원격진료 플랫폼이 되었고 발리딕Validic, 비비파이헬스Vivify Health는 원격 모니터링 영역의 플랫폼이 되었다. 이런 영역별 플랫폼을 모두 아우르는 플랫폼이라는 의미에서 슈퍼 플랫폼이라는 말을 사용하고자 한다.

개별 회사의 움직임을 살피기에 앞서 디지털 헬스케어 슈퍼 플랫폼이 가지게 될 핵심 속성에 대해서 생각해보자. 모든 플랫폼의 핵심은 플랫폼 참여자 간의 상호작용이라고 볼 수 있다. 카카오톡은 개별 사용자 간 상호작용(직접 네트워크 효과)이, 카카오 모빌리티는 고객과 서비스 제공자(택시, 대리기사, 주차장 등) 간 상호작용(간접 네트워크 효과)이 핵심이다. 헬스케어 내에서도 피트니스나 다이어트와 같이 참여자 간 상호작용이 중요한 경우도 있지만 이는 헬스케어 전체에 비해서는 작은 부분이다. 헬스케어 전체에서 가장 중요한 상호작용 하나를 꼽으라면 의사-환자 간 관계라고 볼 수 있다. 기본적으로 헬스케어 비즈니스 모델은 의사와 환자 간의 상호작용에 바탕을 둔 경우가 많다. 정확하게는 의사-환자 간 상호작용 없이 보험 수가가 주어지는 경우는 찾아보기 힘들다.

디지털 헬스케어 플랫폼의 핵심은 데이터라는 이야기가 종종 나온다. 하지만 헬스케어에서 데이터로 가치를 만들어내기는 쉽지 않다. 다시 말해 데이터 자체만 가지고는 헬스케어에서 비즈니스 모델이 잘 나오지 않는다. 7장에서 다루는 데이터 비즈니스의 형태로 가치를 만드는 경우가 있기는 하지만 헬스케어 전체를 놓고 보면 지엽적인 경우가 많다.

데이터에서 인사이트를 도출하는 것이 쉽지 않다는 점도 한몫한다. 헬스케어에서는 상관관계만으로는 부족하며 인과관계를 입증해야 비로소 의미가 있다고 받아들여지기 때문이다. 예를 들어 아마존의 경우 어떤 상황에서 고객이 쇼핑을 많이 하더라는 식의 상관관계 데이터만으로 얼마든지 가치를 창출할 수 있다. 하지만 헬스케어에서는 이것만으로는 받아들여지지 않는다. 오랜 기간에 걸친 연구를 통해서 인과관계를 입증해야 비로소 가치를 인정받는다. 헬스케어 비즈니스에서 데이터의 의미는 의사 환자 간 상호작용을 끌어내는 미끼 상품 혹은 그 부산물이라고 하는 것이 현실적이다.

디지털 헬스케어 플랫폼의 핵심이 의사-환자 간 상호작용이라고 할 때 이를 어떻게 구현할 수 있을까? 말장난 같지만 여기서 필요한 것은 의사, 환자, 그리고 이들 간의 상호작용이다. 이를 한 번에 구현하는 방법이 바로 원격진료이다. '한 번에 구현'이라는 말을 쓰기는 했지만 의사-환자 간 양면 시장이라는 특성을 가진 원격진료를 구현하는 것이 쉬운 일은 아니다. 하지만 원격진료에서 이루어지는 원격 진찰과 처방은 본격적인 의료 행위로 이어지는 출발점이기 때문에 일단 의미 있는 규모의 원격진료 비즈니스를 구축하면 여기에 원격 모니터링, 디지털 치료기기, 원격 약 배송 등 디지털 헬스케어의 많은 부분을 연결하는 것은 상대적으로 쉽다. 따라서 원격진료의 비즈니스적인 의미를 평가할 때 그 자체로 얼마나 좋은 비즈니스인가도 중요하지만, 디지털 헬스케어 슈퍼 플랫폼으로의 성장 가능성 역시 포함하는 것이 맞다고 볼 수 있다.

만성질환 관리 회사는 어떨까? 텔라닥과 합병한 리봉고 같은 회사가 만약 합병하지 않았다면 독자적으로 슈퍼 플랫폼으로 진화할 수 있었을까? 현재 리봉고와 같은 회사의 만성질환 관리 프로그램은 일반적으로 의사가 아니라 당뇨 교육 전문가 혹은 영양사가 코칭을 제공하고 있다. 양면 플랫폼이라는 측면은 원격진료와 비슷하지만 의사가 빠져 있다는 점이 중요하다. 플랫폼에 의사가 결합되지 않고는 디지털 헬스케어의 다른 부분이 붙기 힘들다. 따라서 만성질환 관리는 슈퍼 플랫폼이 되기 위한 시발점은 될 수 있겠지만 원격진료보다는 어려운 길을 거쳐야 한다.

정리하자면, 플랫폼의 핵심은 의사-환자 간 상호작용이며 이를 한 번에 달성하는 방법이 원격진료이다. 원격진료는 디지털 헬스케어 슈퍼 플랫폼이 될 수 있는 강력한 후보라고 할 수 있다. 그렇다고 해서 원격진료 회사가 전부는 아니다. 디지털 헬스케어 전반과 관련한 의사결정에 영향을 미칠 수 있는 회사들이 후보가 될 수 있다. 예를 들어 환자들이 복잡한 미국 의료를 헤쳐나갈 수 있도록 도와주는 헬스 내비게이션Health Navigation 회사가 있다. 이 회사는 환자가 어떤 원격진료 업체에서 진료를 받을 것인가, 그리고 진료의 결과로 어떤 디지털 헬스케어 서비스를 받을 것인가 하는 의사결정에 영향력을 행사할 여지가 있다. 또 미국 의료 전반에서 강력한 영향력을 행사하는 민간 보험회사들 역시 디지털 헬스케어 판을 좌지우지하면서 슈퍼 플랫폼이 될 가능성이 있다. 물론 보험회사의 경우 디지털 헬스케어 영역 자체를 완전히 독자적으로 장악하기보다는 강한 영향력을 행사하는 선에 머물 가능성이 크기는 하다.

지금까지의 내용을 바탕으로 디지털 헬스케어 업계 현황을 슈퍼 플랫폼이 되고자 하는 여러 주체의 경쟁이라는 측면에서 살펴보려고 한다.

2
미국의 슈퍼 플랫폼 후보들

Business model

원격진료 관련 회사 (1) : 풀스택 원격진료 회사

미국의 원격진료 회사들 가운데 메이저 회사로 텔라닥, 암웰, 닥터 온디맨드Doctor on Demand(그랜드 라운드Grand Rounds와 합병함. 이하 그 랜드 라운드 헬스), 엠디라이브MDLive를 꼽을 수 있다. 이들은 단발성 원격진료의 수익성을 향상시키고 진료 영역을 확장하기 위해 노력하 고 있다. 이런 노력은 주로 인수합병의 형태로 나타난다.

텔라닥의 경우 정신 상담 영역의 베터헬프BetterHelp, 2차 소견 서 비스를 제공하는 베스트 닥터즈Best Doctors, 유럽 기반 원격진료 회 사인 어드밴스 메디컬Advance Medical 등의 회사를 인수했다. 그리고 코로나19가 극성을 부리면서 가치가 최고조에 올랐던 2020년 8월 만성질환 관리 회사인 리봉고와 합병했다. 업계 후발 주자인 암웰과 그랜드 라운드 헬스 역시 다양한 회사를 인수했다. 적극적으로 인수 합병을 한 3개 회사가 원격진료의 다양한 영역으로 확장한 상황은

주요 원격진료 회사의 인수합병 현황

카테고리	Teladoc	amwell	Grand Rounds Health
환자 진료			
• 의사 중계			
단발성 진료	Teladoc	amwell	dr. on demand
1차 진료	Primary 360	amwell	
전문의 진료		amwell	
• 원격진료 인프라	InTouch Health	amwell AVIZIA conversa	
만성지환 관리	Livongo		
전신 상담	betterhelp	SilverCloud aligned telehealth	dr. on demand
2차 소견 서비스	Best Doctors		Grand Rounds Health
헬스 네비게이션	healthiestyou		Grand Rounds Health
기타			Included HEALTH

위의 표와 같이 정리할 수 있다.

활발한 인수합병을 통해서 원격진료 회사들은 고객사(예: 고용주, 보험회사 등)를 비롯한 헬스케어 영역 내 파트너와의 협상력을 높이고 교차 판매의 기회를 얻음으로써 매출 증대 효과를 기대할 것이다. 고객인 고용주는 영역별로 개별 회사와 일일이 협상하는 것을 번거로워하는데 일괄 서비스를 제공함으로써 이런 번거로움을 해소한다는 장점도 있다. 텔라닥에 따르면 고객사로부터 받는 제안 요청서에서 포괄적인 솔루션 제공을 요청하는 비율이 높아지고 있다고 한다.

이는 만성질환 관리 업계에서 일어나는 움직임과도 유사하다. 텔라닥과 합병한 리봉고 및 오마다Omada, 웰닥Welldoc, 라크Lark 등 만성질환 관리 회사들은 체중 감량부터 당뇨, 고혈압, 우울증 관리 등 다양한 서비스를 제공하고 있다.

플랫폼 관점에서 생각해보면 다양한 서비스를 제공할수록 다른 플랫폼으로 갈아탈 위험이 줄어들 가능성도 있다. 단발성 원격진료만을 제공한다면 비교적 쉽게 업체를 바꿀 수 있겠지만 다양한 진료 서비스를 제공한다면 업체를 바꾸는 것이 부담스러울 것이다.

이런 점에서 원격진료 회사들의 인수합병은 앞으로도 계속 활발하게 이루어질 것으로 예상할 수 있다. 특히 만성질환 관리 회사들에 관한 관심은 지속될 것으로 추정한다. 소문만 무성했던 암웰의 오마다 인수 가능성은 여전히 열려 있어 보인다. 오마다뿐만 아니라 웰닥과 라크와 같은 만성질환 관리 회사들 역시 암웰이나 그랜드 라운드 헬스의 피인수 후보가 될 수 있다.

여기까지만 보면 원격진료 회사 간 경쟁은 텔라닥이 압도적으로 앞서 있는 것처럼 보인다. 온라인 플랫폼에서 승자독식 구조를 생각하면 더욱 그렇다. 그럴 가능성이 큰 것은 사실이지만 아직 갈 길은 멀어 보인다. 그렇게 보는 이유는 텔라닥의 원격진료 사업에서 단발성 진료 비중이 크기 때문이다.

2021년 5월 한 기사는 텔라닥의 한계를 지적했다. 고객사 전직 임원은 텔라닥이 회사의 기존 시스템과 연동되지 않아서 의사들이 환자의 의무기록을 확인할 수 없었기 때문에 계약을 중단하고 암웰로 바꾸었다고 지적했다. 그리고 이런 말을 덧붙였다. "원격진료는 환상적인 도구이지만 단순히 밤늦은 시간에 급한 문제를 해결하는 급성기 진료 정도에 머무른다면 (쉽게 대체 가능한) 상품에 불과하다."

이런 이슈가 발생하는 것은 미국에서 디지털 헬스케어가 발전하는 과정에서 기인한다. 미국에서 디지털 헬스케어는 회사를 주된 지불자로 해서 회사 직원들에게 혜택을 제공하는 B2B2C 비즈니스 모델로 운영되었다. 또한 아직 의사들이 디지털 헬스케어의 활용에 큰 관심을 가지지 않았기 때문에 디지털 헬스케어 서비스들은 기존 의료 시스템과 무관하게 하나의 독립된 의료 솔루션으로 발전해왔다. 이런 상황에서 텔라닥이 단발성 진료를 넘어서기는 쉽지 않다. 물론 코로나19 상황으로 인해 의사들의 인식과 태도가 빠르게 바뀌고 있다. 하지만 의사의 진료를 일회성 서비스로 다루어온 텔라닥은 다른 원격진료 회사에 비해서 그 수혜를 누리기가 녹록지 않아 보인다.

이런 상황에서 큰돈을 들여서 합병한 만성질환 관리 서비스 리봉고와의 시너지도 제한적이다. 텔라닥이 의사들에 대해서 지배적인 영향력을 행사하지 못하는 상황에서 원격진료를 받은 환자들을 대상으로 리봉고의 당뇨병 관리 서비스를 교차 판매하기 쉽지 않을 것이다. 또 만성질환 관리에는 의사-환자 간 장기적인 관계 형성이 필수적인데 텔라닥의 현재 구조는 만성질환 진료에 적합하지 않다. 원격진료 자체의 수익성이 높지 않은 상황에서 디지털 헬스케어 슈퍼 플랫폼의 주요 수익원 중 하나가 원격 약 배송이 될 가능성이 크다. 그런데 단발성 진료의 결과로 이루어지는 처방은 그 양이 많지 않을 것이기 때문에 수익성 개선에도 도움이 되지 않는다.

실제로 중국 사례를 보면 원격진료만으로는 수익이 잘 나지 않는다.[3] 중국의 디지털 헬스케어 메이저 회사로는 원격진료에 초점을 맞춘 핑안 굿 닥터 및 위닥터, 의약품 커머스에 초점을 맞춘 징동 헬스케어 및 알리 헬스케어가 있다. 원격진료에 초점을 맞춘 회사들은 매출과 수익성에 한계가 있는 반면 의약품 커머스를 주로 하는 회사들은 이익을 내고 있다. 원격진료 자체는 고급 지식 노동자인 의사가 주된 가치를 제공한다는 점에서 수익을 내기 쉽지 않다. 이런 상황은 미국 역시 마찬가지로 당분간 크게 달라지지 않을 것이기 때문에 텔라닥이나 암웰과 같은 회사들은 약 배송 및 다른 디지털 의료기기 중개가 주된 비즈니스 모델이 될 가능성이 높다.

이런 점 때문에 텔라닥은 프라이머리360Primary360이라는 1차 진료 서비스 프로그램을 시작했다. 회사 홈페이지에 나오는 내용을 보면 우선 의료진과 관련해서는 환자가 의사를 선택할 수 없는 현재 구조를 벗어나서 '당신이 선택한 주치의와 관계를 쌓는다.'라는 표현을 쓴다. 프라이머리360은 주치의 서비스이기 때문에 의사와 환자 간에 장기적인 관계를 맺는 것이 필요해서 이렇게 정책을 바꾸었을 것이다. 또한 주치의가 근무하지 않는 시간에 급한 문제가 생기면 주치의가 아닌 의사에게 항시 원격진료를 받을 수 있으며 간호사와 영양사 등으로 구성된 전담 팀과도 언제나 메시지를 주고받을 수 있다.

환자에게 주치의가 배정되고 나서 첫 진료는 30~45분 정도에 걸쳐서 충분한 시간 동안 진료를 받게 된다. 영상이나 혈액 검사가 필요한 경우 외부 오프라인 전문 검사기관을 활용한다. 이를 번거롭다고 생각할 수도 있지만 미국에서는 동네 의원과 검사기관이 분리되어 있는 경우가 많기 때문에 기존 시스템과 다르지 않다. 순수한 원격진료 기반의 1차 진료는 기존 의료계 입장에서 부담스럽게 들리는 것은 사실이다. 하지만 의사와 환자가 적응한다면 1차 진료의 상당 부분은 큰 어려움 없이 원격진료로 이루어질 수 있을 것으로 보인다.

텔라닥은 프라이머리360 프로그램을 시작하면서 가치 기반 수가 제도value-based reimbursement에 대해 언급하기 시작했다. 현재 의료 지불 방식의 주류를 이루는 행위별 수가제FFS, fee for service는 더 많은 의료 행위를 할수록 의료기관이 돈을 벌 수 있는 시스템이다. 불필요한 의료 행위를 조장해서 의료비를 폭증시키는 원인 가운데 하나로 간주되기도 한다.

가치 기반 수가 제도는 이를 보완하기 위한 의료 지불 방식이다. 의료의 질은 유지하면서 의료비를 줄이기 위한 방식으로 설계되는 경우가 많다. 예를 들어 의료비 절약이나 의료의 질 향상과 같은 목표를 설정하여 달성하면 인센티브를 지급하고 달성하지 못하면 페널티를 부여하는 방식이 있다. 이런 시스템에서 의료기관은 의료비를 절약할 인센티브를 가지게 된다. 보험이 의료비 통제에 대한 부담을 의료기관에 떠넘기는 구조로 볼 수 있다. 미국의 의료비가 감당하기 힘들 정도로 높아지는 상황에서 이를 타개하기 위한 노력 중 하나가 가치 기반 수가 제도이다. 가치 기반 진료에서는 1차 진료의 역할을 중요하게 생각한다. 의료 행위의 출발점인 1차 진료를 관리함으로써 비싸고 불필요한 진료를 피할 수 있다고 보기 때문이다.

텔라닥은 1차 진료 역할 강화와 가치 기반 수가 제도 도입이라는 미국 의료의 트렌드에 맞춘 이니셔티브를 내세웠다고 볼 수 있다. 하지만 단발성 진료 위주의 기존 비즈니스를 두 가지 목표에 맞춰 전환하는 것은 만만치 않은 숙제가 될 것으로 보인다. 다만, 고객 상황은 나쁘지 않다. 텔라닥의 주요 고객은 회사이고 직장인들을 대상으로 서비스를 제공하고 있는데 직장인들은 비교적 젊고 디지털 환경에 익숙하기 때문에 원격 1차 진료에 큰 거부감이 없을 것이다. 텔라닥이 내부 시스템 및 의사와의 협력 구조를 새로운 이니셔티브에 맞게 바꿀 수 있을지가 관건으로 보인다.

앞서 원격진료 업계 2위인 암웰은 텔라닥과 기본 구조가 다르다는 점을 언급했다. 텔라닥을 비롯한 다수의 원격진료 회사들은 의사와 환자를 중계하는 플랫폼인 반면에 암웰은 병원이 원격진료 하는 것을 돕는 인프라 성격이 강하다.

암웰은 스스로에 대해서 이렇게 이야기한다. "우리는 수십 년간 환자 혹은 가입자의 깊은 신뢰를 얻은 헬스케어의 주요 이해 관계자들을 돕기 위해서 존재한다. 그들과 경쟁하거나 대체하는 것을 목표로하지 않는다. 우리는 고객사들이 현재 제공하는 헬스케어 서비스 내에서 원격진료를 자신들의 이름하에 운영하도록 돕는다."

온라인 쇼핑에 비유하자면 암웰은 온라인 쇼핑몰 구축을 돕는 카페24와 유사하고 텔라닥의 기존 단발성 진료 플랫폼은 지마켓 같은 오픈마켓과 유사하다. 텔라닥이 새롭게 추진하는 프라이머리360은 쿠팡의 직매입 비즈니스와 유사하다고 볼 수 있다.

암웰의 경쟁력은 어떻게 볼 수 있을까? 앞서 177쪽의 표 〈주요 원격진료 회사의 인수합병 현황〉에 나온 것처럼 암웰은 원격진료 영역 전체를 아우르는 풀스택 서비스full stack service 제공 경쟁에서 텔라닥에 뒤처지고 있다. 인수한 회사들도 암웰이 강점이 있는 원격진료 인프라에 초점을 두고 있다.

원격진료 인프라 제공 모델의 장점은 의사의 평소 진료와 자연스럽게 엮인다는 점이다. 단발성 진료, 1차 진료, 전문 진료 영역에 각각 따로 진출하지 않아도 그쪽에서 일하는 의사들에게 인프라를 제공함으로써 자연스럽게 진출하게 되는 효과를 누릴 수 있다. 독자적으로 원격진료 서비스를 제공하지 않지만 진료의 결과로 의사가 처방하는 의약품, 디지털 치료기기, 원격 모니터링과 쉽게 연결될 수 있다. 따라서 원격진료를 넘어 디지털 헬스케어 영역에 속하는 모든 서비스가 이루어지는 디지털 헬스케어 슈퍼 플랫폼의 관점에서는 암웰이 일방적으로 밀리지는 않는다고 볼 수 있다. 슈퍼 플랫폼이 되고자 하는 텔라닥과 암웰 간의 경쟁에서 관전 포인트는 텔라닥이 프라이머리360을 얼마나 잘 구현해낼 수 있을지, 그리고 암웰이 만성 질환 서비스와 같은 영역으로 확장할 수 있을지이다.

텔라닥과 암웰 이외의 원격진료 회사들은 어떨까? 닥터온디맨드와 합병한 그랜드 라운드 헬스는 2차 소견 제공 서비스로 시작했으며 고객이 복잡한 미국 의료를 헤쳐나가는 것을 돕는 헬스 내비게이션 성격이 강하다. 암웰이 텔라닥과 다른 축에서 경쟁하는 것처럼 그랜드 라운드 헬스 역시 제3의 축에서 도전하는 셈이다. 헬스 내비게이션에 대해서는 뒤에서 더 자세히 다루겠다. 또 다른 선도 원격진료 회사인 엠디라이브는 대형 의료보험회사인 시그나Cigna에 인수되어 이 경쟁에서 다른 길을 걷게 되었다.

원격진료 관련 회사 (2): 온오프라인 통합 진료 회사

원격진료 회사들은 디지털 헬스케어 슈퍼 플랫폼의 유력한 후보이다. 그들은 주로 고용주 시장을 기반으로 한다. 그런데 환자의 다수는 젊은 직장인이 아니라 노인이다. 따라서 고용주 시장 위주의 원격진료 회사들은 디지털 헬스케어 전체 시장의 일부분만을 대상으로 한다고 볼 수 있다.

순수 원격진료 기반으로 노인 환자를 지속적으로 관리하기는 쉽지 않다. 노인 환자는 디지털 도구에 익숙하지 않은 경우가 많기 때문이다. 코로나19로 인해서 큰 변화가 왔다고는 하지만 고령의 노인 환자들에게 디지털은 여전히 쉽지 않다. 또 이들 환자는 다양하고 예상하기 힘든 문제를 가진 경우가 많아서 원격진료만으로는 놓치는 부분이 나올 가능성이 크다.

그러다 보니 온오프라인 하이브리드 진료를 내세우는 회사들이 있다. 오프라인에 개설된 클리닉을 기본으로 하고 여기에 원격진료와 같은 온라인 진료를 더하는 방식이다. 이렇게 오프라인 클리닉과 함께 가는 경우 순수 온라인 클리닉과 비교해 확장성이 떨어질 수밖에 없어서 독자적으로 디지털 헬스케어 슈퍼 플랫폼으로 성장하기는 쉽지 않다. 하지만 의료비 지출이 압도적으로 높아서 규모가 큰 시장이기 때문에 다양한 회사들이 이 영역에 관심을 기울이고 있다.

온오프라인 통합 진료의 대표적인 회사가 원메디컬One Medical이다. 원래 이 회사는 오프라인 클리닉을 효율적으로 운영하는 소프트웨어를 만들었다. 그런데 의원에 영업하는 것이 쉽지 않아서 아예 소프트웨어를 사용해서 효율성을 높인 민영 의료기관으로 변신했다. 구글과 같은 대기업을 상대로 사내 의원on site clinic을 운영하기도 했고 지역 기반으로 오프라인 클리닉을 개설해서 기업이나 민간의료보험 등을 대상으로 진료 서비스를 제공하기도 했다. 그런데 코로나19 시기에 재택근무가 늘어나고 사람들이 원격진료에 적응하기 시작하면서 비용이 많이 드는 오프라인 클리닉을 굳이 가져가야 하는지에 대한 의문이 제기됐다. 원메디컬은 기존 시장에서 큰 저항을 맞게 된 것이다.

하지만 앞서 언급한 바와 같이 노인을 대상으로 한 진료 시장에서는 여전히 오프라인 클리닉이 필요하다. 2021년 6월 원메디컬이 아이오라 헬스Iora Health를 인수한 것은 이런 맥락으로 이해할 수 있다. 아이오라 헬스는 메디케어 어드밴티지 가입자를 대상으로 한 기술 기반 의료기관이다. 메디케어 어드밴티지는 노인을 대상으로 한 국가 보험인 메디케어의 한 부분으로 민간 보험회사에 위탁 운영한다.

메디케어를 운영하는 CMS가 민간 보험회사와 계약을 맺고 환자 1인당 진료 난이도에 따라 일정 금액을 지급하며 보험회사는 그 돈으로 1년간 환자에게 필요한 진료 서비스를 제공한다. 메디케어 어드밴티지 운영 보험회사는 의료기관과 계약을 맺고 가입자가 진료를 받을 수 있도록 한다.

아이오라 헬스는 이를 전문으로 하는 의료기관이다. 원메디컬이 아이오라 헬스를 인수한 것은 온오프라인 클리닉 모델이 노인을 대상으로 한 의료 시장에 더욱 적합하다는 판단에 기인한 것으로 보인다. 그 후 헬스케어의 다양한 영역에 진입하고 있는 아마존이 원메디컬을 인수했다. 아마존의 헬스케어 사업 전략에 대해서는 뒤에서 다루겠다.

크로스오버 헬스Crossover Health도 원메디컬과 비슷한 모델의 회사이다. 페이스북, 링크드인 등 테크 기업이 고객사이다. 크로스오버 헬스의 가장 중요한 고객은 아마존이다. 아마존과 제휴를 맺고 아마존의 직원과 가족을 위한 온오프라인 진료 서비스를 제공한다. 아마존은 크로스오버 헬스와 협력을 유지한 상태에서 원메디컬을 인수하고 순수 원격진료 사업을 접는다고 발표한 바 있다. 즉 아마존은 온오프라인 하이브리드 진료 영역의 대표적인 회사 두 곳과 긴밀하게 협력하고 있다.

온오프라인 하이브리드 모델에서 흥미로운 곳이 바빌론 헬스Baby-lon Health이다. 영국에서 설립된 원격진료 회사로 영국의 의료보험–병원 복합체인 영국 건강보험공단NHS에 서비스를 제공한다.

이후 바빌론 헬스는 미국 시장에 진출하면서 새로운 모델을 내세운다. 원격진료를 넘어서 온오프라인 하이브리드로 1차 진료에서 전문 진료까지 전체 스펙트럼을 제공한다. 여기에 가치 기반 진료를 더한다. 이를 위해 메디케어 어드밴티지 의료기관인 퍼스트 초이스 메디컬 그룹First Choice Medical Group을 인수했다. 원메디컬과 유사한 움직임이다. 단, 원메디컬이 인수한 아이오라 헬스는 온오프라인 하이브리드로 1차 진료를 제공하는 반면 퍼스트 초이스 메디컬 그룹은 오프라인에서 1차 진료뿐만 아니라 전문 진료까지 제공한다. 바빌론 헬스는 메디케어 어드밴티지 운영 보험회사와 계약을 맺고 환자당 연간 일정 금액을 지불받으며 그 범위 내에서 의료비를 최대한 절약함으로써 이익을 내는 전략을 표방한다. 주로 1차 진료에서 기술의 도움을 받아 환자를 적극적으로 관리하여 의료비를 줄임으로써 이를 달성하겠다는 것이다.

노인 의료 시장에서는 순수 온라인 기반 원격진료보다는 온오프라인 진료 회사들이 더 큰 역할을 할 수 있을 것으로 보인다. 오프라인과의 결합이 중요한 만큼 온라인에서처럼 소수의 회사가 시장을 과점하기는 힘들 것이다. 재가 요양 서비스에 해당하는 홈케어와의 역할 분담 및 경쟁까지 감안하면 시장은 파편화될 가능성이 크다. 이 경우 노인 의료 시장에 특화된 회사들이 독자적으로 시장을 주도하기보다는 보험회사 혹은 테크 기업들이 이들을 인수하면서 시장을 장악할 가능성도 생각해볼 수 있다.

원격진료 관련 회사 (3): 틈새시장 전문 원격진료 회사들

틈새시장 전문 회사라고 할 만한 회사는 다음과 같은 곳들이 있다.

- 편의 진료convenience care: 힘스앤허스HIMS&HERS, 로Ro/라La와 같이 탈모, 발기부전, 조루, 피임 등 주로 젊은 사람들이 비보험으로 접근하고자 하는 영역. 원격진료부터 약 배송까지 모두 제공함
- 특정 인종 원격진료 회사: 흑인 여성 환자와 흑인 의사를 연결하는 컬처 케어Culture Care, 흑인 대상으로 1차 진료를 제공하는 스포라 헬스Spora Health
- LGBTQ 원격진료 회사: 그랜드 라운드 헬스가 인수한 인클루디드 헬스Included Health, 폴스Folx

그야말로 '틈새'시장 전문 회사들이기 때문에 슈퍼 플랫폼과는 다소 거리가 있어 보인다. 다만 편의 진료 영역은 눈여겨볼 필요가 있다. 젊은 세대에게 어필하기 때문이다. 기존 원격진료 회사들이 주로 보험과 연계된 반면 편의 진료 쪽은 비보험에 주력하는 경우가 많다.

젊은 세대는 공제 금액이 높은 의료보험HDHP, high deductible health plan에 가입한 경우가 많다. 공제 금액이 높은 의료보험HDHP은 보험 적용이 시작되기 전 본인이 부담해야 하는 금액을 의미하는 공제 금액deductible이 높게 설정되어 있다. 평소에 발생하는 자잘한 의료비는 본인이 직접 지불하고 공제 금액을 넘어설 정도로 높은 의료비가 발생할 때만 보험이 적용되기 때문에 소소한 진료는 순수 본인 부담으로 편한 곳에서 받는 경우가 많다. 이런 사람들은 MZ세대 감성에 맞는 편의 진료에 매력을 느낄 수 있다.

편의 진료 영역의 회사들 역시 사업 범위를 확장하고자 노력하고 있다. 힘스앤허스는 영국의 원격진료 회사인 어니스트 헬스Honest

Health를, 로Ro/라La는 난임 지원 서비스 회사인 모던 퍼틸리티Modern Fertility와 가정 진료 지원 기술 회사인 워크패스Workpath를 인수했다. 이들이 진료 영역 전체를 압도하는 슈퍼 플랫폼이 되기는 쉽지 않겠지만 온오프라인 통합 진료 회사들이 메디케어 어드밴티지를 중심으로 노인 시장에서 강점을 보이는 것처럼 젊은 세대 시장에서 존재감을 드러낼 수 있을 것으로 보인다.

원격진료 관련 회사 (4): 인접 영역에서의 진입

원격진료와 쉽게 연계가 가능한 영역에서 존재감을 키워오다가 원격진료로 진입해 오는 경우도 있다. 눈에 띄는 회사로 의사를 위한 링크드인Linkedin이라고 불리는 독시미티Doximity와 처방약 할인 서비스인 굿알엑스GoodRx가 있다.

독시미티는 의사뿐만 아니라 미국에서 진료를 담당하는 의료 인력(NP, Nurse practitioner와 PA, Physician Assistants)과 의대생을 대상으로 한다. 회사 측에 따르면 미국 의사의 80% 이상, 의료 인력의 50% 이상, 의대생의 90% 이상이 가입했다고 한다.

의료인은 어떤 가치를 보고 가입할까? 크게 세 가지가 있다. 의료인들이 서로 교류할 수 있는 소셜미디어가 있으며 의료 전문 정보와 뉴스도 제공한다. 여기에 더해 여러 가지 업무 도구를 제공하는데 디지털 팩스, 전자 사인, 보안 메신저, 원격진료 등이 포함된다.

초기 회원 확보에 중요했던 것은 디지털 팩스이다. 미국 의료계에서는 현재까지도 팩스가 의료기관 간 커뮤니케이션의 주된 수단인데 독시미티의 디지털 팩스를 사용하면 물리적인 팩스 없이도 팩스

를 주고받을 수 있다. 특히 「의료정보보호법」을 준수HIPAA-compliant
한다는 점이 중요하다.

독시미티는 디지털 팩스를 통해 다수의 의료인을 회원으로 확보
하게 되면서 자연스럽게 여기에 관심을 가진 지불 주체를 끌어들이
게 된다. 주된 지불 주체는 제약회사와 병원이다. 제약회사는 의료인
을 상대로 한 처방 약 마케팅을 위해서 사용하고 병원은 개원의로부
터 환자 의뢰를 받거나(우리나라와는 달리 개원의가 병원에 소속되지 않
고 자유롭게 병원에 입원시켜서 진료할 수 있는 개방형 병원open hospital이
기 때문에 가능함) 의사를 채용하는 도구로 사용한다.

한편 독시미티는 코로나 시국에서 원격진료 서비스를 제공하기
시작했다. 원격진료 서비스의 핵심은 다이얼러Dialer라는 소프트웨
어이다. 음성 통화 전용 버전과 화상 통화 버전으로 나뉜다. 음성 통
화 전용 버전을 만든 이유는 의사가 전화를 걸 때 환자에게 개인 핸
드폰 번호가 노출되지 않도록 하기 위함이다. 화상 통화 버전의 가장
큰 특징은 환자가 앱을 깔 필요가 없다는 점이다. 텔라닥 등 다른 원
격진료 회사는 환자가 앱을 깔고 진료를 신청하는 시스템이다. 독시
미티의 화상 진료 도구는 의사가 환자에게 문자메시지로 링크를 보
내고 환자가 이를 클릭하면 다운로드 없이 원격진료를 받을 수 있다.
다수의 의사 회원을 바탕으로 원격진료 도구를 제공하는 점에 충실
하다고 볼 수 있다.

굿알엑스는 의료보험이 없거나 보험 보장이 약한 사람들이 비보
험으로 처방약 할인을 받을 수 있도록 돕는 서비스이다. 굿알엑스가
처방약 할인을 제공할 수 있는 구조를 알기 위해서는 미국 의료에서
약제관리회사PBM, pharmacy benefit manager의 역할을 이해할 필요가

있다.

약제관리회사는 보험회사의 위탁을 받아서 처방약 관리를 돕는다. 이들은 약품 처방 목록formulary을 만든다. 목록에는 각각의 약 종류마다 어떤 약을 우선으로 처방할지가 규정되어 있다. 우선순위에 따라서 약값과 환자의 본인 부담 금액이 달라진다. 우선순위가 높은 약의 매출이 많아지는 구조이다. 제약회사는 높은 순위를 받기 위해서 약제관리회사에 리베이트를 지급한다. 이 중 일부는 약제관리회사가 챙기고 나머지는 보험회사로 넘긴다. 약제관리 회사의 협상력에서 핵심은 환자 수와 이에 따른 처방 건수이다.

보험이 없거나 보장이 약한 환자들은 약제관리회사의 영역 밖에 있다. 이들은 약국에 가서 자기 돈을 내고 약을 사 먹는다. 굿알엑스는 이런 환자들을 모아서 약제관리 회사에 제공하는 역할을 한다. 약제관리회사는 이들에게 처방되는 약에 대해 제약회사로부터 리베이트를 받는다. 그중 일부를 굿알엑스에 제공한다. 굿알엑스는 넘겨 받은 리베이트의 일부를 약가 할인 혜택으로 제공한다.

굿알엑스의 대상 고객은 의료보험 적용이 약한 경우가 많다. 이 경우 의사의 진료를 제대로 받지 못할 가능성이 크다. 처방약의 매출에 따라서 매출이 늘어나는 굿알엑스 입장에서는 이들이 진료를 받을 수 있도록 도울 필요가 있다. 이를 위해 원격진료 서비스를 제공한다. 원격진료 회사인 헤이닥터Heydoctor를 인수하는 한편 외부 원격진료 회사들이 참여할 수 있는 원격진료 플랫폼을 개설했다. 굿알엑스 입장에서 원격진료는 일종의 미끼 상품이라고 볼 수 있다.

독시미티와 굿알엑스는 슈퍼 플랫폼 자체를 염두에 두었다기보다는 본업에서 자연스러운 확장을 도모하는 과정에서 슈퍼 플랫폼과 유사한 성격을 띠기 시작했다고 보는 게 맞을 것이다. 두 회사 모두 강력한 비즈니스 모델을 바탕으로 이익을 내고 있기 때문에 여전히 적자를 보는 다른 디지털 헬스케어 회사들과 비교해 경쟁력이 있다.

인접 영역에서 원격진료로 진입하는 회사 가운데 주목할 만한 곳이 트루필Truepill이다. 이 회사는 스스로를 이렇게 정의하고 있다. "우리가 구축한 API로 연결되는 헬스케어 인프라를 통해 우리의 고객사들은 세계 최고 수준의 환자 경험을 구현할 수 있다."

트루필은 원격진료 회사, 제약회사, 보험회사 등 디지털 헬스케어 서비스를 제공하고자 하는 고객사의 뒷단에서 이들을 돕는 역할을 한다. 현재까지 트루필은 주로 약 배송과 관련된 일을 해왔고 주요 파트너는 힘스앤허스, 로Ro/라La와 같은 편의 진료 회사들이었다. 여기에 원격진료 및 원격 진단 서비스를 더하기 시작했다. 그 결과 트루필은 다음과 같은 서비스를 표방한다.

"API를 사용함으로써 트루필의 고객사들은 가입자, 환자, 혹은 기타 개인들에게 전체를 아우르는 엔드투엔드end-to-end 서비스를 제공할 수 있다. 예를 들어 같은 플랫폼상에서 환자가 원격진료를 통해서 검사 처방을 받고, 집에서 검사 키트를 받고, 검사 결과에 대해 원격 상담을 하고 처방약을 받아볼 수 있다."

트루필은 디지털 헬스케어 슈퍼 플랫폼을 무대 뒤에서 구현하는 것처럼 보인다. 무대 전면에 있는 텔라닥과 같은 회사와 현재로서는 경쟁 관계가 아니다. 하지만 양쪽의 힘이 강해질 수록 결국 누가 업계를 주도하느냐를 놓고 경쟁하게 될 것으로 보인다.

헬스 내비게이션

헬스 내비게이션은 환자들이 복잡한 미국 의료 시스템을 헤쳐나가는 것을 도와주는 서비스이다. 고용주가 비용을 지불하며 회사 직원들이 의료 서비스를 이해하고 적절한 곳에서 진료를 받을 수 있도록 도와준다. 헬스 내비게이션의 가치는 직원들이 의료비를 절약하도록 유도해서 고용주가 비용을 줄이도록 돕는 것이다.

헬스 내비게이션의 핵심 자산은 회사가 위치한 지역의 의료 서비스 가격 정보이다. 이를 바탕으로 저렴한 곳에서 치료를 받도록 유도한다. 직원은 의료비의 일정 부분을 본인이 부담해야 하기 때문에 저렴한 곳에서 진료를 받을 인센티브가 있다. 본인 부담금 절감만으로 유인이 부족한 경우에는 현금이나 상품권 등과 같은 추가 인센티브를 제공하여 의료비 절약을 유도하기도 한다. 가격 정보 제공에 더해서 환자를 교육하고 평소에 스스로 건강을 관리할 수 있도록 돕는다. 역시 목표는 의료비 절감이다.

이런 역할을 하는 회사들을 묶어서 디지털 프론트 도어digital front door라고 부르기도 하는데 핵심은 헬스 내비게이션이기 때문에 두 용어는 사실상 같은 의미라고 볼 수 있다. 환자가 진료를 받는 과정을 생각해보면 진료 전 단계에 헬스 내비게이션을 사용하고 그 추천을 받아서 진료를 받으며 이후 의사의 처방에 따라서 약 배송, 원격 모니터링, 또는 만성질환 관리 서비스를 받게 된다.

이런 진료 과정에서 헬스 내비게이션은 어떤 의미가 있을까? 헬스 내비게이션이 진료 관련 의사결정의 맨 앞 단계에 위치하며 뒤에서 일어나는 진료 과정에 영향을 미칠 수 있다는 점에 주목할 필요가 있다. 앞서 원격진료는 디지털 헬스케어 전반으로 이어질 수 있는 핵심 상호작용이라는 점에서 유력한 슈퍼 플랫폼 후보가 될 수 있음을 언급한 바 있다. 헬스 내비게이션은 원격진료로 이어지는 길목에 자리를 잡고 있기 때문에 경우에 따라서는 원격진료 및 그 이후 단계를 좌지우지할 가능성이 있다.

앞서 원격진료 업계를 온라인 쇼핑에 비유했는데(암웰: 카페24, 텔라닥의 단발성 진료: 지마켓의 오픈마켓, 텔라닥의 프라이머리360: 쿠팡의 직매입 비즈니스), 헬스 내비게이션은 네이버 혹은 다나와의 가격 비교 서비스와 유사한 측면이 있다고 볼 수 있다. 이때 헬스 내비게이션은 B2C로 고객을 직접 끌어들이는 것이 아니라 B2B2C로 고용주를 통해 직원들이 의료 서비스를 받을 때 거쳐 가는 구조이기 때문에 고용주를 대신하여 의료 전달 과정에서 적극적인 역할을 담당할 수 있다.

이런 점에서 눈에 띄는 회사가 트랜스케어런트Transcarent이다. 만성질환 관리 회사 리봉고의 전 CEO가 창업했다. 일반적인 헬스 내비게이션 회사와는 달리 고객인 고용주로부터 월 구독료를 받지 않는다는 점에서 경쟁자들과 차이를 보인다. 의료비 절감 액수 중 일부를 보수로 받는 구조이다. 앞서 살펴본 가치 기반 진료의 한 형태라고 볼 수도 있다.

의료비를 절감하기 위해서 트랜스케어런트는 디지털 헬스케어 서비스를 적극적으로 활용한다. 대표적인 것이 시러스엠디Cirrus MD와의 파트너십을 통해서 제공하는 원격진료 서비스이다. 24시간 언제나 채팅 기반의 원격진료 서비스를 제공하는데 며칠 이내에 같은 문제로 다시 진료를 받을 일이 생기면 추가 요금 없이 진료를 받을 수 있다.

이런 구조에서 많은 고용주가 트랜스케어런트를 선택한다면 이 회사의 힘이 강해져서 그 후에 이루어지는 서비스들에 영향력을 행사할 수 있게 될 것이다. 이렇게 되면 헬스 내비게이션 회사는 원격진료 회사의 강력한 경쟁자가 될 수 있다. 특히 원격진료 회사들이 1차진료를 중심으로 활동할 가능성이 큰 반면에 헬스 내비게이션 회사는 원래 수술, 입원 치료 등 전문 진료에 강점이 있다. 그렇기 때문에 여기에 1차 진료 서비스를 성공적으로 결합한다면 고용주들이 굳이 별도로 원격진료 공급자를 선택할 필요 없이 트랜스케어런트 같은 헬스 내비게이션 회사에 턴키 방식으로 맡길 가능성도 있다.

보다 전통적인 헬스 내비게이션 업계에 속하는 회사 가운데 눈에 띄는 곳으로 애콜레이드Accolade가 있다. 애콜레이드는 업계의 전통적인 비즈니스 모델인 월 구독료 방식으로 운영된다. 이 회사는 디지털 헬스케어 서비스를 적극적으로 활용하는 것으로 알려져 있는데 2차 소견 전문 회사인 세컨드엠디2nd.MD와 원격진료 회사인 플러시케어PlushCare를 인수했다.

역할은 비슷하지만 다른 계열의 회사로 콜렉티브 헬스Collective Health가 있다. 헬스 내비게이션과 비슷한 역할을 한다. 그런데 엄밀하게 이 회사는 3자관리회사TPA, third party administrator로 분류된다.

3자관리회사를 이해하기 위해서는 미국 민간의료보험의 구조를 알아야 한다. 미국 의료보험은 기본적으로 회사(고용주)가 직원들에게 제공하는 혜택이다. 고용주가 보험을 운영하는 방식은 크게 두 가지로 구분된다. 보험의 핵심이 위험을 떠넘기는 것이라는 데 초점을 두고 볼 때 보험회사에 위험을 떠넘기는 전통적인 보험을 완전 의료보험fully-insured이라고 하고 고용주가 스스로 위험을 부담하는 것을 자가 의료보험self-insured이라고 한다.

자가 의료보험이 생겨난 이유는 완전 의료보험의 형태로 보험회사에 위험을 떠넘기기 위해서는 의료비에 더해서 위험을 떠넘기기 위한 추가 비용을 지불해야 하기 때문이다. 직원이 많은 대기업은 내부적으로 위험이 충분히 분산된다고 판단되면 굳이 비싼 추가 비용을 내고 보험회사에 좋은 일을 시켜줄 필요가 없다고 생각하게 된다. 이런 경우 자가 의료보험을 운영할 수 있다.

그런데 미국 의료보험의 역할은 단순히 의료비와 관련한 위험을 관리하는 데 머무르지 않는다. 의료기관과 계약을 맺고 의료비를 적극적으로 관리하는 역할을 담당한다. 자가 의료보험을 택한 고용주는 이런 역할을 대행할 기관을 필요로 한다. 이런 기관이 3자관리회사와 관리기능 전용서비스ASO, administrative service only이다. 관리기능 전용서비스는 기존 사보험사 내부에서 자가 의료보험을 운영하는 고객사를 돕는 서비스이다. 3자관리회사는 이런 역할만 전문적으로 담당하는 별도의 회사이다. 관리기능 전용서비스와 3자관리회사는 하는 일은 비슷한데 누가 운영하는지에 따라서 구분된다고 볼 수 있다.

콜렉티브 헬스는 업종으로 분류할 때 3자관리회사에 속한다. 앞서 언급한 바와 같이 3자관리회사는 의료비 관리와 관련된 여러 가지 역할을 담당할 수 있기 때문에 사실상 헬스 내비게이션에 해당하는 역할을 할 수 있다.

의료보험회사

헬스 내비게이션 및 3자관리회사가 고객사를 등에 업고 디지털 헬스케어 판을 좌우하기 위해 노력하는 것에 대해 살펴보았다. 이런 상황에서 3자관리회사보다 한 단계 강한 힘을 가진 주체 역시 빼놓을 수 없을 것이다. 바로 의료보험회사이다.

미국의 의료보험회사들은 관리 의료기관MCO, managed care organization이라고 불린다. 수동적으로 의료비만 내는 것이 아니고 의료비를 적극적으로 관리한다는 의미이다. 우리나라는 건강보험심사평가원이 보험 적용 기준을 정하고 삭감하는 역할을 한다. 미국 의료보험회사들은 의료기관과 선별적으로 계약을 맺으면서 가격을 협상하고 헬스케어 서비스 회사를 인수하는 등 의료비를 관리하기 위해서 적극적으로 나선다. 의료기관이 보험회사와 맞서기 위해 다른 의료기관을 인수하면서 지역별 의료 시장을 장악한 대형 의료원이 생겨났고, 보험회사는 다른 보험회사와 의료기관을 인수해서 협상력을 키우고 있다.

오프라인 의료기관을 대상으로 한 보험회사의 인수 붐이 디지털 헬스케어에서도 재현되고 있다. 의료보험회사 1위인 유나이티드헬스 그룹UnitedHealth Group은 헬스케어 서비스 부문인 옵텀Optum 산하에 수백 개의 자회사가 있는데 떠올릴 수 있는 거의 모든 종류의 디지털 헬스케어 회사가 포함되어 있다. 최근 수년 사이에 인수한 디지털 헬스케어 회사만 해도 원격 모니터링 플랫폼 회사인 비비파이헬스Vivify Health, 희귀 질환 환자 플랫폼인 페이션츠라이크미PatientsLikeMe, 퇴원 후 환자 관리 서비스 회사인 내비헬스naviHealth, 처방 약 분류 배송 서비스인 디비도즈divvyDose, 왕진 서비스인 랜드마크 헬스Landmark Health, 의료비 지불 관리 서비스 회사인 체인지 헬스케어 Change Healthcare가 있다.

보험회사별 원격진료 회사 인수 및 제휴 현황[4]

보험회사	United Healthcare	aetna	Humana	Cigna	Elevance Health	HCSC	MOLINA HEALTHCARE	CENTENE
원격진료 회사	Teladoc amwell doxy.me	Teladoc MDLIVE	doxy.me MDLIVE	MDLIVE	amwell K health	MDLIVE	Teladoc	Teladoc

유나이티드헬스 그룹 이외의 회사들도 적극적이다. 시그나는 원격진료 회사인 엠디라이브를, 애트나Aetna는 메디케어 어드밴티지 대상 온오프라인 하이브리드 의료기관인 오크 스트리트 헬스Oak Street Health와 재가 의료 서비스 회사인 홈 헬스케어 회사인 시그니파이 헬스Signify Health를, 휴매나Humana는 재가 의료 서비스 회사인 원 헬스케어 솔루션One Homecare Solutions과 킨드레드 앳 홈Kindred at Home을, 엘레번스 헬스(앤섬Anthem에서 사명 변경)는 재가 의료 서비스 회사인 마이넥서스myNEXUS를 인수했다.

물론 인수만으로 디지털 헬스케어 전체를 포괄하려는 것은 아니다. 전략적 제휴도 활발하게 이루어지고 있다. 전통적으로 애트나는 텔라닥과, 엘레번스 헬스는 암웰과 긴밀한 협조 관계를 유지하고 있다. 원격진료 영역에서 보험회사별 인수 및 제휴 현황은 위와 같다.

보험회사들의 인수, 합병, 제휴와 관련해서 원격진료도 중요하지만 재가 요양 등 홈 헬스케어 회사들이 많다는 점이 주목할 만하다. 온오프라인 진료 회사들이 내세우는 것처럼 의료의 많은 부분은 오프라인에서 이루어지고 있다. 특히 노인 의료비를 절감하기 위해서는 비용이 많이 드는 병원이 아니라 집에서 관리가 이루어지도록 하는 것이 중요하다. 현재까지 인수한 홈 헬스케어 회사들은 기술 기반이라기보다는 간병인이나 간호사를 파견하는 수준에 그치는 경우가 많다. 그런데 이런 오프라인 접점은 향후 그 위에 기술을 얹을 수 있는 플랫폼이 될 수 있다. 원격 모니터링이나 디지털 치료기기를 처방할 때 노인 환자가 혼자서 이를 사용하기는 쉽지 않을 것이므로 파견 인력이 크게 도움이 될 것이다.

원격진료나 헬스 내비게이션 회사는 진료 흐름에서 앞 단계를 장악함으로써 그 뒤에 일어나는 일에도 영향을 미치려는 것으로 볼 수 있다. 이에 비해 의료보험은 헬스케어의 돈줄을 쥐고서 디지털 헬스케어를 비롯한 의료 전반에 영향을 미친다. 특히 유나이티드헬스 그룹은 옵툼 부문을 통해서 약제 관리 기능 및 의료 서비스 전반을 직접 제공함으로써 이를 극대화하고 있다. 그 결과 현재 미국에서 디지털 헬스케어 슈퍼 플랫폼에 가장 가까운 모습을 구축했다고 할 수 있다. 단, 한 가지 오해하면 안 되는 것이 현재 옵툼 매출의 큰 부분은 약제 관리 기능에 치우쳐 있다. 따라서 옵툼의 규모와 이 회사가 헬스케어 서비스 영역에서 다양한 활동을 한다는 사실만 놓고 회사의 성격을 판단해서는 안 된다.

다른 보험회사들은 상대적으로 이런 역량이 부족해서 독자적으로 슈퍼 플랫폼을 지향할 가능성은 크지 않아 보인다. 자체 역량을 구축해 디지털 헬스케어 회사들에 휘둘리지 않으면서 협력하는 정도를 목표로 삼을 가능성이 크다. 현재 미국 의료보험회사들과 의사, 병원 간 관계가 그런 것처럼 말이다.

옵툼Optum

우리나라에서 보험회사의 헬스케어 서비스 사업 진출과 관련해서 옵툼을 벤치마킹하는 경우가 많다. 미국 최대 의료보험회사인 유나이티드헬스 그룹은 보험 부문인 유나이티드 헬스케어와 헬스케어 서비스 부문인 옵툼으로 구분된다. 옵툼이라는 회사의 정체를 설명하기는 쉽지 않다. 다양한 일을 하기 때문이다. 한마디로 정리하자면 "헬스케어에서 보험과 제품 공급자(제약, 의료기기 회사)를 제외한 거의 모든 일을 다 하는 회사"라고 감히 이야기할 수 있다.

옵툼은 옵툼헬스, 옵툼인사이트, 옵툼Rx의 세 부분으로 나뉜다. 셋 중 가장 중요한 것은 약제관리회사인 옵툼Rx이다. 미국 시장 톱 3 약제관리회사이며 2019년 기준 옵툼 매출의 3분의 2 정도를 차지한다. 우리나라에 약제관리회사라는 업종이 없다는 점을 고려할 때 우리나라의 보험회사가 벤치마킹 대상으로 삼을 수 있는 것은 옵툼의 나머지 부분인 전체의 3분의 1 이하인 셈이다.

옵툼헬스는 보험 가입자의 질병과 건강 관리 서비스를 제공한다. 웰니스 프로그램은 물론이고 1차 진료 클리닉, 외래 수술 센터와 같은 본격적인 의료 시설까지 직접 소유하고 있다. 그리고 자회사인 옵툼뱅크를 통해서 건강 저축 계좌 서비스도 제공한다. 옵툼헬스 비즈니스의 큰 부분 역시 우리나라의 민간 보험회사와는 무관하다고 할 수 있다.

옵툼인사이트는 우리나라의 보험 전문가들이 동경하는 데이터 비즈니스 본부라고 볼 수 있다. 의료 서비스의 가격과 처방 정보는 물론 환자 진료 데이터까지 갖은 헬스케어 데이터를 다 수집한다. 미국의 최대 보험회사와 연계되어 있기 때문에 남들이 쉽게 따라오지 못할 데이터를 보유하고 있다. 유나이티드 헬스케어를 통해서 진료비 및 의료 이용 데이터를, 옵툼Rx를 통해서 약값 데이터, 옵툼헬스를 통해서 진료 데이터, 웰니스 프로그램 데이터까지 접근할 수 있기 때문에 헬스케어 데이터 비즈니스 업계의 강자라고 할 수 있다.

유통 대기업: 약국 체인, 월마트, 아마존

헬스케어 분야에서 유통 대기업으로 약국이 있다. 미국의 메이저 약국 체인으로는 CVS와 월그린Walgreens이 대표적이다. CVS는 약국 체인으로 시작해서 약제관리회사인 케어마크Caremark를 인수했고 이후 보험회사인 애트나와 합병했다.

월그린은 약국 체인 기업이다. 헬스케어 영역에 관심을 가지고 다양한 인수를 해왔다. 2021년 온오프라인 1차 진료 회사인 빌리지엠디VillageMD의 지배 지분을 인수했으며 홈 헬스케어 회사인 케어센트릭스CareCentrix를 인수했다. 그리고 빌리지엠디는 만성질환 관리 회사인 헬시 인터랙션Healthy Interactions을 인수했다. 기존에 보유한 오프라인 약국 체인 및 원격 약 배송에 원격진료, 만성질환 관리, 홈 헬스케어 기능을 접목한 셈이다. 앞서 살펴본 보험회사들과 유사한 움직임이다.

할인마트 대기업인 월마트 역시 헬스케어에 꾸준히 관심을 보이고 있다. 월마트는 매장 내에 약국을 가지고 있기 때문에 헬스케어 입장에서는 CVS나 월그린과 같은 대형 약국 체인의 성격이 있다. CVS가 미닛클리닉MinuteClinic이라는 의료기관을 운영한 것처럼 월마트 역시 월마트 헬스Walmart Health라는 의료기관을 운영하고 있다. 여기에 더해서 원격진료 회사인 미엠디MeMD를 인수했다. 이를 통해 온오프라인 통합 진료를 제공하고자 한다. 이와는 별개로 독자적으로 홈 헬스케어 서비스를 제공하기 시작하면서 홈 헬스케어 회사인 아메디시스Amedisys와의 협력을 발표하기도 했다.

유통 대기업인 아마존 역시 헬스케어에 진입했다. 아마존은 2019년 5월 온라인 약 배송 서비스인 필팩Pillpack을 인수했고 2020년 11

월에 아마존 파머시Amazon Pharmacy라는 본격적인 온라인 약 배송 서비스를 시작했다. 이미 책과 소비재를 비롯한 다양한 유통 영역에서 생태계 교란종으로서 역할을 톡톡히 수행한 아마존인 만큼 약국 사업 진입이 미국 헬스케어에도 큰 변화를 불러오지 않겠는가 하는 예측이 있었다. 당시 아마존에 대한 공포가 커서 CVS와 같은 주요 약국 체인은 물론 처방약 할인 서비스인 굿알엑스까지 여러 회사의 주가가 하락하기도 했다.

하지만 헬스케어 업계에서는 이런 우려가 과도하다는 의견이 많았다.[5] 미국에서 처방약 시장은 의료보험회사 및 약제관리회사의 영향력이 압도적이기 때문에 아마존이 그동안 진출했던 일반 소매 시장처럼 호락호락하지 않다는 지적이다. 또한 약품 매출의 큰 부분을 차지하는 전문 의약품은 보험회사와 엮인 경우가 많고 약의 특성상 개인화된 서비스가 필수적인데 대량 주문 처리 방식으로 일하는 아마존에 녹록지 않을 것이라는 지적도 있었다. 구체적인 데이터를 찾아보기 힘들고 시간이 얼마 지나지 않았기 때문에 판단하기는 이르지만 당분간 아마존이 처방약 시장에서 큰 영향을 끼치지는 못할 것으로 보인다.

그렇다면 비보험cash pay 처방약 시장은 어떨까? 아마존이라면 복제약을 저렴하게 들여와서 마진을 얼마 안 붙이고 싸게 내놓을 수 있을 것 같다. 아마존은 아마존 프라임 처방약 할인 혜택Amazon Prime prescription savings benefit이라는 프로그램을 내놓았다. 아마존 프라임 고객에게 비보험 환자를 위한 처방약 할인 서비스를 제공하는 것이다. 프라임 고객은 아마존 파머시에서는 물론 계약된 5만 개의 오프라인 약국에서도 비보험 약을 저렴하게 구입할 수 있다. 굿알엑스와 같은 모델이다. 이렇게 되면 굿알엑스와 같은 회사들이 큰 영향을 받을 가능성이 있다.

근데 이 서비스는 아마존 단독으로 제공하는 것이 아니다. 아마존은 약제관리회사인 익스프레스 스크립츠Express Scripts의 자회사인 인사이드Rx InsideRx와 협업을 한다. 엄밀하게는 아마존 프라임 회원들이 인사이드Rx의 서비스를 이용할 수 있도록 했다고 보는 것이 정확할 것이다. 그런데 인사이드Rx는 익스프레스 스크립츠와 굿알엑스의 파트너십으로 생겨난 회사이다. 그렇다 보니 아마존의 처방약 시장 진입과 관련해서 굿알엑스 CEO는 인터뷰에서 다음과 같이 언급한 바 있다.[6]

"(굿알엑스가) 익스프레스 스크립츠와 함께 인사이드Rx를 만들었다. 아마존은 인사이드Rx와 파트너십을 맺음으로써 보험 계약을 어기지 않으면서 웹사이트에 (처방 약) 가격을 올릴 수 있게 되었다. 왜냐하면 그것은 아마존의 가격이 아니라 인사이드Rx의 가격이기 때문이다. (…중략…) 굿알엑스와 아마존이 대결하는 것이 아니다. (…중략…) 우리는 고객이 어디를 가건 상관없이 가장 좋은 가격을 제시한다. 그렇기 때문에 아마존이 (우리의) 파트너이고 필팩도 (우리의) 파트너인 것이다."

정리하자면 아마존 프라임 처방약 할인 혜택은 아마존이 의료계의 기존 문법에 충실하게 내놓은 서비스인 셈이다. 아마존이라는 이름이 가지는 상징성을 빼고는 그다지 새로울 것이 없다.

2023년 1월 아마존은 RxPass라는 비보험 약물 구독 서비스를 발표했다. 아마존의 정기 구독 멤버쉽인 아마존 프라임 가입자가 추가로 가입할 수 있으며 가입 시 월 $5의 구독료만으로 추가 비용 부담

없이 당뇨병, 고혈압 등 80여 개 질환에 대한 복제약을 받을 수 있다. 단, 공공 보험인 메디케어 및 메디케이드 보험 가입자는 현재 가입할 수 없다. 이런 모델은 아마존 프라임 처방약 할인 혜택에 비해서 한발 더 나아간 것으로 의료비 부담이 큰 미국 시장에 변화를 이끌어 낼 것으로 기대를 받았다.

물론 보수적인 의료계의 속성 상 호락호락하지 않을 것이라고 보는 시각이 있다. 그 근거의 하나가 이미 오래전에 처방약 시장에 진입한 소매 유통의 강자 월마트 사례이다. 월마트는 1978년 처방약 시장에 진출했고 공격적인 복제약 가격 할인 정책을 내놓은 바 있다. 아마존의 RxPass에 미치지 못하지만 주요 복제약 한달치를 최저 $4에 제공하고 있다.* 하지만 현재 월마트의 미국 처방약 시장 점유율은 5%에도 미치지 못한다. 월마트가 처방약 시장에 진입했다고 해서 시장 질서 자체가 달라지지는 않았다. 지난 40년 동안 오히려 시장은 약제관리회사 위주로 재편되었다. 과연 아마존이 월마트를 뛰어넘는 성과를 보일 수 있을지 지켜볼 일이다.

아마존이 처방약 배송 시장에만 머문 것은 아니다. 2019년 9월 아마존 케어라는 이름의 원격진료 서비스를 시작했다. 아마존의 직원과 그 가족을 대상으로 원격진료 및 간호사 가정 방문 진료 서비스를 제공했다. 이후 서비스 대상 지역을 점차 확대했고 이후 2022년 2월 전국 단위 서비스를 시작하면서 외부 회사와도 계약을 맺고 서비스를 제공한다고 발표했다.

2022년 7월 아마존은 온오프라인 진료 회사인 원메디컬 인수를

---

* 아마존 RxPass는 환자가 처방 받은 것 중 해당되는 모든 약물을 월 $5에 제공하며 월마트는 약물 종류 별로 한달치를 최저 $4에 제공하기 때문에 차이가 있다.

발표했고, 8월에는 홈 헬스케어 회사인 시그니파이 헬스Signify Health 인수를 발표했다. 원메디컬은 인수에 성공했지만 시그니파이 헬스는 유나이티드헬스 그룹과 CVS가 인수 경쟁에 뛰어든 끝에 CVS가 인수하는 것으로 결정 났다. 2022년 8월에는 연말까지 아마존 케어 원격진료 서비스를 중단한다고 발표했고 이어서 11월에는 아마존 클리닉Amazon Clinic이라는 원격진료 플랫폼 출시를 발표했다. 아마존 클리닉은 직접 원격진료 서비스를 제공하지 않고 스테디엠디SteadyMD와 헬스탭Health Tap을 비롯한 외부 회사들이 서비스를 제공할 수 있는 플랫폼을 지향한다. 여드름, 피임, 멀미 등 20개 이상의 경증질환을 진단하고 약품 처방까지 가능하다.

이와 같은 원격진료 전략 변화는 어떻게 보아야 할까? 우선 아마존 케어의 중단과 관련해서 한 임원은 다음과 같이 언급한 바 있다.[7]

"(아마존 케어를 구축하는 과정 동안) 기업과 고객에게 의미 있는 의료 솔루션을 제공하기 위해 장기적으로 무엇이 필요한지에 대한 이해를 심화할 수 있었다. (…중략…) 아마존 케어를 운영하면서 기업 고객과 직원들로부터 광범위한 피드백을 수집하고 서비스 개선을 위해 지속적으로 노력해왔다. 하지만 기업 고객을 위한 완벽하고 장기적인 의료 서비스를 제공할 수 없다는 결론에 닿았다."

한편, 아마존 클리닉 출시를 발표하면서 다른 임원은 다음과 같이 언급했다.[8]

"우리는 고객과 원격진료 공급자를 연결하고자 한다. 중개자 역할을 하고, 훌륭한 고객 경험을 구축하고 있다. … 가벼운 질환들을 빠르고 쉽게 해결하는, '헬스케어 스토어' 같은 경험을 제공하고자 한다."

짧은 기간 동안 많은 변화가 있었기 때문에 아마존의 장기적인 헬스케어 전략을 짐작하기는 쉽지 않다. 크게 두 가지로 구분할 수 있다. 의료 영역에서는 인수에 나섰던 원메디컬과 시그니파이 헬스가 모두 메디케어 어드밴티지 가입 노인 환자를 대상으로 한다는 점에 주목할 필요가 있다. 현재 미국에서 빠르게 성장하고 있는 의료 시장 중 하나인 메디케어 어드밴티지를 노리는 것으로 보인다. 노인 환자는 여러 가지 약을 복용하는 경우가 많기 때문에 약 배송 서비스와의 시너지도 충분할 것이다.

이와 함께 아마존 클리닉을 통해서 경증 질환 시장에도 관심을 보인다. 다만, 경증 질환 시장에서는 진료 서비스는 외부에 맡기고 원격진료 이후에 이루어지는 약품 배송에 초점을 맞춘다고 볼 수 있다. 수익성이 높지 않은 원격진료 사업을 군이 직접 할 필요가 없다고 판단한 것으로 보인다. 앞서 살펴본 중국 사례에서 원격진료보다 의약품 커머스에 초점을 맞추며 이익을 내고 있는 징동 헬스케어 및 알리 헬스케어 사례와 비슷하다.

아마존의 헬스케어 사업 상황에 대해서 다룬 김에 다른 대기업에 대해서도 간략히 살펴보고자 한다. 주요 기업 가운데 헬스케어에 관심을 보이는 곳은 구글, 애플, 마이크로소프트, 삼성전자가 있다. 애플과 삼성전자는 스마트폰과 스마트워치와 같은 가전제품을 잘 팔기 위한 수단으로 헬스케어에 접근하는 것으로 볼 수 있다. 스마트워치에 여러 가지 헬스케어 기능을 탑재하고 있지만 현실적으로 본격적인 헬스케어 사업이라고 보기는 힘들어 보인다. 이에 대해서는 3장 B2C 헬스케어에서 다룬 바 있다.

구글과 마이크로소프트는 자사의 클라우드 사업을 키우기 위한 수단으로 헬스케어에 접근하는 것으로 추정된다. 구글은 딥마인드의 인공지능을 활용해서 다양한 헬스케어 파일럿 프로젝트를 진행한 바 있는데 독자적으로 의료 인공지능 사업을 할 가능성은 크지 않아 보인다. 구글 클라우드의 활용성을 높이기 위한 수단일 가능성이 크다. 실제로 구글은 2022년 11월 유방 촬영 판독 보조 의료 인공지능 기술을 인공지능 전문 기업인 iCAD 회사에 라이선스 아웃한다고 발표한 바 있다. 구글과 같은 대기업 입장에서 의료 인공지능을 비롯한 디지털 헬스케어 기술은 틈새 시장 기술에 가깝다. 의료는 기본적으로 다품종 소량 생산 시장이라고 볼 수 있는데 이는 구글과 같은 테크 대기업의 비즈니스 모델과 잘 맞지 않는다. 또한 의료기기 시장에서는 각 제품에 대해서 국가별로 의료기기 허가 및 보험 수가를 받는 절차를 거쳐야 하는데 이는 헬스케어 회사가 아닌 구글이 다루기 힘들어 보인다.

마이크로소프트는 뉘앙스Nuance 회사를 인수한 바 있다. 뉘앙스는 의료진이 진료 내용을 구술하면 이를 의무기록으로 정리하는 소프트웨어를 제공한다. 이 역시 마이크로소프트의 클라우드 비즈니스와의 시너지가 클 것으로 생각된다.

이런 맥락에서 보면 헬스케어 사업에 관심을 보이는 대기업 가운데 헬스케어 자체에 집중하는 회사는 사실상 아마존이 유일한 것으로 볼 수 있다.

보험회사나 아마존과 같은 대기업들이 의료 전반에서 미치는 영향력에 대해서 업계의 한 회사는 다음 표와 같이 정리한 바 있다. 지속적인 인수를 통해서 이들이 그리게 될 그림은 향후 상당 기간 업계의 시선을 끌 것이다.

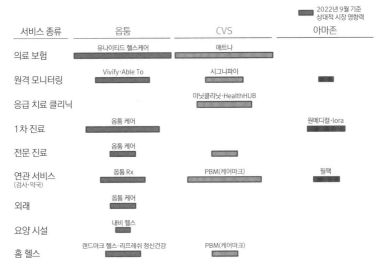

주요 업체의 헬스케어 수직적 통합 현황[9]

서비스 종류	옵툼	CVS	아마존
			▬ 2022년 9월 기준 상대적 시장 영향력
의료 보험	유나이티드 헬스케어	애트나	
원격 모니터링	Vivify·Able To	시그니파이	▬
응급 치료 클리닉		미닛클리닛·HealthHUB	
1차 진료	옵툼 케어		원메디컬·Iora
전문 진료	옵툼 케어		
연관 서비스 (검사·약국)	옵툼 Rx	PBM(케어마크)	필팩
외래	옵툼 케어		
요양 시설	내비 헬스		
홈 헬스	랜드마크 헬스·리프레쉬 정신건강	PBM(케어마크)	

지금까지 살펴본 내용을 정리하면 최근 1~2년 사이 미국의 원격 진료 및 인접 업계에서의 활발한 인수합병은 디지털 헬스케어 슈퍼 플랫폼 헤게모니를 차지하기 위한 경쟁으로 볼 수 있다. MZ세대, 일 반 직장인, 65세 이상의 세 가지 시장 세그먼트를 기준으로 지금까지 살펴본 주요 업체들을 다음 페이지의 그림과 같이 정리할 수 있다.

전통적인 원격진료에 속하는 텔라닥과 암웰 정도를 제외하고는 아직 각 세그먼트에서 주도적인 위치를 차지하는 회사가 나타나지 않고 있다. 특히 온오프라인 통합 진료의 경우 땅이 넓은 미국에 오 프라인 클리닉을 설치해야 한다는 점에서 상당한 시간이 지나도 전 국 단위로 주도적인 회사가 나오기는 쉽지 않을 것으로 보인다. 반면 MZ세대 시장의 경우 오프라인 클리닉의 필요성이 덜하기 때문에 편 의 진료 회사들이 젊은 감성을 바탕으로 존재감 있는 플랫폼을 만들

고객군과 진료 형태에 따른 주요 분야 현황

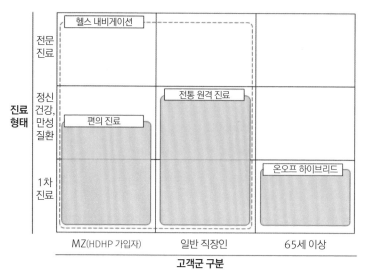

HDHP: 공제 금액이 높은 의료보험

어닐 가능성이 있다.

헬스 내비게이션은 디지털 헬스케어 슈퍼 플랫폼이 될 수 있는 잠재력이 있다. 트랜스케어런트 같은 회사가 의료비 절감에서 의미 있는 성과를 보여주고 이를 통해 고용주의 광범위한 지지를 받게 된다면 원격진료 및 디지털 헬스케어 전반을 좌지우지할 수 있는 위치에서게 될 수 있다. 특히 전통적인 원격진료 회사보다 훨씬 넓은 시장 세그먼트를 포괄할 수 있는 위치에 있기 때문에 그 파급력이 적지 않을 것이다.

전통적인 디지털 헬스케어 회사 이외에 보험회사와 유통 대기업들도 무시할 수 없다. 특히 미국 의료 시스템의 주도권을 쥐고 있는 보험회사들은 적지 않은 영향력을 과시할 것이다. 하지만 이 가운데 자체 역량을 확보한 1위 기업 유나이티드헬스 그룹 이외의 보험회사들은 디지털 헬스케어 기업들과의 협력에 나설 가능성이 크다. 끝으로 유통 대기업은 약 배송 등 강점이 있는 분야를 중심으로 존재감을 보여줄 것이다. 하지만 보험회사들과 비교해 뒤떨어질 것으로 생각한다.

3
한국에서의 슈퍼 플랫폼

Business model

미국에서는 디지털 헬스케어 서비스들이 고도화되면서 회사 간에 인수합병이 활발하게 일어나고 있다. 그 종착점에는 이 모든 것을 아우를 수 있는 디지털 헬스케어 슈퍼 플랫폼이 존재한다. 하지만 디지털 헬스케어 비즈니스가 제대로 돌아가지 않고 있는 우리나라에서 슈퍼 플랫폼은 언감생심이다.

코로나19 시기에 원격진료가 임시로 허용되고 보험 등 연관 업종에서 디지털 헬스케어에 관심을 가지면서 업계가 활발해지기 시작했다. 이와 함께 향후 슈퍼 플랫폼을 염두에 둔 듯한 움직임을 보이는 회사들도 나오고 있다. 우리나라에서 디지털 헬스케어 슈퍼 플랫폼은 어떤 모습을 띠게 될지 상상력을 발휘해보고자 한다. 여기서는 환자 진료를 중심으로 한 영역을 다루며 다이어트와 운동 등 소위 웰니스 영역은 포함하지 않는다.

우리나라에서 디지털 헬스케어 슈퍼 플랫폼은 어떤 형태를 띠게

한국의 디지털 헬스케어 슈퍼 플랫폼 모델

플랫폼 모델	플랫폼 성격	구성 요소
1-1. 일반 진료 기반	1차 진료 과목을 중심으로 진료에 집중	진료—만성질환·정신건강 관리—약 배송—디지털 치료기기, 원격 모니터링
1-2. 특정 진료과목 기반	소아과, 산부인과 등 특정 과목 진료 및 기타 기능 연계	소비자 도구—진료—만성질환·정신건강 관리—약 배송—디지털 치료기기, 원격 모니터링—커머스
2. 오프라인 진료, 돌봄 기반	재가 요양, 소아 재활 등 가정, 오프라인 시설에서의 돌봄 중심	O2O—(진료)—만성질환·정신건강 관리—(약 배송)—디지털 치료기기, 원격 모니터링—커머스
3. 온라인 질환 관리 기반	당뇨병 등 만성질환 관리 중심	만성질환·정신건강 관리—약 배송—디지털 치료기기, 원격 모니터링—커머스

될까? 슈퍼 플랫폼에는 다음과 같은 요소들이 포함될 것으로 보인다.

1. 원격진료

2. 만성질환·정신건강 관리$_{DsMx}$

3. 원격 약 배송

4. 디지털 치료기기$_{DTx}$, 원격 모니터링$_{RPM}$

이 요소들을 기본으로 해서 소비자 상황과 가치에 따라 향후 나올 수 있는 플랫폼 모델을 다음과 같이 정리할 수 있다.

1-1. 일반 진료 기반 모델: 디지털 헬스케어 슈퍼 플랫폼 하면 가장 먼저 떠올리는 모델이다. 원격진료를 시작으로 해서 약 배송, 만성질환 관리, 디지털 치료기기, 원격 모니터링 등 디지털 헬스케어 서비스가 붙는다. 진료와 처방이 핵심이다.

1-2. 특정 진료과목 기반 모델: 기본적으로 진료 기반이지만 앞

열나요

뒤로 다른 요소들이 추가되는 모델로 감기와 같은 일반적인 진료보다는 소아과나 산부인과와 같은 특정 전문 진료과목에서 가능성이 있어 보인다. 진료 앞 단계에 고객이 편리하게 사용할 수 있는 도구를 통해서 소비자를 유입할 가능성이 있다. 소아과는 소아 발열 관리를 하는 열나요와 같은 서비스, 산부인과의 경우 성 건강 혹은 생리와 관련된 서비스가 여기에 해당할 수 있다. 이런 모델에서는 커머스를 붙일 여지가 크다. 1-1 모델과 비교해 대상 환자군은 좁지만 커머스를 통해서 수익 가능성을 높인다고 볼 수 있다.

2. 오프라인 진료, 돌봄 기반 모델: 현재 오프라인에서 이루어지고 있는 진료와 돌봄을 중심으로 한 플랫폼이다. 오프라인 케어 매칭 서비스를 O2O라고 표현했다. 노인 장기 요양보험의 재가 요양 서비스, 장애인 복지관 혹은 아동 상담소와의 연계 서비스가 여기에 포함된다.

재가 요양 서비스는 거동이 제한적인 분들에게 이루어지는 재가

닥터다이어리의 당뇨 관리 서비스

환자 관리 플랫폼으로 작동할 수 있다. 이런 형태의 플랫폼이 의미가 있는 것은 재가 요양에 해당되는 환자들이 각종 디지털 헬스케어 서비스를 필요로 하지만 혼자서 이런 서비스를 받기 힘들 것이기 때문이다. 요양보호사와 같은 접점 인력이 이를 돕는 역할을 할 수 있다. 장애인 복지관이나 아동 상담소의 경우 디지털 치료기기 유통 및 관리를 위한 플랫폼으로 작동할 수 있을 것이다.

3. 온라인 질환 관리 기반 모델: 아직 우리나라에서 원격진료가 자리를 잡지 못하고 있는 상황에서 생각해 볼 수 있는 모델이다. 당뇨병과 같은 만성질환이 대상이 될 수 있다. 환자의 자가 관리 프로그램에 환자 커뮤니티나 SNS 기능을 추가한 모델이 가능하다. 특정 질환 환자를 충분히 모으는 경우 디지털 치료기기와 원격 모니터링을 위한 플랫폼으로 작동할 수 있고 커머스도 붙일 수 있다. '1-2. 특정 진료 과목 기반 모델'과 유사하다. 국내에서 당뇨병 환자를 대상으로 이와 유사한 모델을 만들어낸 회사로 닥터다이어리가 있다.

보살핌의 케어파트너 서비스

케어파트너는 요양보호사와 재가 요양 기관을 연결하는 온라인 매칭 플랫폼이다.

이렇게 4개 모델을 염두에 둘 때 어떻게 시장에 진입할 수 있을까? 3번은 진입 모델이 거의 정해져 있을 것으로 보인다. 환자 커뮤니티 혹은 만성질환 관리 앱 서비스를 기반으로 시작하는 것이 현실적이다.

1, 2번은 환자와 의사 혹은 간병인을 연결하는 매칭 플랫폼을 만들어내는 것이 관건이다. 1-1과 1-2와 같은 진료 기반 모델은 원격진료 매칭 플랫폼을 만들 수 있는데 아직 우리나라는 원격진료가 법제화되지 않는 등 전망이 불확실하다는 문제가 있다. 2번은 규제 이슈가 없어서 상대적으로 쉽다.

2번 모델의 대표적인 사례가 재가 요양 매칭 플랫폼이다. 노인 장기 요양보험의 적용을 받는 재가 요양 서비스를 제공하는 것으로 요양보호사와 환자를 매칭하는 서비스이다. 유사한 서비스로 병원으로 간병인을 보내주는 간병인 파견 서비스가 있다. 이 두 가지 서비스는 언뜻 보기에 비슷해 보인다. 하지만 간병인 파견 서비스는 오프라인 접점을 가진 디지털 헬스케어 슈퍼 플랫폼이 될 수 없다. 왜냐하면 간병인은 병원에서 일하는데 병원에는 간병인보다 의료 전문성이 뛰어난 인력이 일하고 있기 때문이다.

재가 요양 서비스에서 집으로 파견되는 요양보호사는 디지털 헬스케어 영역에서 약 복용 관리부터 디지털 치료기기, 원격 모니터링과 관련한 환자 접점 역할을 기대할 수 있다. 국내에서 다양한 스타트업들이 재가 요양 서비스를 제공하고 있다. 일반적으로 회사가 재가 요양 기관의 역할을 맡아서 환자와 요양보호사를 연결하는 역할을 담당한다. 보살핌 회사는 이와는 다르게 좋은 요양보호사를 구하는 것이 시장의 핵심으로 보고 요양 보호사와 재가 요양 기관을 연결하는 온라인 매칭 플랫폼 서비스를 제공하고 있다. 이들 가운데 일부가 장기적으로 오프라인 돌봄 기반 디지털 헬스케어 슈퍼 플랫폼으로의 성장할 가능성이 있다.

2번 모델의 또 다른 형태로 오프라인 아동 상담소 혹은 치매 센터와 환자 간 O2O 플랫폼을 생각해볼 수 있다. 재가 요양에 비해서 보다 전문적인 서비스를 제공하는 플랫폼이다. 여기에 주의력 결핍 과잉행동 증후군ADHD, 발달 장애 및 치매와 관련된 디지털 치료기기, 원격 모니터링 서비스를 탑재할 수 있을 것이다.

처음부터 매칭 플랫폼을 바로 만드는 것은 녹록지 않을 수 있다. 매칭 플랫폼은 의사 혹은 치료자를 환자와 연결하는 양면 시장으로 의사와 치료자가 많을수록 환자가 느끼는 가치가 늘어나고 환자가 많을수록 의사와 치료자가 느끼는 가치가 커진다. 이런 구조에서 양쪽을 한꺼번에 취하는 매칭 플랫폼을 만들기는 쉽지 않다.

플랫폼의 핵심은 서로 다른 참가자 간 상호작용이기 때문에 플랫폼 진입 전략은 어디서 유효한 접점을 만들 수 있을 것인지의 문제라고 볼 수 있다. 헬스케어에서는 의사-환자 간 상호작용이 중요하기 때문에 의사 혹은 환자 한쪽에서 접점의 실마리를 풀어갈 수 있다.

의사 쪽에서 접근하는 대표적인 방법은 의사가 환자와의 관계를 위해 사용하는 도구이다. 의료 업무 도구의 대명사인 전자의무기록이 여기에 해당한다. 디지털 헬스케어의 핵심도구로 전자의무기록을 꼽을 때 저장된 데이터를 염두에 두는 경우가 있다. 하지만 그 데이터는 의료기관이 아닌 플랫폼 운영자가 자유롭게 활용할 수가 없다. 이는 기존의 서버 기반 서비스 뿐만 아니라 최근 나오고 있는 클라우드 기반 서비스 역시 마찬가지이다. 게다가 전자의무기록은 기본적으로 데이터를 생성하고 저장하는 것보다는 보험 청구를 위한 도구이다.

따라서 환자 의료와 관련된 최선의 정제된 데이터보다는 보험 청구에 필요한 최소한의 데이터가 쌓여 있는 경우가 많다. 그나마 대형병원은 상황이 낫다고 하지만 일반적인 기대와는 달리 빨대만 꽂으면 유용한 가치를 쏙쏙 뽑아낼 수 있는 헬스케어 데이터 시스템 같은 것은 없다. 의학적으로 의미 있는 데이터를 만들어내기 위해서는 많은 사람이 붙어서 오랜 시간 정리해야 하는 경우가 많다.

최근 등장하고 있는 클라우드 기반 전자의무기록들은 장기적으로 플랫폼으로의 성장을 염두에 두고 의사와 환자 간 상호작용을 끌어내기 위한 도구로 자리매김하려는 전략을 보이고 있다. 국내에서 대표적인 회사로 세나클소프트가 있다. 세나클소프트는 이비인후과 개원가를 시작으로 해서 내과 개원가로 영역을 확대하고 있다. 의원급

세나클소프트의 클라우드 기반 전자의무기록

의료기관에서 어느 정도 설치가 된다면 이를 기반으로 환자용 앱 설치를 유도하고 앱상에서 의사와 환자 간 상호작용을 돕는다.

전자의무기록과 연동해서 의사의 업무와 연계될 수 있는 형태의 도구 역시 플랫폼 진입 도구로 활용될 수 있다. 동네 의원 진료 예약 도구로 알려진 똑딱이 여기에 해당한다. 똑딱의 핵심은 1차 진료 환경에서 사용되는 다수의 전자의무기록과 연동되어 의사의 진료와 연계된다는 점이다. 진료 예약은 일종의 미끼 상품으로 볼 수 있으며 그 위에 디지털 헬스케어의 다양한 도구를 얹을 수 있다.

만약 이런 서비스들이 1차 의료기관이 아니라 대형 병원을 상대로 하면 어떨까? 대형 병원이 좋아할 만한 기능을 찾아낸다면 시장 진입은 수월할 수 있다. 하지만, 시장 진입 이후에 회사가 원하는 추가 서비스를 더하는 것은 녹록지 않을 것이다. 대형 병원은 수백억 원을 들여서 전자의무기록을 만들었기 때문에 회사에 대해서 우월한 위치에 있다. 문제는 이런 대형 병원의 우월한 입장이 디지털 헬스케어 플랫폼에도 그대로 적용된다는 점이다. 이 경우 회사가 주도권을 행사하기 어려워서 사실상 플랫폼으로 작동하기 힘들어질 가능성이 있다. 반대로 동네 의원은 적은 사용료를 내고 기성품 전자의무기록을 사용하고 있기 때문에 전자의무기록 회사가 영향력을 발휘할 여지가 있다.

환자 쪽에서 접근하는 대표적인 방법은 환자에게 유용한 정보나 도구를 제공하는 것이다. 정보는 병원에 대한 것과 환자 자신에 대한 것으로 구분할 수 있다. 병원에 대한 것은 환자에게 유용할 수 있는 병원 관련 정보(개설 과목, 의사 정보, 진료 시간 등) 혹은 환자 리뷰가 있다. 환자 자신에 대한 정보로는 건강검진 데이터를 비롯하여 환자의 건강 및 진료 데이터를 모으는 것이 해당될 수 있다. 많은 논의가 있는 마이 데이터 사업도 여기에 해당된다. 이외에도 환자가 건강과 관련해서 유용하게 사용할 수 있는 도구를 제공할 수도 있다. 예를 들어 증상 점검symptom checker 기능을 통해 환자가 어떤 진료과를 가는 게 좋은지를 알려줄 수 있다. 이렇게 환자 쪽에서 접근하는 회사들의 대표적인 사례로 병원 정보 제공 서비스로는 굿닥, 환자 리뷰는 모두닥, 건강검진 데이터는 착한의사, 환자 사용 도구로는 열나요를 꼽을 수 있다.

마이 데이터 서비스와 같이 환자의 건강 데이터를 모으는 것만으로는 가치가 나오기 힘들다. 건강이 이런저런 점에서 안 좋으니 잘 관리해야 한다고 알려주는 것은 어떤 가치가 있을까? 건강검진을 통해서 이런저런 수치가 좋지 않다는 점을 알고 있지만 건강 행동으로 옮기지 않았던 사람들이 이런 서비스에서 좀 더 정밀한 데이터를 제시하는 것만으로 행동이 바뀔까? 이런 데이터 기반 서비스만으로 개인의 행동을 바꾸기는 쉽지 않으리라고 예상한다.

플랫폼의 핵심이 상호작용이라고 할 때 적어도 상호작용의 빈도나 효용 둘 중 하나는 뛰어나야 한다. 평소에 자주 쓰는 서비스가 되든지 아니면 관련된 문제가 생기면 바로 쓰고 싶은 그런 서비스가 되어야 한다. 이런 관점에서 볼 때 환자 쪽에서의 접근 방법 가운데 환자가 유용하게 사용할 수 있는 도구의 가치가 가장 클 것으로 생각한다.

서두에서 언급한 것처럼 디지털 헬스케어 업계 자체의 발전이 더딘 우리나라에서 슈퍼 플랫폼을 준비하는 것은 시기상조일지도 모른다. 하지만 시장이 열린 이후에 시작해서는 늦을 수밖에 없다는 점도 자명하다. 언젠가 국내에 디지털 헬스케어 시장이 열릴 것으로 본다면 지금쯤 이에 대한 준비를 시작하는 것이 필요할지도 모르겠다.

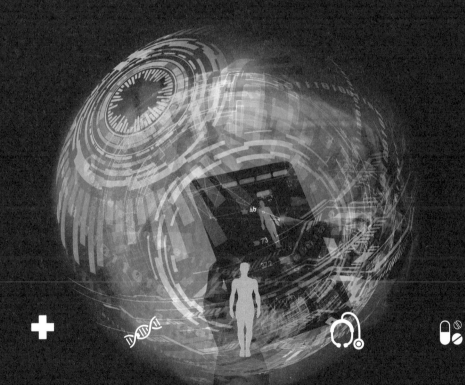

6장

디지털 헬스케어
피벗 스토리

Business model

　새로운 시장을 개척하려는 스타트업에서 업종 변경을 의미하는 피벗pivot은 선택이 아닌 경우가 많다. 아직 존재하지 않는 시장에 대한 가설은 검증 과정을 거치면서 바뀌게 마련이다. '이 길이 아닌가 봐.'라고 판명되는 순간 새로운 길을 찾아서 움직이고 마침내 맞는 길을 찾아내는 것이 스타트업의 숙명일 것이다. 디지털 헬스케어 업계 역시 다르지 않다. 시장의 가려운 점을 정확하게 찾아서 큰 어려움 없이 시장에 안착하는 경우도 없지는 않지만 많은 회사가 크고 작게 피벗을 하게 된다.

　피벗 스토리에서 많은 것을 배울 수 있다. 무엇이 시장에서 먹히고 그렇지 않은가를 보여주기 때문이다. 물론 피벗 이전의 모델이 반드시 나쁘다고는 할 수 없다. 경영진의 역량이 부족했을 수도 있고 그 사이에 시장 여건이 달라졌을 수도 있기 때문이다. 따라서 피벗의 의미는 조심스럽게 해석해야 한다. 그럼에도 불구하고 먼저 그 길을 간 사람의 행보에서는 배울 것이 있다고 보기에 디지털 헬스케어 업계 회사들의 피벗 사례를 살펴보려고 한다.

환자 케어를 돕는 도구에서 의료 공급자로 전환

의료진을 돕는 도구로 시작해서 의료 공급자 플랫폼으로 전환한 회사들이 있다. 원메디컬, 진저Ginger, 케이헬스K Health가 여기에 속한다. 원메디컬은 원래 동네 의원에서 진료를 효율적으로 할 수 있도록 도와주는 소프트웨어를 만들었다. 그런데 새로운 기술을 도입하려는 곳이 많지 않았다. 결국 스스로 의원을 만들어서 이 시스템을 의료 현장에 적용하는 방식을 택했다.

진저의 설립 당시 이름은 진저닷아이오Ginger.io였다. 스마트폰을 사용하는 패턴을 분석해서 우울증 등 정신 질환이 악화되는 것을 모니터링하는 인공지능 알고리즘 회사로 시작했다. 이상이 감지되는 경우 가족과 의사에게 연락하고 진료를 받도록 했다. 그런데 이것만으로는 부족했다. 미국에서 예약제로 운영되는 정신과 외래 진료를 보기 위해서는 한 달가량 기다려야 하기 때문이다. 질병이 나빠진 것을 찾아내는 것만으로는 충분하지 않았다.

이 회사는 이름을 진저로 변경하면서 정신 상담 및 진료 플랫폼으로 사업 방향을 바꾸었다. 가입자마다 상담 코치가 배정되고 필요한 경우 연계된 정신과 의사에게 의뢰한다. 비즈니스 모델도 바꾸었는데 진저닷아이오는 병원이 환자 관리에 사용하는 방식이었던 반면에 진저는 고용주가 직원 건강 관리용으로 사용하고 있다.

케이헬스'도 비슷한 맥락이다. 이 회사의 핵심 기술은 증상 확인 도구_{symptom checker}이다. 환자의 증상을 분석해서 어떤 진단일 가능성이 크고 어떤 진료를 받는 것이 좋을지 알려준다. 회사 측에서는 이렇게 소개한다.

"의사의 노트, 검사 결과, 치료, 처방, 기존 방문 결과, 기타 데이터를 바탕으로 케이헬스의 인공지능을 활용해서 환자에게 몇 가지 질문을 하고 비슷한 경우의 환자들이 어떤 진단과 치료를 받았는지를 제시한다."

증상 확인 결과를 바탕으로 뉴욕 인근의 동네 의원으로 연결하는 방식이었다. 이후 증상 확인 도구에 문자 기반의 저비용 원격진료 기능을 덧붙이는 형태로 피벗했다.

세 가지 사례의 공통점은 처음에 병의원 업무를 돕는 일을 하다가 직접 진료 분야로 뛰어들었다는 점이다. 스타트업이 만든 도구를 병원 시스템에 연동하는 것이 그만큼 힘들다는 뜻으로 볼 수 있다.

예를 들어 원메디컬이 만든 진료 효율화 시스템의 경우 병의원과 연동하기는 쉽지 않다. 그러기 위해서는 기존 진료 시스템에 변화를 주어야 하는 경우가 많기 때문이다. 진저와 케이헬스의 경우 찾아낸 환자를 병의원으로 연계했는데 이것만으로는 환자와 병의원 모두에 충분한 가치를 제공하기 힘들었을 것으로 보인다. 차라리 작닥_{Zocdoc}처럼 전문적인 진료 예약 서비스를 제공했다면 얘기가 다르겠지만 두 회사의 포커스는 단순 연계였던 것으로 보인다. 결국 두 회사의 기존 사업은 이도 저도 아닌 애매한 상태였던 것으로 보이며 그럴 바에는 아예 의사와 환자를 직접 연결하는 쪽으로 피벗한 것으로 생각된다.

원격진료에서 병의원 사용 도구로 피벗

물론 원격진료로 피벗하는 것만이 답은 아니다. 반대로 피벗한 회사들도 있다. 여기서는 두 회사를 다루려고 하는데 모두 피부과 원격진료 회사이다. 피벗 이후의 모델도 유사한데 병의원이 환자와의 커뮤니케이션에 사용하는 메신저를 제공하는 것이다.

클라라Klara는 독일에서 창업하여 미국으로 진출했다. 처음에는 피부과 의사와 환자를 연결하는 원격진료 회사로 시작했는데 2016년 병의원에서 환자와의 커뮤니케이션 용도로 사용하는 메신저 회사로 피벗[2]했다. 자세한 상황은 알기 힘들지만 코로나19 이전에 피부과 한 영역에 초점을 맞춘 상태에서 성장이 쉽지 않았던 것으로 보인다. 이후 피벗에 대해서 이렇게 언급한다.[2]

"우리는 헬스케어를 네트워크로 보고 있다. 여기서 의사는 가장 중요한 노드이다. 우리가 헬스케어를 디지털화하려고 한다면 우선 의사에 초점을 맞추어야 하며 그들과 그들의 팀이 사용하고 싶어 하는 것을 만들어야 한다. 그때에서야 우리는 의사-환자 관계를 온라인으로 옮겨오고 네트워크를 성공적으로 디지털화할 수 있을 것이다."

디지털 헬스케어 슈퍼 플랫폼에서 의사-환자 간 상호작용의 중요성을 지적했던 것과 같은 맥락이다. 클라라는 처음에는 의사-환자 간 상호작용을 한 번에 달성할 수 있는 원격진료를 지향했다가 이것이 생각보다 쉽지 않아서 의사가 쓰는 도구로 전환했다고 볼 수 있다. 피부과 이외의 진료과로 확장했고 현재는 메신저를 기반으로 원격진료 또한 제공하고 있다.

스프루스Spruce도 클라라와 비슷한 궤적을 그렸다. 처음에는 피부과 원격진료로 시작했다. 그러다 2018년에 원격진료 사업을 접고 진료 메신저로 피벗했다. 회사 측에 따르면 피부과 원격진료는 꽤 잘되었으며 애플 앱스토어의 의료 카테고리에서 1위에 오르기도 했다고 한다.

하지만 경영진은 비즈니스 모델이 폭발적으로 성장하기에는 한계가 있다고 보았다. 게다가 원격진료 자체가 경제성이 안 나왔다고 한다. 인건비가 높으면서 전문성이 높아 비용을 낮추기 힘든 의사의 진료를 중개하는 서비스는 빛 좋은 개살구가 될 확률이 높다. 기껏 번 돈을 의사들에게 갖다주어야 할 수 있다.

결국 스프루스는 효율적이고 경제적으로 '케어 전달care delivery과 케어 커뮤니케이션'을 달성할 방법은 의사-환자 간 커뮤니케이션의 근간이 되는 메신저 플랫폼을 활용하는 것이라는 결론에 도달한다.

클라라와 스프루스와 같이 원격진료에서 메신저로 피벗한 회사 사례를 놓고 볼 때 앞에서 살펴본 것처럼 반대로 피벗한 회사 사례는 어떻게 보아야 할까?

원메디컬은 현재 의사를 직접 고용해서 동네 의원 체인을 운영함으로써 온오프라인 진료를 함께 제공하고 있다. 반면 클라라와 스프루스가 초기에 택했던 모델은 일반적인 원격진료와 같이 의사와 환자를 중개하는 것이었다. 따라서 클라라와 스프루스의 피벗과 원메디컬의 피벗은 서로 상충된다고 보기 힘들다.

진저는 정신과 의사의 진료보다 정신 상담에 초점을 맞추었기 때문에 의사를 상대로 이익을 내야 하는 부담이 덜할 것으로 보인다. 특히 코로나19 발생 이후 정신 상담 서비스에 대한 수요가 늘어나면서 정신건강 스타트업들의 가치가 높아졌고 명상 서비스 회사인 헤드스페이스Headspace와 합병했다.

케이헬스는 정확한 상황은 알기 힘들지만 앞으로의 성장 가능성은 제한적일 것으로 보인다. 텔라닥과 암웰 등 선두 사업자가 워낙 빠르게 치고 나갔기 때문이다. 엠디라이브, 미헬스mehealth, 플러시케어FlushCare 등 중위권 원격진료 회사들이 더 큰 기업에 인수된 상황 또한 부담이다. 현재 모델로 독자 생존은 쉽지 않아 보이며 다른 기업의 인수 혹은 피벗이 현실적일 것으로 보인다.

돈이 될 것 같은 비즈니스 모델로 전환

모든 피벗은 기본적으로 돈을 잘 못 버는 비즈니스 모델에서 돈을 벌 것 같은 모델로의 전환이라고 할 수 있다. 세 번째 유형에 이런 제목을 붙인 것은 이 회사들이 기존에 했던 일이 돈이 안 된다는 것을 보여주기 때문이다.

여기에 해당하는 첫 번째 회사가 옵티마이즈닷헬스Optimize.health이다. 원래 이 회사의 이름은 필시Pillsy였으며 스마트 약병을 만들었다. 복약 순응도를 개선하기 위한 제품이다.

복약 순응도는 의료의 큰 문제 중 하나이기 때문에 여러 회사가 다양한 스마트 약병을 만들었다. 문제는 여기에 돈을 낼 주체가 애매하다는 것이다. 복약 순응도 개선을 위한 스마트 도구들 가운데 스마트 주사기나 흡입기는 특정 약물과 결합될 여지가 커서 제약회사들이 관심을 가졌다. 반면 스마트 약병은 모든 알약을 담을 수 있기 때문에 제약회사들은 애매하다고 보는 경향이 있다. 보험 역시 개인에게 이런 비싼 제품을 사주는 것을 그리 탐탁지 않아 하는 것으로 보인다.

이런 상황에서 미국 메디케어는 원격 환자 모니터링RPM, Remote Physiologic Monitoring에 대한 보험 수가를 만든다. 옵티마이즈닷헬스는 보험이 제대로 밀어주겠다고 선언한 이 분야가 좋겠다고 판단한 것으로 보인다. 그래서 원격 모니터링 플랫폼 회사로 피벗한다. 각종 디지털 의료기기 회사 및 병원과 계약을 맺고 환자들이 의료기기를 사용하면서 수집된 데이터를 분석해서 병원이 손쉽게 사용할 수 있도록 하는 중계자로 나선다.

돈 안 되는 비즈니스 모델을 버린 두 번째 회사는 프로그노스 헬스Prognos Health이다. 원래 이 회사의 이름은 메디보Medivo였으며 환자들이 손쉽게 검사 결과를 확인하고 그 의미를 이해할 수 있도록 돕는 서비스를 제공했다. 정확한 비즈니스 모델은 알기 어렵지만 적어도 소비자가 이 서비스에 직접 돈을 내지는 않았을 것 같다. 미국 디지털 헬스케어의 큰손인 고용주 입장에서도 의료비 절약 등 명확한 가치가 없는 상태에서 돈을 낼 의향이 없었을 것으로 보인다.

이 회사는 프로그노스Prognos로 이름을 바꾸면서 의료 데이터 분석 회사로 탈바꿈한다. 정확한 비즈니스 모델은 위험도 조정risk adjustment이다. 데이터 분석을 통해서 환자의 상태와 진단명을 정확하게 파악해서 병원이나 보험회사가 메디케어로부터 더 많은 보험 수가를 받는 것을 돕는다. 지불자가 확실한 모델이라고 할 수 있다. 위험도 조정 비즈니스에 대해서는 7장에서 자세히 살펴보겠다.

또 다른 사례로 올리브 에이아이Olive AI가 있다. 설립 당시 크로스첵스CrossChx라는 이름이었는데 태블릿 기반으로 병의원에서 환자 체크인을 도와주는 서비스를 제공했다. 작당처럼 새로운 환자를 유치할 수 있다면 모르겠지만 단순히 체크인을 도와주는 정도로는 가치가 불확실하다. 특히 미국에서는 환자 1명당 10~15분씩 여유 있게 진료하기 때문에 체크인을 도와주는 서비스의 가치는 애매해 보인다.

그 후 2018년에 회사 이름을 올리브 에이아이로 바꾸면서 피벗했다. 병원의 의료비 지불과 관련한 업무 전반을 돕는 매출 관리RCM, revenue cycle management 서비스이다. 다양한 의료보험과 병원이 계약을 맺는 복잡한 구조에서 의료비 지불과 관련된 업무를 도와준다. 보험 청구 관리, (보험 적용 여부를 확인하는) 사전 승인 등이 여기에 해당한다.

사업 확장 모델

피벗이라기보다는 비즈니스 모델의 확장에 해당하는 사례도 있다. 연관된 분야로 사업 범위를 넓히는 경우이다.

원격진료 회사인 닥터온디맨드와 합병한 그랜드 라운드의 경우 원래는 2차 소견 서비스 회사였다. 의사로부터 진단받은 결과에 대해서 다른 의사로부터 2차 소견을 구하도록 도와준다. 텔라닥이 인수한 베스트닥터스도 같은 일을 했다. 2차 소견 서비스의 비즈니스 모델은 고용주가 돈을 내고 회사 직원들에게 서비스를 제공하는 방식이다. 이 서비스의 가치는 오진 때문에 불필요한 진료비가 발생하는 것을 막음으로써 고용주가 의료비를 절약하는 것을 돕는 것이다.

그랜드 라운드는 여기서 한발 더 나아가 헬스 내비게이션 회사로 발전한다. 헬스 내비게이션은 환자가 저렴한 비용으로 적절한 진료를 받을 수 있도록 돕는 서비스이다. 미국은 병원마다 진료비와 검사

비가 천차만별로 다르고 약국마다 약값도 큰 차이를 보이는 경우가 많다. 헬스 내비게이션 회사는 가격 및 의료의 질에 대한 정보를 바탕으로 의료비 절약을 돕는다.

2차 소견 서비스와 헬스 내비게이션 모두 고용주를 대상으로 의료비 절감을 도와준다는 점에서 같은 비즈니스 모델을 가지고 있다. 따라서 한쪽에서 시작한 회사가 다른 쪽으로 진출할 여지가 크다. 실제로 헬스 내비게이션 회사인 애콜레이드는 2021년 1월 2차 소견 서비스 회사인 세컨드닷엠디 회사를 인수했다.

비즈니스 모델 확장에 해당하는 다른 사례로 빔덴탈Beam Dental이 있다. 원래 이 회사는 스마트 칫솔을 만들었다. 스마트 칫솔은 블루투스로 스마트폰과 연동되며 칫솔질 습관 데이터를 수집하고 이를 잘 닦도록 도와준다. 이 회사는 2016년 치과 보험을 제공하기 시작했다. 이를 잘 닦는 사람들에게 저렴한 치과 보험을 제공하는 모델이라고 할 수 있다.

미국에서는 의료보험에 치과 보험이 포함되지 않는 경우가 많다. 미국의 치과 보험 업계가 의료보험 업계와 같은 시스템을 갖추었다면 빔덴탈이 굳이 별도의 보험을 제공하기보다는 보험회사와 협업하는 모델을 택했을지도 모른다. 하지만 아직 그렇지 못한 상황에서 야심 차게 데이터 기반의 치과 보험회사로 진화하기로 한 것으로 보인다.

빔덴탈 모델을 그대로 따라가고 있는 회사로 큅Quip이 있다. 이 회사도 스마트 칫솔을 만드는 회사로 시작했다. 2018년 5월 치과 보험 스타트업인 아포라Afora를 인수하고 2019년 여름부터 치과 보험 상품을 판매하기 시작했다.

헬스케어 데이터 비즈니스 피벗 사례[3]

오래전에 설립된 에비데이션 헬스Evidation Health 회사는 디지털 헬스케어 업계에 이름이 잘 알려져 있다. 그런데 이 회사의 비즈니스 모델은 잘 알려져 있지 않다. 홈페이지에 가면 회사가 제공하는 가치를 이렇게 언급한다.

"건강에 대한 360도 뷰를 통해 더욱 강력한 통찰을 제공합니다."

이것만 보면 고객의 건강 데이터를 분석하는 것처럼 보인다. 그런데 의문이 꼬리를 문다. 과연 이것만 가지고 돈을 벌 수 있을까? 이회사는 오랜 기간에 걸쳐 여러 번 업종을 변경한 바 있다. 그 과정을 살펴봄으로써 헬스케어 데이터 비즈니스에 관심 있는 회사들이 비즈니스 모델을 설정하는 데 도움을 받을 수 있으리라고 생각한다.

에비데이션 헬스가 지금까지 해온 일을 한마디로 요약하면 '일반 사용자를 대상으로 디지털 헬스케어 관련 실제 임상 증거를 수집하고 연구할 수 있는 플랫폼'이라고 할 수 있다. 이것만으로는 막연하므로 회사의 역사를 통해 구체적으로 살펴보자.

에비데이션 헬스는 웨어러블과 같은 각종 디지털 헬스케어 도구를 사용하고 데이터 공유에 관심 많은 사용자를 다수 확보했다. 어떻게 확보했을까? 사용자가 걸음걸이 수와 같은 데이터를 공유하면 포인트를 지급하고 일정 수준 이상 쌓이면 현금으로 바꿔주면서 가입자를 모집했다.

에비데이션의 초기 비즈니스 모델은 사용자가 공유한 데이터를 기반으로 걸음걸이 수 등 각종 지표가 사용자의 건강과 의료비에 미치는 영향을 산출하는 비즈니스였다. 예를 들어 휴매나 보험회사와 협업해서 웰니스 프로그램이 어느 정도의 효과가 있는지를 검증하는 서비스를 제공했다. 사실 이런 검증에 필요한 데이터는 웰니스 프로그램을 운영하는 보험회사가 모두 가지고 있기 때문에 보험회사가 에비데이션에 이를 맡길 유인은 높지 않다.

결국 디지털 헬스케어 제품의 효과성을 검증하는 것으로 비즈니스 모델을 변경한다. 이미 출시되어 사용되는 제품은 검증이 어렵지 않겠지만 새로 나온 디지털 헬스케어 제품은 사용자가 많지 않아서 검증하기가 어렵다. 이 경우는 기존에 축적된 데이터가 많지 않기 때문에 새로운 임상 시험을 해야 할 것이다.

이 과정에서 에비데이션은 어떤 경쟁력을 가질까? 디지털 헬스케어 제품을 열심히 사용하고 있고 또 새로운 도구를 써보는 데도 관심이 많은 회원을 다수 확보한 점을 경쟁력으로 볼 수 있다. 다시 말해 디지털 헬스케어 임상시험 기반을 확보하고 있다는 것이 강점으로 보인다.

디지털 헬스케어 회사들이 성장했다고 하지만 이들을 대상으로 한 비즈니스는 사업성이 좋지 않았던 것 같다. 다시 한번 비즈니스 모델을 바꾸었기 때문이다. 이번에는 제약회사가 디지털 헬스케어 도구를 활용한 임상 시험을 하는 것을 돕는 것이다. 아무래도 돈 많은 고객사를 상대하는 것이 사업성이 높다고 판단한 것으로 보인다. 사노피, 릴리 등의 메이저 제약회사들이 주요 파트너로 나와 있다.

에비데이션의 핵심 가치가 단순히 디지털 헬스케어 관련 임상시험에 참여할 의향이 많은 사람을 확보하는 것이라면 과연 얼마나 경쟁력이 있을까? 애플은 자사 제품 사용자를 대상으로 헬스키트 Healthkit라는 연구 플랫폼을 운영하면서 수만 명의 연구 참가자를 손쉽게 모집하고 있는데 에비데이션은 어떻게 경쟁할 수 있을까?

확실치는 않지만 에비데이션 헬스는 연구 자체를 대신해서 실시하는 임상시험 수탁 기관Contract Research Organization의 역할까지 수행하는 것으로 보인다. 제약회사 또는 애플과 공동 연구를 수행한 경우가 있는데 이들이 연구를 위탁했을 것이다. 경도 인지 장애의 진단에 관한 연구에서는 아이폰, 아이패드, 애플워치, (애플이 인수한 수면 모니터링 센서인) 베딧Beddit을 활용했다.[4] 즉 에비데이션은 애플과 경쟁하는 것이 아니라 협력한다고 볼 수 있다.

에비데이션 헬스가 변화해 온 과정을 보면 돈이 되는 비즈니스 모델을 찾아서 계속해서 새로운 길을 찾아왔다고 할 수 있다. 현재의 모델이 실제로 돈을 잘 버는지, 최선의 모델인지는 아직 불확실하다. 하지만 막연할 수 있는 헬스케어 데이터 비즈니스를 생각하는 회사들이 고민해볼 거리를 던져주고 있다.

지금까지 비즈니스 모델을 전환한 다양한 사례를 살펴보았다. 일부 회사는 상당한 성과를 내고 있지만 많은 회사가 아직 뚜렷한 성과를 내지 못하는 것이 사실이다. 따라서 이 회사들의 현재 비즈니스 모델이 무조건 좋다고 할 수는 없다. 이들의 현재 모습이 중요하다기보다는 어떤 상황에 있었고 어떤 고민을 했는지를 눈여겨보는 것이 필요하다.

서로 성격이 다르긴 하지만 여기서 살펴본 사례들을 다음과 같이 정리할 수 있다.

사례 1. 환자 케어를 부분적으로 돕는 것만으로는 부족할 가능성이 높다: 원메디컬, 진저, 케이헬스

사례 2. 의사-환자 간 양방향 플랫폼을 만드는 것이 힘들면 의사

가 쓰는 도구로 시작하는 것도 방법이다: 클라라, 스프루스

사례 3. 보험 수가가 나오는 곳이 왕이다: 옵티마이즈헬스

사례 4. 돈을 내는 주체가 명확한 것이 좋다: 프로그노스, 올리브

에이아이, 에비데이션 헬스

7장

헬스케어 데이터 비즈니스

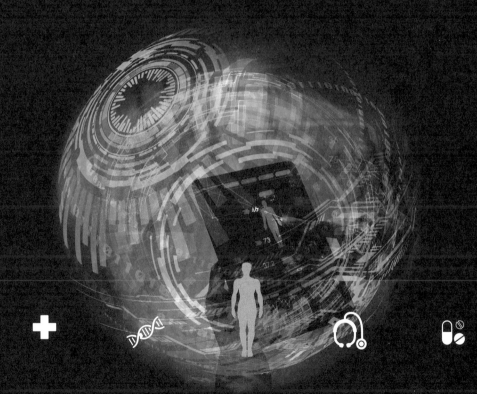

　4차 산업혁명 시대의 핵심이 데이터라는 이야기를 자주 듣는다. 헬스케어에서도 데이터의 중요성에 관한 이야기가 많다. 많은 병원과 학교에서 관련 연구를 진행하고 있고 연구 수준을 넘어서 사업화하려는 회사도 많다. 하지만 여러 스타트업이 애매한 비즈니스 모델을 "저희는 중요한 데이터를 모으고 있습니다."라는 이야기로 퉁치고 넘어가는 경우가 많은 것이 사실이다. 현재의 의료 시스템에서 데이터가 만들어내는 구체적인 사업적 가치에 대해서 살펴보고자 한다.

　여기서는 주로 미국 시스템을 다룬다. 디지털 헬스케어 전반이 그렇듯이 헬스케어 데이터 비즈니스가 가장 활성화된 곳이기 때문이다. 일부 회사들이 미국에서 잘나가는 비즈니스 모델을 국내 상황에 대한 고려 없이 접목하려는 경우가 있다. 헬스케어는 로컬 비즈니스의 성격이 강하기 때문에 미국에서는 말이 되는 모델이라도 우리나라에서는 통하지 않을 수 있다. 미국에서 그 모델이 왜 성립하는지에

대한 이해가 있어야 우리나라에도 적용할 수 있을지 판단할 수 있을
것이다.

1
처방 및 가격 정보

Business model

　4차 산업혁명 이전 호랑이 담배 피우던 시절부터 가치를 인정받은 대표적인 헬스케어 데이터는 처방 정보이다. 수기로 기록하던 시절부터 약국이나 병의원을 통해서 처방 정보를 수집하고 분석, 가공해서 판매하던 회사가 있었다. 처방전 한 건당 일정 금액을 지불하고 데이터를 수집했다.

　처방 정보는 제약회사가 정확한 판매 실적을 파악할 때 유용하다. 제약회사가 자체적으로 파악할 수 있는 정보는 환자에게 처방되어 판매된 실적이 아니라 도매상에 판매한 실적이다. 이것만으로는 정확한 영업 상황을 파악하기 힘들다. 특히 영업사원별 실적을 파악하기 위해서는 세분화된 지역별 환자 판매 실적이 필요하다. 영업직의 특성상 실적에 따른 인센티브가 중요하기 때문에 가능한 한 세밀하게 실적을 파악하는 것이 회사 차원에서나 영업사원 개인 차원에서나 의미가 있다.

한 단계 더 나아가서 처방 정보가 판매 실적 향상에 도움이 되면 금상첨화이다. 처방약은 의사가 처방하기 때문에 판매 실적이 향상된다는 것은 처방 건수가 늘어난다는 의미이다. 따라서 회사들은 의사의 처방 패턴에 영향을 줄 수 있는 방법을 찾는다. 임상 연구를 통해서 약의 효과를 입증하고 의사들에게 브랜드 인지도를 높이는 등 다양한 방법이 동원되지만 이것만으로는 의사에 대한 맞춤형 영업이 힘들다.

의사별 처방 패턴을 알 수 있다면 큰 힘이 될 것이다. 예를 들어 항상 우리 약을 많이 처방하는 의사, 한때 우리 약을 많이 처방했으나 최근에 경쟁사 약으로 바꾼 의사, 우리 약을 전혀 처방하지 않는 의사 등의 처방 패턴을 알 수 있다면 그에 맞춰 대응할 수 있다. 그래서 처방 데이터 회사들은 개별 의사에 대한 처방 정보까지 수집한다.

미국에는 HIPAA와 같은 의료정보 보호 규정이 있는데 어떻게 개별 의사 단위의 처방 정보를 수집할 수 있을까? HIPAA에서는 환자 정보만 비식별화하면 아무 문제 없이 쓸 수 있다. 즉 처방 의사 정보는 비식별화하지 않아도 된다.

IMS 헬스가 이 분야의 선두 회사인데 임상시험 수탁 기관CRO, Contract Research Organization인 퀸타일스Quintiles와 합병하여 아이큐비아IQVIA가 되었다. 지금의 아이큐비아는 처방 정보 외에도 뒤에서 다룰 정밀 의료 등 다양한 의료 정보를 수집하고 분석한다.

미국에서 의미 있는 또 다른 헬스케어 데이터는 가격 정보이다. 우리나라와 같이 국가에서 의료비를 통제하는 나라에서는 비급여 항목을 제외한 가격 정보의 의미가 제한적이다. 하지만 미국처럼 당사자 간 계약을 기본으로 하는 나라에서는 이야기가 다르다.

병원과 보험회사 간 계약을 예로 들어보겠다. 민간보험사와 병원 간 계약은 사적 주체 간에 이루어지기 때문에 계약 조건은 정하기 나름이다. 이때 수가를 비롯한 주요 계약 내용은 공개하지 않는다. 그래서 벌어지는 현상 중의 하나가 공식 가격list price과 실제 청구 가격 사이에 큰 차이가 생기는 것이다. 어떤 연예인이 미국에서 사고가 나서 병원에 갔는데 병원비가 몇억이 나왔다고 하는 이야기가 돌곤 하는데 대개 공식 가격이다. 하지만 보험 적용 가격은 이보다 훨씬 싸다. 약값도 마찬가지이다. 약품 가격의 경우 사실상 약제관리회사 이외에는 실제 거래되는 가격이 얼마인지 아무도 모른다고 해도 과언이 아니다.

게다가 미국에서는 일반적인 의료 서비스 가운데에서도 혈액 검사나 영상 검사와 같은 검사는 물론이고 심지어 응급실까지 병원과 독립되어 운영되는 경우가 많다. 의사가 검사를 처방하면 병원 내에서 검사를 받는 게 아니라 병원과 독립된 별도의 검사 센터로 가서 검사를 받게 된다. 이렇게 되면 진찰비, CT 가격, 혈액 검사 가격이 각각 따로 정해지기 때문에 그때마다 일일이 저렴한 곳을 찾는 것도 큰일이다.

이렇게 되니 각종 의료 행위와 약품 가격 정보를 구하고자 하는 수요가 생긴다. 예를 들어 병원 입장에서 보험회사와 수가 계약을 맺을 때 같은 지역에서 비슷한 규모의 다른 병원들이 수가를 어느 정도로 책정하는지를 알면 수가 협상에 도움이 될 것이다. 실제로 같은 지역 병원 간에도 대장내시경이나 CT 등 의료 행위 가격이 큰 차이가 나는 경우가 많다. 가격 데이터를 수집, 분석, 공개하는 것을 가격 투명성price transparency이라고 부른다.

앞서 다룬 아이큐비아 같은 회사도 가격 정보를 다룬다. 하지만 관련해서 눈여겨볼 만한 회사가 헬스 내비게이션 회사이다. 헬스 내비게이션의 중요한 역할 중 하나가 가격 정보 제공이다. 고용주가 돈을 내가며 헬스 내비게이션 서비스를 사용하는 이유이기도 하다. 수집한 의료비 정보를 바탕으로 저렴한 곳에서 진료를 받도록 유도한다.

헬스 내비게이션 회사는 여러 고용주로부터 직원들의 보험 청구 데이터를 넘겨받는다. 많은 고용주를 고객으로 확보해서 다양한 청구 데이터를 모을수록 가격 정보가 정확해지고 그만큼 회사의 힘이 강해지게 된다. 남의 데이터로 장사하는 봉이 김선달이라고 볼 수 있다.

의료비를 아끼려는 고용주의 입장은 이해가 가지만 직원의 입장은 어떨까? 어차피 고용주가 의료비를 부담한다면 굳이 가격이 싼 곳에 가서 진료를 받을 이유가 없을 것이다. 헬스 내비게이션 회사가 늘어난 배경 중 하나는 본인 공제금액이 높은 의료보험HDHP, high deductible health plan 가입자가 많아졌다는 점이다. 공제금액이 높은 의료보험HDHP은 누적 의료비가 사전에 결정된 공제금액을 넘기기 전까지 전부 환자가 부담해야 한다. 이런 상황에서 환자는 의료비에 관심을 가지게 된다.

의료비가 공제금액을 넘어서면 고용주가 의료비를 부담해야 한다. 그렇기 때문에 고용주 입장에서는 직원을 잘 구슬려서 좀 더 싼 곳에서 진료를 받게 만들 유인이 존재한다. 그래서 헬스 내비게이션 회사들은 싼 곳에서 진료를 받을 때 현금 등 인센티브를 제공하기도 한다.

업계의 대표적인 회사가 상장사인 캐스트라이트Castlight이다. 이 회사의 연차 보고서를 보면 수집하는 주요 데이터를 다음과 같이 명시하고 있다.

- 보험 청구 데이터: 30개 이상 보험과 30개 이상 의료 공급자(병원, 약제관리회사PBM, 직원 지원 프로그램Employee assistance program 등 포함)
- 직원의 보험 가입 자격 심사 파일employer eligibility file 벤더 100군데 이상
- 건강 저축 계좌health savings account 관련 회사 100군데 이상
- 100군데 이상 각종 프로그램(디지털 헬스 솔루션 업체 등)

캐스트라이트는 한때 주목받았던 회사인데 2019년 말부터 실적이 급속도로 악화되었다. 미국 최대 의료보험회사인 유나이티드헬스 그룹에서 랠리Rally라는 유사 서비스를 무료로 풀면서 월마트와 같은 주요 고객사를 잃었기 때문이다.

생각해보면 캐스트라이트는 고객사 직원들의 의료보험 청구 데이터에 기타 공개된 데이터를 합한 것이 핵심 자산이다. 그런데 그 규모가 1위 보험회사인 유나이티드헬스 그룹을 넘어서기는 힘들 것이다. 아울러 유나이티드헬스 그룹 입장에서는 랠리를 무료로 제공해도 보험 고객을 확보할 수 있다면 충분히 남는 장사이기 때문에 굳이 돈을 받지 않아도 문제가 없을 것이다. 캐스트라이트가 2014년 상장 당시 제출한 서류에는 회사가 당면한 이슈 가운데 하나로 다른 보험회사와의 계약 조건 때문에 유나이티드헬스 그룹과 데이터 공유 계약을 맺지 못한다는 점이 나올 정도로 유나이티드헬스 그룹의 영향력은 막강하다.

헬스 내비게이션은 고용주를 대상으로 진료비를 절감할 목적에서 만들어졌다는 맥락이 중요하다. 즉 우리와는 상황이 다르다. 만약 국내에 도입한다면 아직 고용주의 지불 의향이 낮은 상황에서 B2C로 갈 수밖에 없다. 그런데 고객 역시 아직 돈 낼 준비가 안 되어 있다. 또 우리나라에서 진료비는 국가에서 결정하고 미국과 달리 진찰을 받은 의사가 있는 곳에서 대부분 검사를 진행하기 때문에 가격 비교 도구의 효용이 떨어진다. 예를 들어 서울대병원 교수에게 진료를 받고 나서 비급여 MRI 처방이 났는데 가격을 비교해보고 개원가 영상의학과에서 MRI를 찍을 사람은 없을 것이다.

미국에서 병원의 가격 공개를 강제화하는 법이 제정되면서 가격 정보의 중요성이 떨어진다고 보는 견해도 있다. 하지만 보험 코드 등 세분화된 단위로 가격을 공개하는 경우가 많아서 개별 환자의 상황에 적용하기가 힘들다. 따라서 전문적으로 가격 정보를 수집하고 분석하는 회사들의 가치는 쉽게 사라지지 않을 것이다.

2
위험도 조정

Business model

미국에서 큰 이슈 가운데 하나가 매우 높은 의료비이다. 의료비를 통제하는 방법의 하나로 인두제 지불 방식이 있다. 현재 의료 지불 방식의 주류를 이루는 행위별 수가제는 더 많은 의료 행위를 할수록 의료기관이 돈을 벌 수 있는 시스템이다. 이에 비해 인두제는 1년과 같이 일정한 기간 동안 환자 1인의 의료비를 사전에 결정하고 그 안에서 진료하도록 함으로써 의료비를 절감하려고 한다. 노인을 위한 국가 의료보험인 메디케어를 민간에 위탁해서 운영하는 메디케어 어드밴티지가 이 방식을 사용한다.

민간 보험회사는 가입한 환자 1인당 국가로부터 일정한 금액을 지급받는다. 그리고 민간 보험회사는 같은 방식으로 병원과 진료 계약을 맺는다. 이때 모든 보험 가입자에 대해서 동일한 금액이 지급된다면 의료비가 많이 나오는 사람은 보험회사에서 회피하려고 할 것이다. 따라서 환자의 중증도에 따라서 금액이 달리 지급된다. 중증도는 진찰 및 검사 결과에 바탕을 둔다. 중요한 진단명이나 검사 결과가 누락되면 받을 수 있는 금액이 줄어든다. 이런 상황에서 병원과 보험회사 입장에서는 보험금을 더 많이 받을 수 있는 단서를 찾고자 노력을 기울이게 된다. 이 분야에 속하는 대표적인 회사가 아픽시오 Apixio와 시그니파이 헬스Signify Health이다.

아픽시오는 병원 의무기록을 분석해서 환자의 중증도 판단에 도움이 되는 정보를 알려준다. 예를 들어 의무기록 내용 가운데 최종 진단명에는 빠져 있지만 중증도 판단에 도움이 되는 진단명에 대한 단서를 찾아내서 알려주는 식이다. 시그니파이 헬스는 홈 헬스케어 회사인데 집으로 간호사를 파견해서 환자를 상세하게 진찰하여 진단 정보를 수집한다. 예를 들어 우울증 평가 설문지를 사용하여 우울증을 진단하거나 혈액 검사를 통해서 환자가 모르고 있던 당뇨병을 찾아내는 식이다. 이렇게 되면 환자의 중증도가 높아지고 진료하는 병원과 보험은 모두 더 많은 돈을 받게 된다. 이를 위험도 조정 비즈니스라고 한다. 의료보험사인 센텐과 의료보험사 애트나를 보유한 CVS헬스가 각각 아픽시오와 시그니파이 헬스를 인수한 것은 이런 점을 높게 샀기 때문이다.

이들은 기존에 모르던 문제를 찾아내서 환자의 건강을 향상시킬 수 있게 도울 수 있다고 주장한다. 틀린 말은 아니다. 그런데 중증도의 판단 근거가 객관적인 검사 결과일 수도 있지만 다소 주관적인 의료진의 소견일 수도 있다는 점이 이슈가 된다. 중증도가 높아질수록 더 많은 이익을 얻을 수 있는 유인이 있기 때문에 의도하지 않았다 해도 알게 모르게 중증도를 높이는 방향으로 소견서가 작성될 수 있다. 이로 인해 메디케어가 불필요한 지출을 많이 하고 있다는 주장이 제기되기도 한다.

여기서 강조하고 싶은 것은 아픽시오를 겉에서만 보고 병원 의무 기록 분석 능력으로 보험회사에서 높은 가치를 인정받고 인수되었다고 생각해서는 핵심을 놓친다는 것이다. 애매한 분석 능력에 가치를 느끼는 회사는 없다. 구체적으로 누구에게 이익이 되는 비즈니스인지를 따져볼 필요가 있다.

3
정밀 의료 데이터

Business model

의료에서 정밀 의료의 가치는 다음의 세 가지 정도로 정리할 수 있다.

1. 임상 의사결정 지원CDS, clinical decision support: 비슷한 환자에 대해서 다른 전문가들이 어떻게 진료하는지 참고할 수 있음
2. 실제 임상 증거RWE, real world evidence: 아직 연구 결과로 발표되지 않은 치료 결과, 약물 부작용 등을 알 수 있음. 이를 바탕으로 치료 방침 결정에 도움을 받거나 미충족 수요를 파악해서 좋은 결과가 나올 가능성이 큰 연구를 설계할 수 있음
3. 약물 개발: 신약 개발 전략 수립, 약물 적응증 확대, 신약 임상시험 시 피험자 모집 등

군이 분류하자면 1, 2번은 병원에, 3번은 제약회사에 유용한 가치

라고 할 수 있다. 1번이 생소하게 느껴질 수 있는데 이와 관련한 상황을 예를 들어보겠다.

암 환자를 진료하고 있다. 이런저런 항암제를 다 써보았는데 중간중간 효과를 보았지만 결국 재발했다. 더 이상 암 진료 가이드라인에 나오는 표준 진료법이 없는 상황이다. 일반적으로 의사가 택하는 방법은 다른 암 전문의에게 문의하거나 최신 논문을 검색해보는 것이다.

그런데 만약 많은 환자에 대한 진료 데이터베이스가 있으면 어떨까? 같은 종류의 항암치료를 실시한 환자들이 이 경우 어떤 치료를 받았고 어떤 결과가 있었는지 손쉽게 알 수 있을 것이다. 암 전문의라면 이에 바탕을 두고 치료 방침을 결정할 수 있을 것이다.

이는 한때 유행했던 IBM 왓슨보다 의사 진료에 더욱 도움이 될 가능성이 크다. 기본적으로 의료는 보험 적용 등 제도적, 문화적 영향을 크게 받을 수밖에 없다. 따라서 다른 나라에서 잘나가는 암 센터 의료진보다는 자신과 비슷한 여건에 있는 의료진의 진료 방침이 더욱 현실적이고 도움이 될 가능성이 크다.

정밀 의료 데이터베이스에 들어가는 데이터는 어떤 것일까? 진료 데이터와 유전체 데이터가 가장 중요할 것이다. 유전체는 지금은 DNA가 주를 이루고 있지만 넓게 보면 RNA, 단백질, 마이크로바이옴 등도 중요한 의미가 있다. 이외에 사망 데이터(해당 병원에서 사망하지 않은 경우 진료 데이터에 사망 여부는 나타나 있지 않을 가능성이 큼)나 환자의 일상생활 데이터도 의미가 있을 것이다.

이 가운데 가장 중요한 것은 진료 데이터이다. 영상, 혈액 등 각종 검사 결과, 치료 방침, 치료 결과 전체를 의미한다. 기본적으로 병원

전자의무기록에 모여 있다. 미국에서 각종 검사는 의료기관 밖에서 이루어지는 경우가 많다. 그 결과는 팩스와 같은 아날로그 형태 혹은 디지털 파일 형태로 병원으로 전달된다. 따라서 이를 디지털화하여 정리된 형태로 관리하는 것 자체가 이슈가 된다.

영상 검사는 영상 원본 및 판독 결과가 병원으로 넘어오고 혈액 검사는 결과 수치가 넘어온다. 일단 그 결과가 병원으로 넘어오면 검사 업체에는 의사가 추가로 필요로 할 만한 것은 사실상 남아 있지 않다고 볼 수 있다.

그런데 유전체 검사는 성격이 다르다. 유전체 검사 결과는 방대한 반면에 그 가운데 당장 환자 진료에 적용할 수 있는 부분은 제한적이다. 일반적인 의사는 전체 검사 결과를 해석하기 힘들기 때문에 검사 업체에서 임상적으로 의미 있다고 생각하는 결과를 담은 최종 리포트만 병원으로 전달된다. 따라서 전체 데이터는 여전히 유전체 검사 업체에 남아 있다.

유전체 검사 데이터를 다른 검사와 따로 언급한 것은 이 때문이다. 이런 관점에서 현재 정밀 의료의 중요한 데이터를 보관하는 곳은 병원(진료 데이터)과 유전체 검사 업체(유전체 데이터)이다. 환자 정보가 없는 유전체 데이터는 의미가 제한적이며 유전체 검사 결과 가운데 핵심적인 내용은 병원으로 보내지기 때문에 가장 중요한 데이터는 병원이 가지고 있다고 볼 수 있다.

진료 데이터를 가지고 있는 또 하나의 주체는 환자 개인이다. 병원 진료 데이터만큼 체계적이지는 않겠지만 자신의 질병에 관심이 많은 환자라면 주요 검사 결과와 치료 약물에 대한 정보를 가지고 있다. 특히 환자가 여러 병원을 옮겨 다녔을 때는 개별 병원보다 환자가 가진 정보가 의미가 있을 수 있다.

다음으로 생각해볼 것은 누가 정밀 의료 데이터를 위해서 돈을 낼 의향이 있을 것인가 하는 점이다. 목적과 주체에 따라서 크게 두 가지로 나누어볼 수 있다.

1. 병원이 다른 병원 데이터를 참고하기 위해서
2. 제약회사가 병원 데이터를 얻기(접근하기) 위해서

병원은 기본적으로 보험 수가를 벌 수 있거나 의료비용을 절약할 수 있지 않으면 돈을 잘 쓰지 않는 경향이 있다. 따라서 이 두 가지 경우 가운데 병원이 깊은 관심을 보이는 영역은 제약회사에 데이터를 제공하거나 협업하는 경우일 것이다. 제약회사 입장에서 모든 환자 데이터가 동일한 가치를 가지는 것은 아니다. 돈 되는 질병은 따로 있다. 신약 개발 트렌드로 보면 암과 희귀 질환orphan disease이 여기에 해당할 것이다.

지금까지 살펴본 내용을 다음과 같이 정리해볼 수 있다.

1. 정밀 의료에서 중요한 데이터는 진료 데이터와 유전체 데이터이다.
2. 진료 데이터는 필수이고 유전체 데이터까지 갖추면 금상첨화이다.
3. 진료 데이터는 병원 전자의무기록에 있는 데이터가 중요하지만 환자로부터 직접 수집한 데이터도 의미가 있다.
4. 데이터의 수요처로는 제약회사가 중요한데 이들은 암과 희귀질

환에 관심이 많다.

정밀 의료 데이터 회사는 암 혹은 희귀질환 진료 데이터를 병원이나 환자로부터 얻어서 제약회사에 제공함으로써 돈을 벌 수 있을 것이다. 좋은 데이터를 모으기만 한다면 제약회사에 판매하는 것은 어렵지 않을 것이기 때문에 이 비즈니스의 핵심은 어떻게 양질의 데이터를 모을 것인지에 있다고 할 수 있다.

정밀 의료 데이터 회사는 병원에 어떻게 접근할까? 쉽게 생각하면 제약회사로부터 받는 돈의 일부를 병원에 나누어주면 될 것 같다. 그런데 돈만 가지고 병원을 설득하기는 쉽지 않다. 도저히 거절할 수 없는 액수라면 이야기가 다를 수 있겠지만 회사의 수익성을 생각하면 그 정도 액수를 제시하는 것은 힘들다. 병원 입장에서는 돈을 받고 환자 데이터를 파는 이미지가 생기는 것도 부담이다. 따라서 회사들은 병원이 혹할 만한 가치를 제안하고자 노력한다. 병원이 유용하게 사용할 수 있는 데이터 분석 도구를 제공하는 경우가 많다. 병원에 데이터가 많은 것은 사실이지만 분석해서 가치를 제공할 만한 역량이 부족하다. 헬스케어 데이터 분석 전문 회사의 도움 없이는 제약회사가 원할 만한 가치를 만들어내기 힘들다.

이와 관련해서는 흥미로운 사례가 있다. 전 세계 최대의 암 관련 학회인 미국임상암학회ASCO는 여러 병원의 암 진료 데이터를 수집해서 가장 효과적인 암 치료법을 찾아내고자 계획을 세웠다. 10년이 넘는 기간 동안 노력해서 미국 내 100군데 이상의 암센터로부터 데이터를 수집했음에도 구체적인 성과를 거두지 못했다. 데이터들이 서로 호환되지 않아 수집한 데이터를 분석해서 의미를 끌어낼 수 없었기 때문이다. 결국 외부 전문 회사와 계약을 해서 데이터 수집과 분석을 맡기는 것이 맞는다는 결론을 내리게 된다.[1]

미국임상암학회는 템퍼스Tempus 회사 및 프리시전 헬스에이아이 Predicsion Health AI 회사와 캔서링큐CancerLinQ라는 자체 데이터베이스에 대한 접근 권한 라이선스 계약을 맺는다. 미국임상암학회는 이들 회사로부터 매년 라이선스 비용을 받는다. 미국임상암학회라면 전세계에서 암 진료와 관련된 최고 권위의 학회이고 미국 유수의 병원 데이터에 접근할 수 있었음에도 독자적으로 데이터 분석을 하기는 힘들어서 결국 외부 전문 회사의 도움을 받기로 했다는 점이 눈에 띈다.

헬스케어 데이터 분석 전문 회사들은 데이터 분석 도구에 더해서 각자 나름의 구체적인 가치를 제공함으로써 병원 고객을 끌어들이기 위해서 노력한다. 이 회사들이 병원에 접근하는 방법은 크게 세 가지로 구분할 수 있다.

첫 번째 방법은 병의원에 무료 전자의무기록을 제공하는 것이다. 병원은 전자의무기록을 무료로 사용하는 대신 진료 데이터를 제공하는 셈이다. 클라우드 기반이기 때문에 병원의 동의만 받으면 회사에서 병원 데이터에 접근하는 것이 어렵지 않다. 이런 접근을 택했던 회사로 프랙티스 퓨전Practice Fusion과 플랫아이언Flatiron이 있다.

프랙티스 퓨전은 흥미로운 역사를 가진 회사이다.[2] 금융 위기 직전에 전자의무기록을 출시했는데 크게 성장하지 못했다. 2009년부터 무료로 제공하기 시작하면서 빠르게 성장했다. 마침 오바마 케어에서 전자의무기록을 도입한 의료기관에 인센티브를 주기 시작했기 때문에 기존에 전자의무기록에 관심을 보이지 않았던 소규모 의원을 중심으로 설치 건수가 많이 늘어났다.

2015년 한 투자은행은 다음 해인 2016년에 상장하는 경우 그 가치가 15억 달러에 달한다고 평가한 바 있다. 그런데 우여곡절 끝에 2018년에 다른 전자의무기록 회사인 올스크립트AllScripts에 1억 달러에 매각되었다. 이후 현재는 구독료 기반으로 제공하고 있다.

상황이 이렇게 바뀌게 된 중요한 이유 중 하나는 의료기관으로부터 얻은 데이터의 가치가 생각보다 높지 않았던 데 있는 것으로 보인다. 다수의 소규모 의원에서 얻은 진료 기록의 값어치는 크지 않았을 것이다.

프랙티스 퓨전은 수익을 내기 위해 다양한 시도를 했다. 전자의무기록에 광고를 싣기도 했는데 그러다가 결국 선을 넘고 만다. 제약회사로부터 뒷돈을 받고 전자의무기록 내에 마약성 진통제 처방을 늘리도록 유도하기 위한 장치를 설치했다. 올스크립트에 인수되기 1년 전인 2017년에 조사가 시작되었으며 2020년 1월에 1억 4,500만 달러의 벌금을 내는 데 합의하기에 이른다.

프랙티스 퓨전 사례는 가치가 명확하지 않은 병원 진료 기록을 막연히 모은다고 해서 비즈니스를 하기 힘들다는 것을 잘 보여준다. 특히 이 회사는 제약회사가 활용할 수 있도록 데이터를 분석하는 능력도 갖추지 못했던 것으로 보이기 때문에 더욱 힘들었을 것이다.

2012년에 설립된 플랫아이언은 이점을 명확하게 인식하고 시작한 것으로 보인다. 이 회사 역시 무료 전자의무기록을 제공하면서 데이터에 접근하는 모델을 가지고 있다. 결정적인 차이는 플랫아이언은 암 진료 분야만을 겨냥했다는 점이다. 암 진료에 특화된 제품을 만들어 암을 전문으로 진료하는 개원가에 무료로 제공했다. 우리나

글래스도어에 나온 플랫아이언 리뷰 내용

라에서는 대형병원을 중심으로 암 진료를 하기 때문에 생소할 수 있다. 하지만 미국은 기본적으로 병원과 의사가 분리되어 있기 때문에 개원가 의사가 필요한 경우에 병원 시설을 빌려서 암 환자를 진료하는 경우가 많다. 따라서 이런 접근 방식이 가능하다.

여기서 한 가지 주목할 것은 흔히 상상하는 것처럼 전자의무기록 데이터에 접근할 수 있기만 하면 손쉽게 데이터를 활용할 수 있는 것이 아니라는 점이다. 전자의무기록에 입력되는 데이터는 대개 구조화되어 있지 않으며 팩스와 같이 아날로그 형태인 경우도 많기 때문에 바로 분석해서 활용하기 힘든 경우가 많다. 이를 극복하기 위해서 플랫아이언은 수작업으로 데이터를 구조화할 사람들을 고용했다. 회사 홈페이지에 보면 데이터를 정리하는 인력abstractor에 대한 구인 공고가 있는데 바로 이 일을 하는 사람들이다. 직장 리뷰 사이트인 글래스도어에 나온 리뷰 내용을 보면 이런 인력 규모가 1,500명에 달한다고 한다.

전자의무기록에 기록된 데이터를 구조화하는 작업은 상당한 공임이 들어가는 일이다. 이어서 소개할 다른 회사들도 기본적으로는 비슷한 접근 방식을 가진 것으로 보인다. 일부에서 전자의무기록 회사는 디지털 형태로 데이터를 보관하기 때문에 자동으로 귀중한 데이터를 뽑아 와서 큰 가치를 만들어낼 수 있다고 보는 경향이 있다. 그런데 지금까지 살펴본 바와 같이 데이터 수집과 활용 사이에는 많은 장벽이 있다. 이는 단순히 데이터 활용에 관한 법이 제정된다고 해서 해결되는 부분이 아니다.

헬스케어 데이터 전문 기업들이 병원에 제공할 수 있는 두 번째 가치는 데이터 통합이다. 앞서 설명했듯이 미국에서는 각종 검사 데이터가 서로 다른 기관에 분절되어 있어서 통합 관리가 되지 않는 경우가 많다. 따라서 유전체 데이터까지 포함해서 다양한 데이터를 통합 관리할 수 있는 것은 의미가 있다. 이를 전략으로 삼는 대표적인 회사가 사이앱스Syapse이다.

사이앱스 회사 홈페이지에 보면 '구조화된 유전체 분석 데이터를 끌어오기 위해서 유전체 분석 기관과 직접 연결한다.'는 것을 장점으로 내세운다. 병원이 유전체 검사기관에 검사를 의뢰할 때 그 결과지가 팩스나 종이와 같은 아날로그 형태로 오는 경우가 많고 디지털 형태라고 해도 텍스트라서 그 결과가 구조화되지 않은 경우가 많다고 한다. 사이앱스는 이런 부분까지 구조화된 데이터로 통합해준다는 점을 내세운다.

이 회사가 데이터를 수집해서 가치를 뽑아내는 과정을 다음 그림과 같이 표현하고 있다. 이 과정에 플랫아이언과 마찬가지로 수작업을 통한 데이터 정리manual abstraction라는 표현이 반복적으로 나온다.

사이앱스 업무 방식[3]

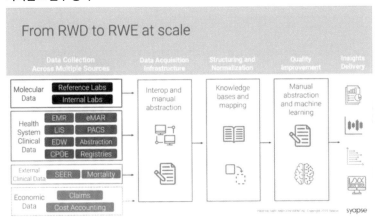

사이앱스는 주로 병원 고객을 대상으로 해서 전문적으로 데이터를 수집하고 분석하는 것을 돕는다. 병원은 이미 전자의무기록을 사용하는 경우가 많기 때문에 이를 공짜로 제공하는 것은 큰 가치가 되지 못한다. 따라서 사이앱스는 좋은 데이터 분석 툴의 값어치를 인정할 만한 병원을 주요 고객으로 삼는다.

헬스케어 데이터 전문 기업들이 병원에 접근하는 세 번째 방법은 유전체 분석 서비스를 제공하면서 묻어가는 것이다. 유전체 분석 외주 서비스를 제공하면서 암을 진료하는 병원들과 관계를 맺고 넌지시 '우리가 좋은 데이터 분석 툴도 줄 수 있는데 이것도 같이 쓰면 좋지 않을까?' 하고 제안하는 셈이다. 여기에 해당하는 경우가 미국임상암학회와의 계약을 따낸 템퍼스이다. 이때 템퍼스는 유전체 분석 원본 데이터까지 가지고 있기 때문에 다양한 분석을 통해서 지식을 창출해낼 가능성이 있다.

앞서 다룬 플랫아이언 역시 유전체 데이터와 결합한 가치를 제공하는 쪽으로 움직이고 있다. 이는 자체적으로 하는 것은 아니며 세계적인 바이오 및 진단 회사인 로슈가 2018년 2월에 플랫아이언을 인수하고 2018월 6월에 유전체 분석 회사인 파운데이션 메디슨Foundation Medicine을 인수했기 때문에 가능해졌다. 이 두 회사의 서비스를 결합함으로써 템퍼스와 유사한 서비스를 제공할 수 있게 되었다.

지금까지 디지털 헬스케어 데이터 회사들이 병원에 가치를 제공하면서 반대급부로 진료 데이터를 얻는 접근 방법에 대해서 살펴보았다. 요약하자면 데이터 분석 도구는 기본으로 제공하고 회사에 따라서 무료 전자의무기록, 데이터 통합 도구, 유전자 분석과 같은 별도의 서비스를 제공하면서 접근하고 있다.

다음으로 환자를 통해서 데이터에 접근하는 경우를 생각해보자. 의사들은 환자가 기록한 것을 얼마나 믿을 수 있겠는가 하고 폄하하는 경향이 있다. 하지만 암과 같이 파급 효과가 큰 병을 가지고 있거나 빈도가 드물어서 쉽게 데이터를 구하기 힘든 희귀병 환자라면 이야기가 달라진다. 진단명만 확실해도 도움이 되고 환자 본인이 치료 과정에 큰 관심이 있는 경우 의외로 상세한 기록을 구할 여지가 있다. 공교롭게도(혹은 당연하게도) 이들은 제약회사가 간절히 원하는 데이터를 가진 바로 그 환자군이다. 물론 환자에게 가서 "당신 데이터를 나에게 주면 내가 이를 잘 엮어서 제약회사에 팔겠다."라고 말해서는 아무것도 얻지 못할 것이다. 병원에 그랬던 것처럼 환자에게도 그들이 좋아할 만한 가치를 제공하면서 자연스럽게 데이터를 얻어내는 것이 필요하다. 두 가지 접근 방법이 있다.

첫 번째는 희귀질환 환자 커뮤니티를 만드는 것이다. 대표적인 사례가 페이션츠라이크미이다. 단순 커뮤니티는 아니고 환자들이 자신

페이션츠라이크미의 환자 자가 기록 데이터

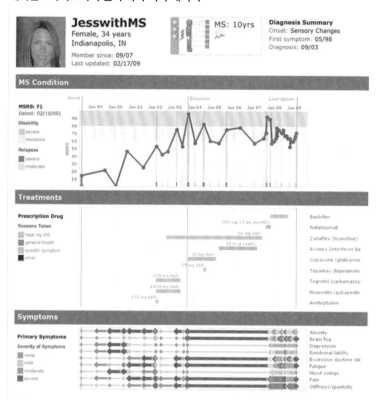

이 먹는 약이나 검사 결과를 올려서 서로 데이터를 공유할 수 있게 해준다. 비영리로 오해받기도 하는데 영리 기업이며 2017년에 중국 회사인 아이카본엑스iCarbonX에 인수되었다가 2019년에 유나이티드 헬스 그룹이 인수했다. 아이카본엑스는 중국 회사에 대한 트럼프 정부의 압박 때문에 이 회사를 판 것으로 알려져 있다. 앞에서도 다루었지만 유나이티드헬스 그룹은 헬스케어 데이터계의 최상위 포식자라고 할 수 있는데 페이션츠라이크미까지 인수하면서 정밀 의료에서도 존재감을 드러내고 있다.

두 번째는 템퍼스가 그랬던 것처럼 유전체 분석 서비스를 제공하면서 환자에게 은근슬쩍 물어서 진단 정보를 수집하는 경우이다. 23앤드미가 여기에 속한다. 일부에서 오해하는 것처럼 유전체 분석만으로는 그 의미에 한계가 있다. 데이터의 정답에 해당하는 환자 정보를 알아야 새로운 지식을 창출하는 데 도움이 된다.

B2C로 제공되는 23앤드미의 주력 상품은 질병 관련 유전자 검사보다는 조상 찾기 서비스라고 알려져 있다. 조상 찾기 유전자 검사는 앤세스트리닷컴Ancestry.com이 더 많이 하는데 23앤드미의 차별점은 고객을 잘 구슬려서 건강 정보를 공개하도록 유도하는 데 있다. 유전자 검사를 받은 고객들에게 정기적으로 메일을 보내는데 받아본 사람들 이야기를 들어보면 정보를 주고 싶게끔 잘 유도한다고들 한다. 이런 점에서 보면 23앤드미는 고객을 잘 구슬려서 본인의 유전 정보와 질병 정보 그리고 검사비 99달러를 내도록 만드는 대단한 회사라고 할 수 있다.

정리하자면 디지털 헬스케어 데이터 회사들은 병원 혹은 환자에게 다양한 가치를 제공하면서 데이터를 얻고자 노력한다. 특히 다음과 같은 점은 고려할 필요가 있다.

- 미국임상암학회의 캔서링큐 라이선스 사례에서 알 수 있는 것처럼 병원이 자체적으로 데이터를 분석해서 의미를 끌어내기는 쉽지 않다.
- 어떤 데이터를 수집할 것인가 하는 목적성 없이 마구잡이로 데이터를 모은다고 해서 경제적 가치가 있는 것은 아니다.

- 헬스케어 데이터를 의미 있게 구조화하기 위해서는 결국 사람이 붙어야 하며 상당한 공임이 들어간다.
- B2C 유전체 회사가 헬스케어 데이터 회사가 되기 위해서는 유전체를 분석하는 것을 넘어 질병 데이터를 수집할 수 있어야한다.

미국 의료 시스템의 이해

우리나라의 디지털 헬스케어 산업도 조금씩 성장하고 있지만 전 세계 디지털 헬스케어 산업을 이끄는 곳은 미국이다. 의료 시장 규모 가 압도적으로 크거니와 적극적으로 돈을 쓰는 고용주가 존재하기 때문이다. 따라서 많은 스타트업이 미국 시장 진출을 꿈꾼다. 또 사 업 계획을 세울 때 미국에서 벤치마킹 대상을 찾고 국내 시장에 적 용하기 위해서 노력하기도 한다.

두 가지 경우 모두 미국 의료 시스템을 이해하는 것이 필수적이다. 모든 헬스케어는 서로 다른 규제와 의료 문화의 영향을 받는 로컬 비 즈니스이기 때문에 다른 어떤 산업에 비해서도 대상 국가 시스템에 대한 이해가 중요하다. 이 책에서도 미국 사례를 많이 다루었다. 사례 를 설명하면서 부분적으로 미국 의료 시스템에 대해서 설명한 바 있 다. 독자들이 좀 더 종합적으로 이해하는 것을 돕기 위해서 미국 의 료 시스템에 대해 다루고자 한다.

우리나라 사람들에게는 생소한 미국 의료의 특징 중 하나가 의사 와 병원이 분리되어 있다는 점이다. 우리나라에서는 의사가 병원에 소속되어 있는 반면에 미국에서는 기본적으로 의사는 병원과 독립되어 있다. 우리나라에서 병원 진료를 받으면 전체 의료 서비스에 대해서 한 장의 청구서를 받지만 미국에서 병원 진료를 받으면 병원 청구서와 의사 청구서가 따로 온다.

이런 시스템이 생겨난 것에는 역사적인 배경이 있다. 의사라는 직업은 병원이 생기기 전부터 존재했다. 당시에는 의사가 환자의 집을 방문해서 왕진했다. 병원의 기원은 가난한 사람을 돕는 구빈원과 정신 질환자 수용 시설이었다. 종교 단체 혹은 지역 자치 단체에서 운영했다. 그 후 의료 기술이 발전했고 엑스레이와 같이 의사가 들고 다니면서 사용할 수 없는 비싸고 복잡한 장비가 나오면서 전문 기관의 필요성이 생겨났고 이들 시설이 병원으로 발전했다. 이런 배경으로 인해 미국의 의사는 기본적으로 자영업자인 개원의이고 필요에 따라 자신의 환자를 병원에 입원시켜서 시설을 이용한다. 진료는 해당 개원의가 하고 간호 등 나머지 서비스를 병원이 제공하는 개념이다.

병원도 우리나라와 개념이 다른 경우가 있다. 혈액 검사나 영상 검사는 물론이고 심지어는 응급실도 병원과 분리되어 운영되기도 한다. 이런 경우 병원 진료를 한 번 받고 나면 병원 청구서, 의사 청구서에 더해서 각종 검사 청구서, 응급실 청구서까지 따로 날아온다.

우리나라와 미국의 또 다른 차이, 엄밀하게 말하면 전 세계에서 우리나라에만 존재하는 독특한 시스템이 건강보험 강제 지정제이다. 우리나라에 있는 모든 병원은 예외 없이 건강보험의 적용을 받아 환자를 진료한다. 미용 성형외과와 같이 보험 적용이 안 되는 비급여 진료를 하는 일부 의료기관을 제외하고 모두 해당한다. 그러다 보니 우리나라 사람들은 국내 어떤 병원을 찾아가도 국민건강보험이 적용되지 않을까 걱정하는 경우는 없다. 게다가 우리나라에서는 전국 어디를 가도 비슷한 급 병원의 의료비는 동일하다. 우리나라에서는 이게 너무 당연하기 때문에 미국에 가면 혼란스럽다.

미국에서는 병원 및 의사가 의료보험과 개별적으로 계약을 맺는다. 예를 들어 의료보험 가운데 가장 큰 메디케어는 노인을 대상으로 하는 국가 보험인데 일반적으로 보험 수가가 낮다. 따라서 메디케어 환자 진료를 하지 않고도 병원 운영에 문제가 없다면 굳이 메디케어와 계약을 맺지 않고 사보험 환자만을 진료할 수 있다. 반대로 의료보험 입장에서도 특정 병원과만 계약을 맺을 수 있다. 민간 보험회사들은 이런 선별 계약을 무기로 병원 진료비 협상에서 우위를 점하기 위해서 노력한다. '이 동네에서 이만큼 환자를 몰아줄 테니 의료비를 깎읍시다.' 하고 얘기하는 셈이다. 예외로 메디케어는 선별 계약을 하지 않는다. 메디케어 환자를 진료하고자 하는 모든 병원은 메디케어와 계약을 맺을 수 있다.

의사와 병원이 분리되어 있기 때문에 이를 상대로 하는 의료보험 역시 분리되어 있다. 초기 의료보험은 병원 입원 진료비만을 대상으로 했다. 아직 의료 기술이 발전하지 않은 상태에서 의사 진료비는 큰돈이 들지 않았기 때문이다. 이렇게 생겨난 병원 보험이 지금도 미국 의료보험 업계에서 존재감을 과시하고 있는 블루크로스Blue Cross이다. 이후 의료비가 빠르게 늘어나면서 의사 진료비를 대상으로 한 의료보험이 생겨났다. 이것이 블루실드Blue Shield이다. 지금은 각 주 단위로 통합되어 블루크로스 블루실드BCBS, Blue Cross Blue Shield로 운영된다. 원래는 비영리가 원칙이었는데 일부는 영리화되어 한 울타리 안에 모여서 앤섬Anthem 보험이 되었고 이후 엘레번스 헬스Elevance Health로 이름이 바뀌었다.

미국에서 노인을 대상으로 하는 국가 보험인 메디케어 역시 이와 유사한 구조이다. 메디케어 파트 A는 병원 입원 진료비를, 파트 B는 병원 외래 진료비와 의사 진료비를 대상으로 한다. 파트 A는 일정 자격을 갖춘 사람은 모두 별도의 비용 없이 자동으로 가입된다. 파트 B는 가입 여부를 선택할 수 있으며 별도의 보험료를 내야 한다. 이 둘을 묶어서 '오리지널 메디케어'라고 한다.

다음으로 미국 의료보험의 구조에 대해서 살펴보자. 흔히 미국 의료는 민영화되어 있고 영리 보험회사의 천국이라고 알려져 있다. 하지만 미국 의료보험에서 가장 비중이 큰 것은 노인을 대상으로 한 국가 보험인 메디케어Medicare이다. 이외에 중요한 공공 보험으로 저소득층을 대상으로 한 메디케이드Medicaid와 현직 군인을 대상으로 한 트라이케어Tricare, 퇴직 군인을 위한 보훈 시스템인 VAVeterans Affairs, 전현직 연방 공무원을 대상으로 한 FEHBFederal Employee Health Benefit 등이 있다.

이 가운데 메디케어는 단일 보험자로는 가장 크며 미국 의료 시장에서 막강한 영향력을 행사한다. 특히 다른 의료보험들이 보험 수가를 정할 때 메디케어 수가를 기준으로 하는 경우가 많다. 수많은 의료 행위, 제품 가격을 일일이 검토하고 결정하는 것은 번거롭고 지난한 만큼 메디케어 수가를 기준으로 해서 일괄적으로 특정 퍼센트를 더해서 책정하기도 한다. 따라서 새로운 보험 수가를 노리는 입장에서는 메디케어를 기준으로 전략을 짤 필요가 있다.

메디케어 파트 A 및 파트 B의 병원 진료비는 포괄수가제로 운영된다. 우리나라에서 친숙한 병원 지불 방식은 개별 행위 하나하나에 가격을 매기는 행위 별 수가제이다. 미국에서도 의사 진료비는 행위

별 수가제로 운영된다.

여기서 헬스케어의 일반적인 지불 방식들에 대해서 살펴보자. 의료에서는 일반적으로 지불 단위를 기준으로 지불 방식을 분류한다. 지불 단위 별로 나누면 보통 아래 그림과 같이 분류할 수 있다.

헬스케어 지불 단위 별 지불 방식

	작은 단위 ←				→ 큰 단위
지불 단위	의료 행위	날짜	에피소드	환자	시간
지불 방식	행위별 수가제	일당 정액제	포괄 수가제	인두제	총액 계약제

지불 단위로 가장 작은 것은 의료 행위이다. 의료 행위 별로 지불하는 방식이 행위 별 수가제Fee for service이다. 병원은 환자에게 행해진 의료 행위(진찰, 각종 검사, 시술, 간호 등)에 개별적으로 매겨진 금액을 종합해서 의료비를 산출하며 그중 일부는 환자에게서 받고(본인 부담금) 나머지는 보험회사에 청구한다.

그런데 행위 별 수가제는 의료기관에서 의료 행위를 할 때마다 돈을 더 받는 시스템이기 때문에 더 많은 의료 행위를 할수록 돈을 더 벌게 된다. 의료기관 입장에서는 군이 의료비를 줄이거나 예방 진료에 투자할 인센티브가 없다. 따라서 늘어나는 의료비를 관리하고자 하는 입장에서 지불 단위를 더 크게 설정하여 의료기관이 부담을 지고 의료비를 절약하도록 유도하고자 하는 경우가 있다.

의료 행위보다 한 단계 더 큰 지불 단위로는 날짜가 있다. 입원 치료를 할 때 입원 기간 하루 당 가격이 정해진다. 입원 기간 중 사용한 약물이나 검사의 종류와 상관없이 일당으로 지불 액수가 책정된다. 이를 일당 정액제라고 한다. 국내에서는 호스피스 및 요양병원과 정신병원에 적용되고 있다. 복잡한 수술이나 치료를 필요로 하지 않고 일정한 수준의 관리를 필요로 하는 경우에 주로 적용한다고 할 수 있다.

더 나아가면 질병 또는 수술과 같은 에피소드 단위로 지불할 수도 있다. 이를 포괄수가제라고 부른다. 에피소드란 특정 질병이 있는 기간을 의미하며 에피소드 단위로 지불한다는 것은 질병을 진단하고 수술을 비롯한 치료를 하여 이를 낫게 하기까지의 과정 전체에 대해서 일정한 금액을 지불하는 것을 의미한다. 국내에서는 맹장 수술, 백내장 수술 등 비교적 간단한 수술에 적용된다. 수술 종류나 입원 기간, 수술 중 사용한 재료나 약물에 상관없이 일정한 금액을 지불한다.

포괄수가제를 전면적으로 도입하는 경우 각각의 진단명에 대해서 별도의 보험 수가를 책정하는 것은 비효율적이다. 이때, 진료에 들어가는 의료 자원이 비슷한 진단을 묶어서 진단명 기준 환자군DRG, Diagnosis Related Group으로 구분한다. 같은 환자군에 속하는 진단명에 대한 치료비는 동일하게 설정된다.

일당 정액제와 포괄수가제 하에서 의료기관들은 보다 적극적으로 의료비를 절약할 인센티브가 있다. 특히 포괄수가제는 일당 정액제와 달리 입원 기간이 길어지는 경우 그 비용을 모두 병원이 부담해야 하기 때문에 가급적 빨리 수술, 치료하고 퇴원시키기 위해서 노력하게 된다.

더 큰 단위로는 환자에 대해서 일정 기간 발생하는 모든 의료비를 대상으로 할 수 있다. 진료받을 일이 있을 때 찾을 주치의 혹은 담당 병원을 미리 결정하고 의료기관은 담당 환자 1명에 대해서 1년간 일정한 액수를 지불 받고 해당 환자에 대한 진료를 책임지는 방식으로 인두제라고 부른다.

포괄수가제와 인두제의 가장 큰 차이는 포괄수가제는 질병이 발생한 이후에 비용 효율적으로 진료하도록 유도하는 시스템인 반면 인두제는 예방 진료를 통해서 아예 병원 올 일이 없도록 하는 것을 유도할 수 있는 시스템이라는 점이다. 인두제 하에서 환자에게 문제가 생기기 전에 잘 관리해서 애당초 병원에 올 일이 없도록 하면 그만큼 의료기관이 이득이기 때문이다. 예를 들어 비만인 사람에게 문자 메시지나 전화 통화를 통해 체중을 감량하도록 해서 질병이 생기는 것을 줄이면 의료기관은 비만으로 인해 생길 수 있는 당뇨병과 같은 문제로 발생하는 의료비를 부담하지 않아도 된다. 물론 이렇게만 보면 대단히 이상적인 시스템 같지만 이상적으로 구현되었을 때 이야기이며 그렇게 구현하는 것은 쉽지 않다.

총액 계약제는 의료비 전체를 정해놓고 그 안에서 금액을 지불하는 방식이다. 가장 지불 단위가 큰 경우로 헬스케어 지불 방식의 끝판 왕이라고 할 수 있다. 대만이 총액 계약제를 도입한 대표적인 국가인데 다음 해의 총 진료비로 얼마를 지불할 것인지를 미리 결정하고 의원, 병원, 치과, 한방 각 부문 별 지불 액수를 정한 후 그 범위 내에서 진료비를 지불하게 된다. 총 진료비는 인구 증가율, 의료비 원가 변동률 등을 반영한 공식을 통해서 산출된다.

총액 계약제와 관련하여 사람들이 가끔 착각하는 것이 일년에 얼마를 받을 지가 정해져 있으면 몇 명만 진료하고 놀기만 해도 그 돈을 받을 수 있는 것 아닌가 하고 생각하는 것인데 당연히 그렇지 않다. 해당 부분 내에서 일정한 액수를 놓고 각자의 진료량에 따라서 진료비를 나누어 받기 때문이다. 물론 모든 의사, 의료기관들이 담합을 한다면 적게 일하면서 정해진 액수를 다 받는 것이 가능할 수 있 겠지만 공정거래법 등을 통해서 담합을 엄격하게 규제하고 있기 때문에 실제로는 불가능하다.

지금까지 의료에서의 지불 방식에 대해서 간단히 살펴보았는데 처음 나온 행위 별 수가제부터 총액 계약제로 갈수록 지불 단위가 커지며 이는 의료기관이 더 많은 재무적인 책임과 위험을 떠 안는 것을 의미한다. 지불 단위가 작을수록 보험이 부담하는 위험이 크고 커질수록 의료기관이 지는 위험이 큰 구조이다. 인구 고령화 등으로 인해서 의료비가 늘어남에 따라 국가 차원에서 의료 보험을 관장하는 국가들을 중심으로 의료 행위에 대한 결정을 내리는 의료기관이 더 많은 책임을 지는 구조로 바꾸는 추세이다.

한편 미국 메디케어에서는 포괄수가제와 행위 별 수가제를 모두 사용하고 있다. 메디케어 파트 A의 병원 입원 진료비와 파트 B의 병원 외래 진료비는 포괄수가제를 적용하고 있는데 전자를 IPPS Inpatient Prospective Payment System, 후자를 OPPS Outpatient Prospective Payment System라고 부른다. 메디케어 파트 B에 속하는 의사 진료비는 행위 별 수가제를 적용한다.

미국에서는 이렇게 포괄수가제를 운영하고 있기 때문에 우리나라와 비교해 입원 기간이 짧다. 무릎 인공관절 수술의 경우 국내에서는 2주까지 입원하는 경우가 있는데 미국에서는 1~3일에 불과한 경우가 많고 심지어는 외래 수술 센터에서 당일 수술을 하기도 한다.

포괄수가제는 의료 신기술에 어떤 영향을 미칠까? 다빈치 수술 로봇의 경우를 생각해보자. 대당 가격이 20억~30억 원에 이른다. 우리나라에서 다빈치 로봇은 빠르게 도입되었는데 주된 요인은 비급여로 비싼 수술비를 청구할 수 있어서 병원 수익에 도움이 되었기 때문이다. 그런데 미국에서 로봇 수술은 복강경 수술과 같은 수가를 적용받는다. 병원 입장에서 다빈치 수술을 도입했을 때 기존의 복강경 수술 대비 비용은 많이 들어가지만 동일한 매출밖에 거두지 못한다는 뜻이다.

그럼에도 미국에서 다빈치 로봇은 빠르게 도입되었다. 여러 가지 원인이 있겠지만 중요한 원인 중 하나는 다빈치 로봇으로 수술하는 경우 입원 기간을 단축할 수 있다는 점이다. 예를 들어 다빈치 로봇을 적용하는 빈도가 높은 전립선암 수술의 경우 기존 수술 방식으로는 이틀 동안 입원해야 하는 반면에 로봇 수술로는 하루만 입원하면 된다고 한다. 이렇게 되면 병원 입장에서는 다빈치 로봇을 쓸 때 수술 건수를 두 배로 늘릴 수 있다. 그만큼 병원 매출이 올라갈 것이다. 이런 매출 상승 효과가 유일한 이유는 아니겠지만 적어도 다빈치 로봇 수술 도입에 대한 병원 경영진의 판단에 영향은 미쳤을 것이다.

메디케어에는 병원 입원 진료비를 대상으로 한 파트 A와 병원 외래 진료비 및 의사 진료비를 대상으로 한 파트 B가 있음을 언급했다. 메디케어에는 여기에 두 가지 시스템이 더 존재한다. 메디케어 어드밴티지와 파트 D이다.

메디케어 어드밴티지는 파트 C라는 이름으로 시작되었다. 민간 보험회사에 위탁 운영한다. 메디케어를 운영하는 CMSCenter for Medicare and Medicaid Services가 민간 보험회사와 계약을 맺고 환자 1인당 진료 난이도에 따라 책정된 일정 금액을 지급하며 보험회사는 그 돈으로 1년간 환자에게 필요한 진료 서비스를 제공한다. 앞서 살펴본 바 있는 인두제 방식이다. 이때 보험회사는 같은 방식으로 병원과 진료 계약을 맺는다. 메디케어 의료비가 폭증하면서 이를 절약하기 위해서 생겨났다.

이때 모든 보험 가입자에 대해서 동일한 금액이 지급된다면 보험회사는 의료비가 많이 나오는 사람을 회피하려고 할 것이다. 따라서 환자의 중증도에 따라서 금액이 달리 지급된다. 중증도는 진찰 및 검사 결과에 바탕을 둔다. 중요한 진단명이나 검사 결과가 누락되면 보험 및 병원이 받을 수 있는 금액이 줄어든다. 이런 상황에서 병원과 보험회사 입장에서는 보험금을 더 많이 받을 수 있는 단서를 찾고자 하는 노력을 기울이게 된다. 이를 전문으로 하는 사업이 7장 2절에서 다룬 위험도 조정 비즈니스이다.

메디케어 어드밴티지를 운영하는 민간 보험회사는 메디케어 파트 A와 파트 B에 포함되는 내용은 모두 보험 적용을 해야 한다. 민간 보험회사들은 가입자를 유치하기 위해서 여러 가지 추가 혜택을 제공한다. 메디케어에 포함되지 않는 안경이나 치과 스케일링 등의 추가 서비스를 제공하는 경우가 많다. 이렇게 퍼주기만 하면 의료비를 어떻게 아낄 수 있을까? 민간 보험회사가 가진 대표적인 무기가 의료기관과의 선별 계약 및 적극적인 의료비 관리이다.

메디케어 어드밴티지 프로그램을 운영하는 민간 보험사들은 의사 및 의료기관과 선별적으로 계약을 맺으면서 가격을 협상한다. 환자 수를 담보로 가격 인하를 요구하는 셈이다. 이때, 메디케어 어드밴티지 가입자는 보험사와 계약된 의료기관만 이용할 수 있다. 평소 자주 찾던 주치의가 내가 가입한 메디케어 어드밴티지 보험회사와 계약을 맺지 않는 경우 더 이상 이용할 수 없다. 보험사들이 의료비를 낮추기 위해서 적극적으로 가격 협상에 나서면서 작년에는 보험 적용되던 의사가 올해는 계약되지 않는 경우도 적지 않다. CMS에서 직접 관장하는 오리지널 메디케어의 경우 메디케어 환자를 받는 모든 의료기관을 이용할 수 있다는 점에서 차이가 있다. 이외에도 보험사들은 비싼 수술이 필요한 경우 사전에 보험회사의 승인을 받도록 하는 사전 승인prior authorization 같은 방법을 써서 의료비를 적극적으로 관리하고자 노력한다.

파트 D는 외래 처방 약값에 대한 보험이다. 외래를 대상으로 하는 파트 B에는 처방 약값이 포함되어 있지 않다. 병원 입원 중에 사용하는 약값은 파트 A에 포함되며 외래 시술에서 사용하는 주사약값은 파트 B에 포함된다. 외래 처방 약값은 메디케어에 포함되지 않았다. 이후 약값 상승이 이슈가 되면서 2006년에 파트 D가 생겨났고 메디케어에 포함됐다. 파트 D는 파트 B와 마찬가지로 자격을 갖춘 대상자가 가입 여부를 선택할 수 있으며 별도의 보험료를 내야 한다.

파트 D는 메디케어 어드밴티지와 마찬가지로 민간 보험회사에서 운영한다. CMS가 민간 보험회사에 일정 금액을 지급하며 가입자도 보험료를 낸다. 위탁받은 민간 보험회사는 약제관리회사 및 제약회사와 계약을 맺고 약제를 관리한다. 보험 적용되는 약제가 등재되어 있는 처방 목록을 만든다. 이때 유리한 조건을 제시하는 약제가 선순위에 등재된다. 약제관리회사는 선순위에 등재하는 대가로 리베이트를 받고 이 중 일부를 민간 보험회사에 넘긴다. 흥미로운 점은 메디케어 파트 D는 궁극적으로 국가 기관인 CMS에서 운영하는 프로그램임에도 그동안 CMS는 제약회사와 직접 가격을 협상하는 것이 법으로 금지되어 있었다는 점이다. CMS의 위탁을 받은 개별 보험회사들이 협상을 담당했다. 최근 법이 바뀌면서 단계적으로 CMS가 직접 처방 약물의 도입 조건을 협상할 수 있게 되었다.

메디케어는 연방정부에서 운영하는 반면에 저소득층을 대상으로 한 공보험인 메디케이드는 각 주 단위로 운영한다. 많은 주에서 메디케이드를 메디케어 어드밴티지와 같은 형태로 민간 보험회사에 위탁해서 운영하는데 이를 메디케이드 매니지드 케어Medicaid Managed Care라고 부른다.

한편 오리지널 메디케어는 CMS에서 관리하고 운영하는데 미국처럼 넓은 나라에서 CMS가 실무를 전부 관장하기는 쉽지 않다. CMS는 민간 회사에 이를 위탁한다. 이런 민간 회사를 메디케어 운영 계약회사MAC, Medicare administrative contractor라고 부른다. 메디케어 어드밴티지는 위탁받은 민간 보험회사가 의료비 협상부터 시작해서 의료비를 적극적으로 관리하는 보험으로서 역할을 담당하는 반면에 메디케어 운영 계약회사MAC는 그 자체로 보험의 역할을 맡는 것이 아니고 실무를 위탁받는 개념이다. 미국 전역을 12개 지역으로 나누고 지역마다 하나의 메디케어 운영 계약회사MAC가 실무를 담당한다.

빈곤층 노인 수가 늘면서 메디케어와 메디케이드에 동시에 가입하는 사람들도 늘어나고 있다. 이를 두 보험 가입자dual eligible이라고 부른다. 상황에 따라 다르지만 이 경우 메디케어 보험에서 규정된 본인 부담금을 메디케이드가 보존해주기 때문에 본인 부담금이 없는 경우가 있다. 처방하는 의사나 환자 입장에서 비용에 대한 부담이 적기 때문에 디지털 헬스케어 회사 가운데 이들을 1차 대상 고객으로 삼는 경우가 있다.

지금까지 메디케어를 중심으로 미국의 공보험에 대해서 알아보았다. 다음으로 민간 보험에 대해서 살펴보자. 미국의 민간 보험은 기본적으로 회사에 다니는 직원을 대상으로 한다. 회사의 보조를 받아서 의료보험에 가입하는 구조이다. 미국에서 이렇게 직장을 기반으로 한 민간 의료보험이 자리를 잡게 된 것은 제2차 세계대전 때 노동자의 임금을 통제한 데서 기인한다고 한다. 임금을 통제한 대신 다른 혜택에 대해서는 규제를 가하지 않았다. 임금이 통제된 상태에서 우수한 직원을 유치하기 위해 회사들이 점점 더 좋은 의료보험을 제공하기 시작하면서 이 구조가 정착되었다. 이때 의료보험료를 비과세 처리하면서 고용주 기반의 민간 보험이 빠르게 성장하게 된다. 세후 월급을 기준으로 생각한다면 미국 회사의 직원들은 의료보험료의 일부가 세금으로 보전되는 구조라고 볼 수 있다. 이렇게 되면 아무래도 회사나 직원들은 의료보험료에 덜 민감해지게 된다. 미국에서 의료비가 빠르게 늘어난 원인 가운데 하나가 여기에 있다.

처음에 미국 민간 보험은 의사와 병원이 요구하는 의료비를 그대로 내주는 수동적인 역할을 했다. 이를 손해 배상 보험indemnity insur-ance이라고 부른다. 그런데 의료비가 빠르게 늘어나면서 고용주들의 원성이 커지기 시작했고 민간 보험회사들도 조치를 하기 시작했다. 진료 과정에서 적극적인 역할을 하는 것이다. 우선 일부 병원들과 선별적으로 계약을 맺는다. 또한 비싼 수술이 필요한 경우 사전 승인 과정을 통해 수술의 필요 여부를 점검하는 등의 방법을 사용한다. 이렇게 진료 과정에 적극적으로 개입하는 의료보험의 형태를 관리 보험MCO, managed care organization이라고 부른다. 현재 미국 대부분의 의료보험은 여기에 해당한다. 앞서 살펴본 메디케어 어드밴티지와 메디케이드 매니지드 케어도 여기에 속한다.

고용주 특히 대기업들은 의료비가 폭증하는 것을 보고 다른 생각을 하게 된다. 일반적으로 보험료의 15% 정도는 보험회사 비용으로 알려져 있는데 군이 이렇게 많은 돈을 지불해야 하냐는 것이다. 특히 직원 수가 많은 경우 그 안에서 위험이 충분히 분산될 가능성이 큰데 군이 비싼 추가금을 내고 민간 보험회사에 위험을 떠넘길 필요가 없다고 생각할 수 있다. 이 경우 군이 위험을 떠넘기지 않고 회사가 스스로 부담하는 것도 고려할 만하다. 이런 보험을 자가 의료보험self-insured이라고 부른다. 의료비가 발생할 때마다 고용주가 지급하는 구조이다. 보험회사에 위험을 떠 넘기는 전통적인 의료보험을 완전 의료보험fully-insured이라고 부른다.

다만 앞서 살펴본 바와 같이 미국 보험의 역할은 단순히 의료비와 관련한 위험을 관리하는 데 머무르지 않고 의료비를 아끼기 위해서 의료기관과 계약을 맺고 의료비를 관리하는 역할을 한다. 자가 의료보험을 택한 고용주는 이런 역할을 대행할 기관을 필요로 한다. 이런 기관이 3자관리회사TPA, Third Party Administrator와 관리 기능 전용서비스ASO, Administrative Service Only이다. 관리 기능 전용서비스는 기존 민간 보험회사 내부에서 자가 의료보험을 운영하는 고객사를 돕는 기능이다. 3자관리회사는 이런 역할만 전문적으로 담당하는 회사이다. 관리 기능 전용서비스와 3자관리회사는 하는 일은 비슷한데 누가 운영하는지에 따라서 구분된다고 볼 수 있다.

고용주는 의료보험과 관련된 실무는 잘 모르기 때문에 관리 기능 전용서비스나 3자관리회사의 의견을 듣고 결정을 하게 된다. 디지털 헬스케어와 같은 서비스의 경우에도 고용주가 직접 선택할 수도 있지만 관리 기능 전용서비스나 3자관리회사가 중개자 역할을 담당하는 경우가 많다. 미국 시장에 진입하고자 하는 스타트업 입장에서 이들은 중요한 문지기이다.

　이런 보험의 구조는 디지털 헬스케어에 어떤 영향을 미칠까? 원격진료를 생각해보자. 미국에서 원격진료에 빠르게 보험 적용을 한 것은 자가 의료보험 방식을 택하는 회사들이었다. 왜냐하면 원격진료가 의료비를 절감할 수 있을지에 대한 결정적인 데이터가 나오지 않고 있지만 회사는 직원의 결근을 줄이는 등 생산성을 높이는 효과만으로도 가치가 있기 때문이다. 참고로 미국 의료보험 적용의 방향타라고 볼 수 있는 메디케어는 코로나 이전까지 시골에 거주하는 가입자가 해당 지역 내에 있는 보건지소에 가서 그곳에 설치된 장비를 사용해서 받는 원격진료에 대해서만 보험 적용을 했다. 2020년 3월 코로나 비상사태가 발효되면서 이런 제한 없이 지역에 무관하게 집에서 받는 화상 통화 형태의 원격진료에 대해서 '임시로' 보험 적용을 하기 시작했다. 원격진료 적용 범위에 대한 법이 바뀌기 전에 코로나 비상사태가 종료되면 메디케어의 원격진료 적용 범위는 원래대로 돌아갈 것이다.

　자가 의료보험에는 직원 복지 성격의 서비스도 포함되는 경향이 있다. 근골격계 질환 관리, 만성질환 관리, 원격진료, 난임 관리, 암환자 관리 등의 서비스가 흔히 포함된다. 이렇게 구조가 복잡하기 때문에 디지털 헬스케어 서비스의 보험 적용 뉴스를 보면 헷갈리기 쉽다. 어떤 제품이 특정 민간 보험회사의 보험 적용을 받는다는 뉴스가 나왔다고 생각해보자. 이때의 보험은 우리가 생각하는 일반적인 의료보험이 아닐 수 있다. 완전 의료보험이라면 보수적인 보험회사가 가치를 따져서 의사결정을 내렸다고 볼 수 있지만, 자가 의료보험이라면 직원 복지 성격으로 적용한 것일 수도 있다. 이때 보험회사의 이름만으로는 판단하기 어렵다. 왜냐하면 민간 보험회사에서 완전 의료보험과 자가 의료보험을 모두 관리하기 때문이다. 따라서 미국 회사를 벤치마킹할 때 민간 보험회사의 보험 적용을 받은 기사를 해석하기 위해서는 어떤 종류의 보험으로부터 적용을 받았는지를 따져보는 것이 도움이 될 수 있다.

한편 젊은 사람들을 중심으로 새로운 형태의 보험이 빠르게 성장하고 있다. 공제 금액deductible이 높은 의료보험HDHP, high-deductible health plan이다. 공제 금액은 보험이 적용되기 시작하기 전에 본인이 100% 부담하는 금액을 의미한다. HDHP는 공제 금액이 높게 설정된 대신 보험료가 싼 특징이 있다. 젊고 건강해서 의료비 걱정이 덜한 경우 보험료 절약을 위해서 이런 형태의 보험에 가입할 수 있다.

HDHP에 가입한 사람들은 비과세로 건강 저축 계좌HSA, health savings account를 개설할 수 있다. 의료보험료가 비과세이기 때문에 형평성을 위해서 비과세를 적용하는 것으로 보인다. 이렇게 적립한 금액은 공제 금액을 비롯해서 다양한 의료비에 지출할 수 있다. 그리고 의료비로 사용하지 않은 금액은 이연하여 은퇴 후 연금으로 쓸 수도 있다.

이렇게 HDHP와 건강 저축 계좌를 결합하는 구조의 보험을 만든 것은 결국 개인이 스스로의 건강 관리에 인센티브를 가지고 잘 관리하도록 유도하는 것으로 볼 수 있다. 의료비를 아낀 만큼 은퇴 연금이 늘어날 것이기 때문에 불필요한 검사나 치료를 받지 않고, 받는 경우에도 가격을 잘 알아볼 유인이 있을 것이다.

참고로 환자의 본인 부담금은 두 가지로 구분되는데 정액 본인 부담금co-pay과 정률 본인 부담금co-insurance이 있다. 정액 본인 부담금

미국 의료 보험의 부담 구조

공제 금액 3,000달러, 정률 본인 부담금 20%, 연간 본인 부담금 상한액 6,850달러인 경우

은 일반적으로 외래 진료나 처방 약에 적용된다. 1회 방문 시 일정한 금액을 부담하고 나머지는 보험에서 지불한다. 정률 본인 부담금은 병원비, 비싼 진단비, 치료비에 해당하는 경우가 많고 발생한 의료비의 일정 비율을 환자 본인이 부담하는 구조이다. 한편 본인 부담금과 관련해서 본인 부담금 상한제out of pocket maximum가 설정된다. 정리하자면 공제 금액보다 낮은 금액은 환자가 100% 부담하고 이를 넘어서는 금액에 대해서는 환자가 의료비의 일정 비율을 부담한다. 그리고 본인 부담금 상한제 금액을 넘어서면 보험에서 100% 지불하게 된다. 본인 부담금 상한제 적용 금액은 매년 다시 설정된다.

민간 보험회사의 처방 약 관리에 대해서 살펴보자. 앞서 살펴본 메디케어 파트 D와 비슷하다. 처방약 관리와 관련해서 민간 보험회사는 약제관리회사PBM, Pharmacy Benefit Manager의 도움을 받는다. 미국의 주요 약제관리회사는 보험회사의 계열사이다. 1위 약제관리회사인 CVS는 보험회사 애트나, 2위 익스프레스 스크립츠Express Scripts는 시그나, 3위 옵튬Rx는 유나이티드 헬스케어, 4위 휴마나 파머시 솔루션즈Humana Pharmacy Solutions는 휴마나, 5위 프라임 테라퓨틱스는 18개 블루크로스 블루실드BlueCross BlueShield와 연결되어 있다.

미국 약가 지불 구조

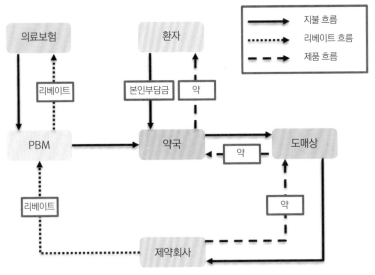

약제관리회사는 보험 가입자를 위한 약품 처방 목록을 만든다. 목록에는 각각의 약 종류마다 어떤 약을 우선으로 처방할지가 규정되어 있다. 우선순위에 따라서 약값과 환자의 본인 부담금이 달라진다. 우선순위가 높을수록 처방 매출이 높아질 것이다. 제약회사는 높은 순위를 받기 위해서 약제관리회사에 리베이트를 지급한다. 이 중 일부는 약제관리회사가 챙기고 나머지는 보험회사와 고용주에게로 넘긴다.

약제관리회사는 처방 건수를 바탕으로 제약회사와 협상하여 약값을 낮추는 역할을 담당한다. 그런데 약제관리회사는 미국에서 많은 비판을 받고 있다. 안 그래도 복잡한 미국 의료 시스템 내에서 불필요한 중개자 역할을 하면서 시장의 투명성을 떨어뜨리고 비용을 높인다는 지적이다.

이런 비판에는 타당한 점이 있다. 예를 들어 이런 경우를 생각해보

자. 어떤 환자가 약국을 찾아왔는데 그 환자의 처방약이 보험 적용을 받는 가격보다 비보험 가격이 싼 경우가 생길 수 있다. 미국은 가격 정보가 투명하게 공개되어 있지 않기 때문에 이런 일이 종종 발생한다. 약사는 환자에게 이런 사실을 알리고 비보험으로 약을 구입할 것을 권유할 수 있다. 환자는 매우 고마워할 것이다. 그런데 과거 약제 관리회사가 약국과 계약을 맺을 때 이를 금지하는 조항Gag rule이 들어가 있었다. 지금은 이런 조항이 법으로 금지되었지만 미국은 개별 주체들이 자유 의지로 계약을 맺는 구조이기 때문에 이와 유사한 상황이 발생할 수 있다. 특히 약제관리회사가 과점화되었기 때문에 다른 형태의 갑질을 할 유인이 존재한다.

미국 보험의 또 다른 특징은 일반적인 의료보험에는 치과 보험이 포함되지 않는 경우가 많다는 점이다. 일반 의료보험과는 별도로 보험에 가입해야 한다. 하지만 의료보험에 비해서 가입률이 낮다. 과거 데이터이기는 하지만 치과 보험 비가입자가 1억 명이 넘는다는 기사도 보인다.

난임 서비스 역시 의료보험에 포함되지 않는 경우가 많다. 난임, 임신, 출산 서비스 관리에 특화된 대표적인 회사로 프로지니Progyny가 있다. 이 회사의 핵심 비즈니스가 난임 분야에서 고용주를 위한 3자 관리회사와 비슷한 역할을 하는 것이다.

구체적으로 보면 난임 클리닉들과 선별적인 계약을 맺어 네트워크를 구성하고 가입자가 질 높은 의료를 저렴한 가격에 받을 수 있도록 도와준다. 제때 배란 유도제를 맞도록 해주는 복약 관리 서비스와 심리 상담 서비스 등을 제공하고 여기에 더해서 난임 관련 약물에 대한 약제 관리 솔루션을 제공한다.

끝으로 미국에서 새로운 의료기기가 보험 적용을 받게 되는 과정에 대해서 간략히 살펴보자. 보험 적용은 코드 신설coding-보험 등재 결정coverage-보험 수가 결정payment의 단계를 거친다. 보험 등재 및 수가 결정은 보험이 중요하게 생각하는 가치 및 보험 제도에 대한 내용으로 이는 앞에서 영역별로 다루었기 때문에 여기서는 코드 신설과 관련된 과정을 다루겠다.

보험을 적용하기 위해서는 적용 대상을 정의하는 것이 필요하다. 약물이나 의료기기와 같은 하드웨어의 경우 지불 단위가 명확하다. 그런데 의료의 중요한 축이라고 할 수 있는 의료 행위는 어떨까? 하드웨어와는 달리 자연적으로 정의되지 않는다. 따라서 의료 행위에 가격을 매기기 위해서는 이를 정의하는 것이 필요하다. 보험 코드가 이 역할을 하는데 미국에서 가장 중요한 보험 행위 코드는 CPTCommon Procedure Terminology 코드이다.

CPT 코드는 미국에서 각각의 진료 행위에 부여하는 코드로 미국 의사협회AMA에서 만든다. 클래스 I과 클래스 III 두 가지로 구분되는데 클래스 I은 정식 코드, 클래스 III는 임시 코드이다. 클래스 I은 임상적인 의미가 충분하다고 인정되는 것이며 클래스 III는 신기술로 아직 그 의미가 불확실하다고 간주되는 것이다. 클래스 III 코드는 다른 조치가 없으면 5년 후 자동 일몰되는데 그 안에 클래스 I 코드로 상향되든가 아니면 추가로 5년간 클래스 III 상태를 유지할 수도 있다. 클래스 I 코드가 모두 메디케어 보험 적용을 받는 것은 아니다. 클래스 III 코드의 경우에도 지역별 메디케어 계약자와 개별 수가 계약을 맺기도 한다.

CPT 코드만으로 부족한 부분은 CMS가 자체적으로 만든 HCPC-

S$^{Healthcare Common Procedure Coding System}$ 레벨 II 코드를 통해서 채우게 된다. 의사 이외의 인력이 제공하는 의료 서비스 혹은 관련된 보조기기에 대한 것을 다루는 경우가 많다.

새로운 헬스케어 제품을 만드는 회사들은 보험 수가 적용에 앞서 보험 코드를 부여받기 위해서 노력한다. 보험 코드가 있어야 병원과 보험회사가 이를 별도로 다룰 수 있고 별도로 다루어야 실제로 현장에서 사용되고 있다는 근거를 남길 수 있기 때문이다.

예를 들어보자. 생리 주기를 기반으로 한 피임 앱으로 미국식품의약국^{FDA} 승인을 받은 내추럴 사이클$^{Natural Cycles}$이 CMS에 보험 코드 신설을 요청한 적이 있다.[57] 이때 CMS는 민간 의료보험들이 내추럴 사이클 제품을 어떻게 보험 처리하고 있는지 자료를 요청했다. CMS 입장에서는 의료 현장에서 별로 사용되지도 않는 제품을 위해서 굳이 번거롭게 새로운 코드를 만들어 줄 필요가 있느냐는 이야기를 에둘러 하는 셈이라고도 볼 수 있다.

문제는 보험 코드가 없는 경우 보험회사들이 보험을 처리하는 것 자체가 쉽지 않다는 점이다. 신규 의료기기 회사들이 겪는 전형적인 '닭이 먼저냐, 달걀이 먼저냐' 문제이다. 회사들이 보험에 수가를 달라고 하면 보험은 '너네 보험 청구 코드가 뭐니?'라고 묻는다. 그래서 보험 청구 코드를 받기 위해서 CMS를 찾아가면 '그래? 지금 민간 보험회사들이 어떤 코드를 가지고 어떻게 보험 처리하는지 자료 좀 가지고 와 봐.'라고 하는 것이다.

회사들은 이를 어떻게 벗어날 수 있을까? 우선 의료진에게 애매한 범용 코드를 가지고 일단 청구해봐달라고 부탁한다. 예를 들어 엘레번스 헬스 의료보험회사의 디지털 치료기기 보험 적용 가이드라인

디지털 치료기기의 보험 청구에 사용할 수 있는 보험 코드

보험 청구 코드	내용
CPT 99199	[모바일 기반의 건강 관리 앱으로 특정되는] 등재되지 않은 특별한 서비스, 시술 혹은 보고
HCPCS E1399	[모바일 기반의 건강 관리 앱으로 특정되는] 기타 DME

을 보면 디지털 치료기기의 청구와 관련해서 다음과 같은 코드를 사용할 수 있다고 되어 있다.

코드 설명을 보면 알 수 있지만 어떤 코드로 청구해야 할지 모를 때 쓸 수 있는 코드라고 할 수 있다. 이런 코드로 청구하면 보험은 병원에 보험 수가를 지급할까? 그럴 수도 있고, 아닐 수도 있다. 경우에 따라서는 케이스 바이 케이스로 심사해서 수가를 주는 경우도 있지만 수가를 주지 않는 경우가 일반적이다. 보험 청구를 해서 수가를 못 받으면 병원이 손해를 볼 텐데 청구를 하려고 할까? 그래서 일부 회사들은 병원이 수가를 못 받는 경우 그 금액을 대신 지불하기도 한다. 이렇게 해서 청구 건수가 통계로 잡히면 이를 근거로 보험 청구 코드 신설을 요청하게 된다. 즉 회사들은 보험 청구 코드를 받기 위해서 이런 비용을 기꺼이 지출하는 셈이다.

CPT 코드는 미국의사협회 산하의 CPT 편집 패널CPT editorial panel에서 만든다. 미국의사협회에 소속된 학회의 대표들이 패널에 참여한다. CPT 코드를 신설하고자 하는 경우 각 전문 학회를 통해서 신청한다. 따라서 스타트업 입장에서는 전문 학회 내에서 자사의 입장을 대변해줄 전문가를 확보하는 것이 중요하다.

현재 디지털 헬스케어와 관련해서 만들어진 주요 보험 코드는 다음과 같다.

디지털 헬스케어 관련 주요 보험 코드

코드	내용	해당 회사, 제품
원격 생리학적 모니터링		
CPT 99453, 99454	교육 및 장비 셋업	
CPT 99091	데이터 수집 및 분석	
CPT 99457, 99458	유지 및 관리	
원격 치료 모니터링		
CPT 98975	교육 및 장비 셋업	
CPT 98976, 98977	데이터 전송	
CPT 98980, 98981	의료진의 환자 진료	
디지털 치료기기		
HCPCS A9291	처방용 디지털 정신 치료	
의료 인공지능		
CPT 0501T~0504T	심근 분획 혈류 예비력(FFR)	Heartflow FFRCT
CPT 92229	당뇨성 망막병증에 대한 인공지능 스크리닝	IDx-DR
CPT 0615T	안구 추적을 통한 뇌진탕 검사	아이박스
CPT 0623T~0626T	관상동맥의 죽상경화판 측정 및 평가	클리어리
CPT 0648T~0649T	간 MRI에 대한 정량적 조직 구성 분석	리버 멀티스캔
CPT 0723T~0724T	담췌 MRI에 대한 정량적 분석	MCRP+
CPT 0721T	폐 CT에서 발견된 결절에 대한 분석	옵텔룸 LCD
CPT 0691T	CT에서 인공지능을 통한 척추 골절 발견	지브라 메디컬

| 미주 |

1장

1.   Endpoints News, 'A star Stanford professor leaves his lab for a startup out to remake psychiatry' https://endpts.com/a-star-stanford-professor-leaves-his-lab-for-a-startup-out-to-remake-psychiatry/

2.   Chemical & Engineering News, 'Neumora launches with $500 million to develop drugs for brain diseases' https://cen.acs.org/pharmaceuticals/neuroscience/Neumora-launches-500-million-develop/99/i37

3.   한국지질 · 동맥경화학회, '이상지질혈증 진료지침 제5판', https://www.lipid.or.kr/bbs/index.html?code=care&category=&gubun=&page=1&number=1266&mode=view&keyfield=&key=

4.   J Natl Cancer Inst., 'Effectiveness of Computer-Aided Detection in Community Mammography Practice', https://www.ncbi.nlm.nih.gov/pmc/articles/PMC3149041/

5.   CMS National Coverage Analysis, 'Screening for Colorectal Cancer – Blood-Based biomarker Tests', https://www.cms.gov/medicare-coverage-database/view/ncacal-decision-memo.aspx?proposed=N&NCAId=299

6.   CMS, 'October 2022 Update of the Hospital Outpatient Prospective Payment System (OPPS)', https://www.cms.gov/files/document/mm12885-october-2022-update-hospital-outpatient-prospective-payment-system-opps.pdf

7.   미국영상의학회를 비롯한 다수의 학회에서 미국 CMS로 발송한 공문에 '관상동맥 질환이 있거나 의심되는 환자의 진단 과정에서 불필요한 복잡성, 시간, 방사선 노출, 비용이 늘어나는 검사를 줄일 수 있다'라고 언급되어 있다. https://www.asnr.org/wp-content/uploads/2022/10/NCCI-letter-v3-Dec012021_ML_RS_KG_comments.pdf

8.   옵텔룸 LCP FDA 510(K) 허가 서류, www.accessdata.fda.gov/cdrh_docs/pdf20/K202300.pdf

9. NICE guidance, 'KardiaMobile for detecting atrial fibrillation' https://www.nice.org.uk/guidance/mtg64/resources/kardiamobile-for-detecting-atrial-fibrillation-pdf-64372176710341

10. NICE guidance, 'Zio XT for detecting cardiac arrhythmias' https://www.nice.org.uk/guidance/mtg52/resources/zio-xt-for-detecting-cardiac-arrhythmias-pdf-64372112884933

11. Kidney360, 'Initial Validation of a Machine Learning-Derived Prognostic Test (KidneyIntelX) Integrating Biomarkers and Electronic Health Record Data To Predict Longitudinal Kidney Outcomes' https://www.ncbi.nlm.nih.gov/pmc/articles/PMC8815746/

12. 레널리틱스 회사 홈페이지, '1,112 Patient Study Demonstrates Clinical Utility and Care Benefits of KidneyIntelXTM Risk Stratification in Stage 1 to 3 Diabetic Kidney Disease Patients, https://renalytix.com/1112-patient-study-demonstrates-clinical-utility-and-care-benefits-of-kidneyintelx-risk-stratification-in-stage-1-to-3-diabetic-kidney-disease-patients/

13. 미국 당뇨병 학회 홈페이지, 'American Diabetes Association and Renalytix Partner to Prioritize Kidney Health in Type 2 Diabetes Population' https://diabetes.org/newsroom/press-releases/2022/american-diabetes-association-renalytix-partner-to-pritoritize-kidney-health-to-type2-diabetes-population

2장

1. 2장 전반에 걸쳐서 유료 뉴스레터인 https://exitsandoutcomes.com/를 다수 참고했다.

2. Journal of Clinical Sleep Medicine, 'Behavioral and psychological treatments for chronic insomnia disorder in adults: an American Academy of Sleep Medicine clinical practice guideline', https://jcsm.aasm.org/doi/epdf/10.5664/jcsm.8986

3. NICE Guidance, 'Sleepio to treat insomnia and insomnia symptoms', https://www.nice.org.uk/guidance/mtg70/resources/sleepio-to-treat-insomnia-and-insomnia-symptoms-pdf-64372230458053

4. '임상 시험 등재 사이트 clinicaltrials.gov의 등재 번호 NCT05354297'

https://clinicaltrials.gov/ct2/show/NCT05354297

5.   Sleep Medicine Reviews, 'Comparative efficacy of digital cognitive behavioral therapy for insomnia: A systematic review and network meta-analysis' https://www.sciencedirect.com/science/article/abs/pii/S1087079221001520?via%3Dihub

6.   독일의 디지털 치료기기 보험 적용에 대한 결과 보고서(ber die Inanspruc hnahme und Entwicklung der Versorgung mit Digitalen Gesundheit sanwendunge)

7.   Kaiser Family Foundation, 'Value-Based Arrangements in Medicaid Pharmacy Programs', https://www.kff.org/other/state-indicator/value-based-arrangements-in-medicaid-pharmacy-programs/?currentTimefra me=0&sortModel=%7B%22colId%22:%22Location%22,%22sort%22:%22a sc%22%7D

8.   https://twitter.com/mike_pace22/status/1449825074232578053?s=2 0&t=zhPm2Gf06qhQNvNE91aniA

9.   앤썸 'Mobile Device-Based Health Management Applications 보험 정 책', https://www.anthem.com/dam/medpolicies/abcbs/active/guidelines/gl_pw_e000367.html

10.   애트나 'Prescription Digital Therapeutics 보험 정책', https://www.aetna.com/cpb/medical/data/900_999/0999.html

11.   프리메라 'Prescription Digital Therapeutics 보험 정책' https://www.premera.com/medicalpolicies/13.01.500.pdf

12.   프리메라 'Prescription Digital Therapeutics for Substance Use Disorders 보험 정책' https://www.premera.com/medicalpolicies/5.01.35.pdf

13.   유나이티드 헬스케어, https://www.uhcprovider.com/content/dam/provider/docs/public/prior-auth/drugs-pharmacy/commercial/a-g/PA-Med-Nec-Digital-Applications.pdf

14.   하이마크 홈페이지, 'Highmark commercial medical policy: Prescription Digital Therapeutics' https://securecms.highmark.com/content/medpolicy/en/highmark/pa/commercial/policies/Miscellaneous/Z-105/Z-105-001.html

15. 나이트웨어 제품 홈페이지, 'NightWare Prescription Wording Suggestion' https://nightware.com/wp-content/uploads/2022/03/NightWare-prescribing-guide-Tricare.pdf

16. 건강보험심사평가원 '디지털 치료기기의 건강보험 적용방안', https://preview.kstudy.com/W_files/kiss10/8m000016_pv.pdf

17. CMS, 'CMS HCPCS Virtual Public Meeting, Request to establish a new Level II HCPCS code to identify a subscription-based software application, Natural Cycles', https://www.cms.gov/files/document/hcpcs-public-meeting-agenda-non-drug-and-non-biological-items-and-services-december-22-2020-updated.pdf

18. NICE Guidance, 'Zio XT for detecting cardiac arrhythmias' https://www.nice.org.uk/guidance/mtg52/resources/zio-xt-for-detecting-cardiac-arrhythmias-pdf-64372112884933

19. '임상 시험 등재 사이트(clinicaltrials.gov)의 등재 번호 NCT05560828' https://clinicaltrials.gov/ct2/show/NCT05560828

20. mHealth Belgium 홈페이지, https://mhealthbelgium.be/fr/

21. mHealth Belgium 홈페이지, 'mHealth 피라미드 카테고리에 따른 앱 소개', https://mhealthbelgium.be/fr/toutes-les-apps

22. Med Tech Reimbursement Consulting, 'First health app in the French LPPR list for add-on reimbursement', htps://mtrconsult.com/news/first-health-app-french-lppr-list-add-reimbursement

23. 일본 의료기기 보험, www.mhlw.go.jp/content/12404000/000693018.pdf

24. 일본 의료기기 보험 www.mhlw.go.jp/content/12404000/000972473.pdf

25. European Heart Journal 2021, 'Efficacy of a digital therapeutics system in the management of essential hypertension: the HERB-DH1 pivotal trial' https://academic.oup.com/eurheartj/article/42/40/4111/6358480?login=false

26. Smart Patient, 'Digital Therapeutics and Pharma: How Novartis, Sanofi et al. Embrace DTx', https://www.smartpatient.eu/blog/digital-

therapeutics-and-pharma-how-novartis-sanofi-et-al-embrace-dtx

27. Mobihealthnews, 'Pfizer, Alex Therapeutics team up on DTx effort initially focused on nicotine cessation', https://www.mobihealthnews.com/news/pfizer-alex-therapeutics-team-dtx-effort-initially-focused-nicotine-cessation

28. '2022년 2분기 바이오젠 실적 콜', https://investors.biogen.com/static-files/db762b3a-8c93-4913-85d9-22cc925e3d89

29. 레즈앱 홈페이지, 'ResApp announces positive results for a new novel smartphone-based COVID-19 screening test', https://www.resapphealth.com.au/resapp-announces-positive-results-for-a-new-novel-smartphone-based-covid-19-screening-test/

30. The West Australian, 'ResApp Health says more work needed on COVID-19 cough test algorithm', https://thewest.com.au/business/health/resapp-health-says-more-work-needed-on-covid-19-cough-test-algorithm-c-7656374

3장

1. 맥킨지, 'Thinking inside the subscription box: New research on e-commerce consumers', https://www.mckinsey.com/industries/technology-media-and-telecommunications/our-insights/thinking-inside-the-subscription-box-new-research-on-ecommerce-consumers

2. 대신증권 보고서 '구독경제 사업 모델의 뉴트로(Newtro) 열풍', http://money2.daishin.co.kr/E5/ResearchCenter/Work/Research_BasicRead.aspx?rowid=41856&pr_code=2

4장

1. 유튜브, 'Babylon NHS AI Portal Demo', https://www.youtube.com/watch?v=mbiAp7P8thI

2. 평안 굿닥터스의 상장 서류 165쪽에 다음과 같이 언급하고 있다. 'We believe having an in-house medical team is a differentiating factor and is

critical for the machine learning process of our AI Assistant. In medical consultations, our in-house medical team closely interacts with our AI Assistant and provides feedback on the performance of the AI Assistant, allowing it to absorb our in-house medical team's collective experience and building AI diagnostic decision pathways.' https://www1.hkexnews.hk/listedco/listconews/sehk/2018/0423/ltn20180423031.pdf

3. 구글 클라우드 홈페이지, 'Advancing telehealth with Amwell', https://cloud.google.com/blog/topics/healthcare-life-sciences/google-cloud-partners-with-amwell-to-advance-telehealth?hl=en

5장

1. Tripletree 회사 보고서, 'A New Era of Virtual Health', https://www.triple-tree.com/strategic-insights/2021/april/a-new-era-of-virtual-health/

2. Barron's 기사, 'Teladoc Stock Is Down Another 8% This Week. Don't Just Blame Poor Earnings', https://www.barrons.com/articles/teladoc-stock-is-down-another-8-this-week-dont-just-blame-poor-earnings-51620165243

3. 동아 비즈니스 리뷰, '중국 디지털 헬스케어, 팬데믹 넘어 급부상', https://dbr.donga.com/article/view/1203/article_no/10633/ac/search?fbclid=IwAR2-tOSIfyTtddmq6_5Vhx0KV-BvpDNi_KpYqzLLdtpviqLq9ejDIJesB1w

4. 크레딧스위스, 'Healthcare Technology. Digital Health Primer', https://research-doc.credit-suisse.com/docView?language=ENG&format=PDF&sourceid=em&document_id=1083854171&serialid=OEjirSiuZMwd3fSa22vjrk6zMuuo4VUIOuTi0esOZeg%3D&cspId=null

5. Drug Channels, 'Disruption Delayed: Making Sense of Amazon's Latest Pharmacy Moves', https://www.drugchannels.net/2020/11/disruption-delayed-making-sense-of_01606879922.html

6. Barron's, 'Why GoodRx's CEO Isn't Worried About Amazon Pharmacy', https://www.barrons.com/articles/why-goodrx-ceo-isnt-worried-about-amazon-pharmacy-51606302000

7. Fierce Healthcare, 'Amazon Care is shutting down at the end of

2022. Here's why', https://www.fiercehealthcare.com/health-tech/amazon-care-shutting-down-end-2022-tech-giant-said-virtual-primary-care-business-wasnt

8. Fierce Healthcare, 'Amazon's latest push into digital health: A virtual clinic for common conditions like allergies and hair loss', https://www.fiercehealthcare.com/health-tech/amazon-care-amazon-clinic-online-retail-giant-rolls-out-virtual-care-common-conditions

9. Lumeris, 'Healthcare Vertical Integration: Back to the Future', https://www.lumeris.com/healthcare-vertical-integration-back-to-the-future/

6장

1. Mobihealthnews, 'K Health's $48M Series C will refine its AI symptom checker, help tackle new markets', https://www.mobihealthnews.com/news/k-healths-48m-series-c-will-refine-its-ai-symptom-checker-help-tackle-new-markets

2. EIN Presswire 'Klara Technologies Pivots to Patient Centered Care App' https://www.einpresswire.com/article/329976344/klara-technologies-pivots-to-patient-centered-care-app

3. 다음 두개의 보고서를 참고했다. FierceBiotech special report, 'Fierce MedTech's 2018 Fierce 15', https://www.fiercebiotech.com/special-report/fiercemedtech-s-2018-fierce-15; Stanford Byers Center for Biodesign, 'DEMONSTRATING VALUE: EVIDATION HEALTH', biodesign.stanford.edu/content/dam/sm/biodesign/documents/case-studies/Evidation-Health-Demonstrating-Value.pdf

4. Mobihealthnews, 'Apple, Eli Lilly, Evidation Health joint study suggests device sensors can spot cognitive decline', https://www.mobihealthnews.com/news/north-america/apple-eli-lilly-evidation-health-joint-study-suggests-device-sensors-can-spot

7장

1. STATnews, 'Deal struck to mine cancer patient database for new

treatment insights', https://www.statnews.com/2017/12/21/cancer-treatment-database-asco/

2. 위키피디아, 'Practice Fusion', https://en.wikipedia.org/wiki/Practice_Fusion#cite_note-cnbc-21

3. 유튜브, 'FDA-AACR Real World Evidence Workshop에서의 Syapse 발표 자료', https://www.youtube.com/watch?t=4837&v=wbVeCT9GknA&feature=youtu.be

디지털 헬스케어는 어떻게 비즈니스가 되는가 2

초판 1쇄 인쇄 2023년 2월 13일
초판 1쇄 발행 2023년 2월 20일

지은이 김치원
펴낸이 안현주

기획 류재운 이지혜 **편집** 안선영 박다빈 **마케팅** 안현영
디자인 표지 최승협 본문 장덕종

펴낸곳 클라우드나인   **출판등록** 2013년 12월 12일(제2013-101호)
주소 우) 03993 서울시 마포구 월드컵북로 4길 82(동교동) 신흥빌딩 3층
전화 02-332-8939   **팩스** 02-6008-8938
이메일 c9book@naver.com

값 22,500원
ISBN 979-11-981209-8-4 04320
ISBN 979-11-981209-9-1 (세트)